वाह उस्ताद

हिन्दुस्तानी संगीत घरानों के किस्से

डॉ. प्रवीण कुमार झा

राजपाल

ISBN : 9789389373271

प्रथम संस्करण : 2020 © डॉ. प्रवीण कुमार झा

WAH USTAD (Memoirs) by Dr. Praveen Kumar Jha

राजपाल एण्ड सन्ज़

1590, मदरसा रोड, कश्मीरी गेट, दिल्ली–110006

फोन : 011–23869812, 23865483, 23867791

e-mail : sales@rajpalpublishing.com

www.rajpalpublishing.com

www.facebook.com/rajpalandsons

क्रम

भूमिका

कई लोग कहते हैं कि हिन्दुस्तानी संगीत सुनने से पहले संगीत के रागों को समझना चाहिए। कोई थाट की बात करता है, कोई ताल की, कोई स्वर की। और कई लोग कहते हैं कि संगीत को समझने की ज़रूरत ही नहीं, यह तो आनंद की चीज़ है। ये सभी बातें अपनी-अपनी जगह ठीक हैं। कुछ लोगों की संगीत में रुचि कम उम्र में हो जाती है, ख़ास कर जब घर में कोई गाता-बजाता है। कुछ जीवन भर इससे वंचित रह जाते हैं। पाँच-छह वर्ष की उम्र से बच्चे पॉप या फ़िल्मी संगीत में रुचि लेने लगते हैं, और फिर वही उनकी पसंद बनती चली जाती है। हिन्दुस्तानी संगीत सुनने की शुरुआत कम उम्र से हो, तो बेहतर है। वापस उस उम्र में लौटना मुमकिन तो नहीं, लेकिन रसिक-रुचि विकसित होने की क्या उम्र; कभी भी हो अच्छा ही है।

और इस रुचि लाने में किस्से-कहानियों का भी महत्त्व है। आप संगीतकारों को जब बोलते सुनेंगे, तो उनमें एक अदब होगा। आवाज़ स्पष्ट होगी, गला खुला हुआ होगा। तुतलाना-हड़बड़ाना कम होगा। और उनकी स्मृति बहुत अच्छी होगी। वे घंटों संगीत और किस्से सुनाते रह जाएँगे। तभी बैठकों में संगीत जब जमता है, तो खत्म होने का नाम ही नहीं लेता। संगीत और संगीत की बातें अनंत चलती रहती हैं। उनकी बातें अब परी-कथा लगेंगी। जैसे—राजा-महाराजा की बातें, संगीत से मेघ गरजना, दीए जल जाना, चलती ट्रेन रुक जाना, एक तानाशाह की आँखों में आँसू आ जाना, या अमरीका के हिप्पियों का झूमना।

इस पुस्तक में दिये किस्से-कहानियों को सत्यापित करना कठिन है। मैंने संदर्भ-सूची ज़रूर दी है, लेकिन कई बातें सुनी-सुनाई भी हैं। मुझे खुद स्मरण नहीं कि कब क्या सुना, क्या पढ़ा, और कितना सच है। कुछ जगह उपस्थित तथ्यों का नाटकीयकरण किया गया है, जिससे रोचकता बनी रहे। कई उस्तादों के कहे किस्से अकल्पनीय भी लगते हैं। लेकिन इन सबका ध्येय यही है कि संगीत में रुचि बढ़े और जो भी किस्से हैं, वे संग्रहीत रहें।

इस किताब में मैं संगीत के घरानों और रागों की सैर करता हूँ। मैं ट्रेन से

दर-बदर नहीं घूमा, बल्कि अपने एक गुप्त कमरे में बंद होकर एकांत में संगीत सुन-सुन कर घूमा। संगीत में रस बढ़ जाता है, जब हम कुछ मूलभूत बातें जान लें। जैसे यह जान लें कि गायक की शैली क्या है? हर किसी की शैली अलग होती है। वह शैली उनके घराने से आयी है, या तालीम से, या अपनी अंतरात्मा से। एक घराने के अंदर भी एक ही राग की कई बंदिशें और प्रस्तुतियाँ होती हैं। आप एक श्रोता के रूप में शायद पकड़ ही न पाएँ कि जो दो भिन्न पेशकश आप सुन रहे हैं, वे एक ही राग हैं। गर घरानों का चलन समझ गए, तो भी। अब पंडित भीमसेन जोशी हैं तो किराना घराने के, पर उनकी शैली अपने घराने से अलग ही रूप ले चुकी है। किशोरी अमोनकर में आप घराने की छाप ही ढूँढते रह जाएँगे। यहाँ कोई पक्की लकीर नहीं खिंची कि फलाँ उस लकीर के अंदर ही रहेगा।

एक और बात कहनी आवश्यक है कि घरानों की शुरुआत जहाँ से हुई, और आज जिस रूप में है, उनमें काफ़ी अंतर है। इसके दो कारण हो सकते हैं। एक तो यह कि सबसे पहली गायकी जो उस घराने की मूल गायकी थी। उसकी हू-ब-हू कॉपी बनाना और इतने वर्षों तक उसी रूप में संभाल कर रखना तो असंभव है। आज जो हम सुन रहे हैं (रिकॉर्डिंग भी), वे मूल रूप का पाँच प्रतिशत भी नहीं। दूसरी बात यह है कि घराने की मूल गायकी पर कई प्रयोग और कई सम्मिश्रण हुए। उसके कुछ अंग साबुत बच गए, पर अधिकतर अंग नए आ गए। यह तो प्राकृतिक ही है। अब वे जिस रूप में भी हैं, अगर पाँच प्रतिशत मूल हैं तो पिचानवे प्रतिशत नये भी तो हैं। क्या बुरा है?

यह सफ़र तो बस शुरुआत है, संगीत के एक पहलू को समझने की। यहाँ तकनीकी बातें कम हैं, किस्से-कहानियाँ ज़्यादा हैं। हाँ! इन किस्सों के बीच अपनी समझ से कुछ बारीक बातें भी पिरोयी हैं। लेकिन उनका अनुपात बिलकुल चिकित्सकीय 'लो-डोज़' है कि कड़वी न लगे। अब इसमें संगीत विशारद ज़रूर नाराज़ होंगे कि क्या बच्चों की परी-कथाएँ सुना रहा हूँ। पर संगीत-विशारद हैं ही कितने? एक आम श्रोता जिसने संगीत में कोई प्रशिक्षण नहीं लिया, उसके नज़रिए से भी संगीत देखा जाना चाहिए। उसके प्रयोगों को भी समझा जाना चाहिए। यह जानने की कोशिश हो कि उसकी रुचि आख़िर संगीत में आई कैसे? यही तो सूत्र है। यह सूत्र मिल गया तो हिन्दुस्तानी संगीत से अरुचि खत्म हो जाएगी। लोग कहेंगे कि जब इसने थोड़ा-बहुत जान लिया, तो हम भी सीख लेंगे। हर किसी को संगीतज्ञ नहीं बनना, लेकिन हर किसी को संगीत-प्रेमी ज़रूर बनना है। कहावत है कि सब 'तानसेन' नहीं बन सकते, लेकिन 'कानसेन' तो बन सकते हैं। फ़नकार नहीं, सुनकार सही।

इस पुस्तक की कल्पना और निर्माण में मुझे संदर्भित ग्रंथों के अतिरिक्त कुछ महत्त्वपूर्ण गुणीजनों और संगीत-मर्मज्ञों का सहयोग मिलता रहा। इनमें विनोद कुमार दास 'विनीत' जी का प्रोत्साहन और संपादन-सहयोग प्रारंभ से अंत तक रहा। यतींद्र मिश्र जी के स्नेह और नियमित संपर्क ने मुझे इस दिशा में कार्यशील रखा। दरभंगा घराने के प्रशांत मलिक जी का भी आभारी रहूँगा जो संगीत की महीन बातें समझाते रहे। संगीत-संग्रह सहयोग में पराग घोष और देबाशीष मुखर्जी के अतिरिक्त जीबन मिश्र जी की भी मदद मिली। नॉर्वे के राष्ट्रीय पुस्तकालय ने भी समय-समय पर दुर्लभ पांडुलिपियाँ मंगवा कर दीं। सोशल मीडिया के मित्र जो 'रागजर्नी' से जुड़े रहे, उनका भी आभारी हूँ। साहित्य और संगीत-लेखन की प्रेरणा देने और इस पुस्तक के समग्र आकलन में प्रभात रंजन जी का महत्त्वपूर्ण योगदान है। मीरा जौहरी जी का आभार कि उन्होंने इस पुस्तक के प्रकाशन में रुचि दिखाई और मूर्त रूप दिया।

नवंबर 2019

—प्रवीण कुमार

घराने आख़िर हैं क्या?

संगीत घराने को अंग्रेज़ी में 'स्कूल ऑफ़ म्यूज़िक' कह सकते हैं। एक पुश्तैनी तालीम। कई संगीत अध्येता कहते हैं कि जब किसी की तीन पीढ़ियाँ हो जाएँ, तो 'घराना' कहला सकता है। वहीं, कुछ लोग इसे एक ख़ास संगीत शैली भी कहना चाहेंगे। दिल्ली की कई पीढ़ियाँ निकल गयीं, तो भी लोग 'घराना' मानने से कतराते हैं। इंदौर में लगभग इकलौते उस्ताद अमीर ख़ान की गायकी से इंदौर घराना बन गया। बनारस में इतनी अलग-अलग तरह की शैलियाँ रहीं कि यह कहना कठिन है कि बनारस का घराना आख़िर है क्या? और अब तो यह सब एक रूप होता जा रहा है, सभी घराने मिलकर एक होते जा रहे हैं, घरानों के सभी 'सीक्रेट' अब ओपेन-सोर्स बन गए। जिसे मर्ज़ी अपना ले।

लेकिन फिर भी, हम घरानों के अस्तित्व से इनकार नहीं कर सकते। और इसलिए उन्हें समझना ज़रूरी है। तानसेन के समय और उससे पहले भी, घराने नहीं होते थे। तब ध्रुपद गाया जाता था, और उनकी 'बानी' होती थी। यह एक संगीत शैली थी, कोई पुश्तैनी मामला नहीं था। डागुर बानी, नौहर बानी, खंडार बानी और गौहर बानी। जैसे मियाँ तानसेन गौहर बानी से थे। इनकी चर्चा मैं आगे ध्रुपद के साथ करूँगा। और इन सबके केंद्र या प्रश्रय राजदरबारों और ज़मींदारों के माध्यम से थे। ज़ाहिर तौर पर दिल्ली की मुग़ल गद्दी ही केंद्र थी।

बाद में जब ख़याल गायकी का उदय हुआ, और गायक भारत में अलग-अलग स्थान पर पसरने लगे तो उनके घराने बनने लगे। ग्वालियर और आगरा घरानों से शुरुआत हुई। यहाँ ख़ास परिवार के वंशजों ने घरानों को आगे बढ़ाया। इनके ही कुछ शिष्य जब पसरने लगे तो यह वृक्ष बढ़ता गया। कैराना में किराना घराना, अतरौली में, रामपुर में, पटियाला में, जयपुर में, मैहर में। इस तरह से

विस्तार होने लगा। इनमें कुछ ने अपने साथ तानसेन के वंशज होने का तमगा लगाया और 'सेनिया' कहलाए। हालाँकि उस वक़्त गायकी ही मुख्य थी, लेकिन प्रसिद्ध बीनकार घराने, तबला घराने और सारंगी घराने भी पनपे। यह गायन के सहयोगी थे, लेकिन इनकी पुश्तैनी ट्रेनिंग अलग थी।

एक और बात रही कि घरानों के नाम ख़ानदानी पूर्वज धरती के आधार पर थे। वह नाम भले किराना (कैराना) रखें, लेकिन उनका केंद्र दक्खिन में धारवाड़ में रहा। जयपुर अतरौली घराने का केंद्र कोल्हापुर बना। आगरा घराना बड़ौदा, मैसूर और मुंबई में पसरा। शाहजहाँपुर घराना और इटावा घराना बंगाल चला गया। वहीं, ग्वालियर घराने के मुख्य वंश कुछ हद तक ग्वालियर में ही रहे।

आज़ादी के बाद जब राज-दरबार खत्म हुए, तो बिखराव बढ़ता ही गया। अब मैहर के लोग कैलिफ़ोर्निया में भी मिलेंगे। ये सीमाएँ मिट गयीं।

संगीत घरानों के उद्गम स्थान

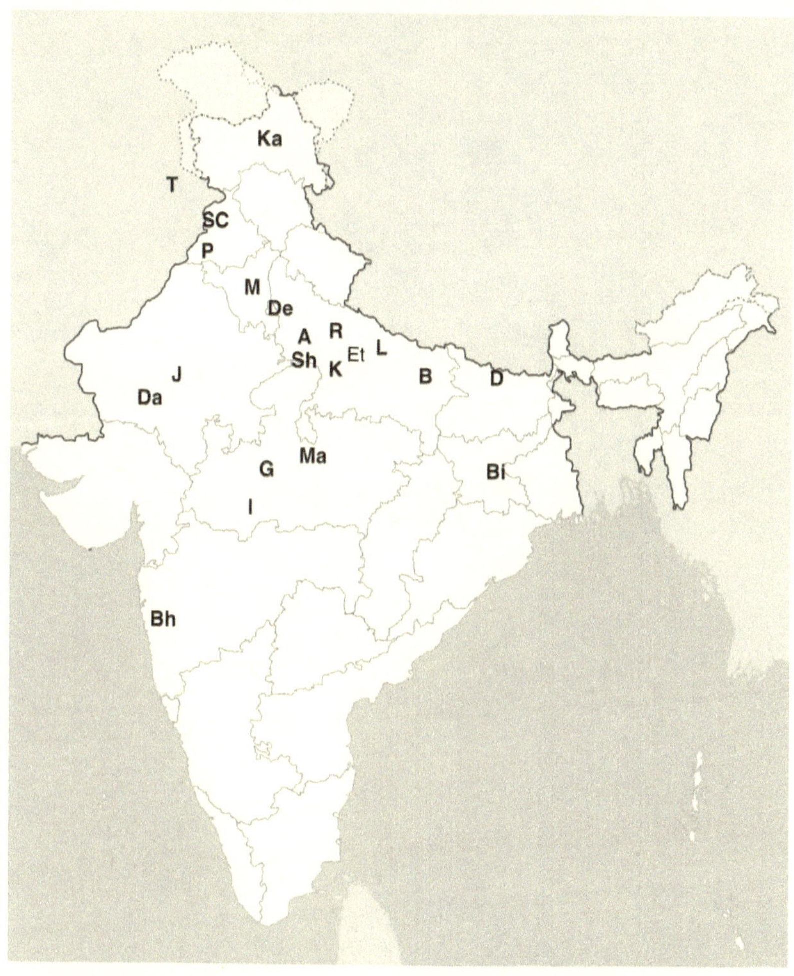

A—आगरा घराना

B—बनारस घराना

Bh—भिंडी बाज़ार घराना (मुंबई)

Bi—बिष्णुपुर घराना (ध्रुपद)

D—दरभंगा घराना (ध्रुपद)

Da—डागुर घराना/बानी (ध्रुपद)

De—दिल्ली घराना

G—ग्वालियर घराना

I—इंदौर घराना

It—इटावा घराना

J—जयपुर और अल्लादिया खान घराना

K—किराना घराना (कैराना, उत्तर प्रदेश)

Ka—कश्मीर के संतूर घराने

L—लखनऊ घराना

M—मेवात घराना

Ma—मैहर घराना

P—पटियाला घराना (पंजाब)

R—रामपुर सहसवान घराना

SC—शाम चौरसिया घराना (पंजाब)

Sh—शाहजहाँपुर घराना

T—तलवंडी घराना (पाकिस्तान)

ग्वालियर घराना
हाथी चिंघाड़ और नंगी तलवार तान

गोविंदगढ़ पैलेस, रीवा, 1859 ई.

महाराज रघुराज सिंह बघेल के दरबार में आज वह होने वाला है जो तीन-चार सौ वर्ष पूर्व यहीं राजा रामचंद्र बघेल के समय हुआ था। उस वक़्त एक तरफ़ थे रीवा दरबार के रामतनु पांडे जो बाद में तानसेन कहलाए और दूसरी ओर थे चंदेरी के बैजनाथ मिश्र (बैजू बावरा)[1]। वह कहानी तो पुरानी हुई। आज वही बिसात फिर से बिछी थी। इस बार ग्वालियर की युवा जोड़ी हद्दू-हस्सू ख़ान का मुकाबला रीवा के मशहूर उस्ताद और उनके चचा बड़े मुहम्मद ख़ान के साथ था। जहाँ मुहम्मद ख़ान से बेहतर तान कोई हिन्दुस्तान में नहीं लगा सकता था, वहीं हद्दू-हस्सू अभी-अभी जयपुर दरबार में कई फ़नकारों से जीत कर लौटे थे।

महाराज ने गायकों को हाथ के इशारे से अपनी-अपनी गद्दियों पर बैठने का आदेश दिया और कहा, ''आज इस दरबार में सुर की ही नहीं, ख़ून की नदियाँ भी बहेंगी। यह फ़ैसला हो ही जाए कि रीवा ऊँचा या ग्वालियर!''

दरबार में दायीं तरफ़ बड़े मुहम्मद ख़ान बैठे और बायीं तरफ़ हद्दू और हस्सू ख़ान। रस्म के तहत पहले बड़े मुहम्मद ख़ान ने आलाप छेड़ा, तो उधर हद्दू-हस्सू ने उसी में अलंकार लगा कर गाया। दोनों भाई एक सुर में यूँ गा रहे थे कि फ़र्क करना नामुमकिन था कि ये दो अलग-अलग गायक गा रहे हैं। दरबार उनके सुरों की मधुर ध्वनि से महक उठा था। आलाप के बाद बड़े मुहम्मद ख़ान ने कुछ बहलावा गाया और तान पर आ गए। पहले तो हल्के-फुल्के तान चलते रहे, फिर

---

1. तानसेन-बैजू बावरा के कालखंड में ऐतिहासिक मतभेद रहे हैं। कई इतिहासकार यह मानते रहे हैं कि इनके मध्य संगीत शास्त्रार्थ अकबर के दरबार में फ़तेहपुर सीकरी में लगभग 1576 ई. में हुआ। इस मतभेद का कारण राजा मानसिंह तोमर के कालक्रम में त्रुटि भी है। इसलिए इस विषय पर यह अंतिम निष्कर्ष न माना जाए कि वे रामचंद्र बघेल के दरबार में मिले या अकबर के दरबार में।

उन्होंने ऐसी तान लगायी जैसे तलवार भांजे जा रहे हों। नंगी तलवार तान! हद्दू-हस्सू ने भी इसी तान से जवाब दिया।

‘‘देखो! कैसे तान से तलवार टकरा रहे हैं! यह क्या किसी जंग से कम है? अब हाथी चिंघाड़ेंगे।’’ महाराज ने अपनी घनी मूँछों पर ताव देते हुए कहा।

तीनों उस्तादों के स्वर मिल गए थे, और दरबार हॉल में यूँ गूँजने लगे जैसे हाथी वाकई चिंघाड़ रहे हों। हद्दू और हस्सू अब बारी-बारी से गाने लगे, उनकी साँसें फूलने लगी थीं। इतने में बड़े मुहम्मद ख़ान ने वह तान छेड़ी, जिसे बड़े से बड़ा उस्ताद नहीं खींच पाता। छाती में हवा भर कर पसलियाँ तन जातीं, लेकिन साँस न रुकती। आख़िर पसलियाँ कड़क उठतीं और यह ‘कड़क बिजली’ तान कहा गया। हद्दू ख़ान ने तो हार मान ली, लेकिन बड़े भाई हस्सू ने यह तान खींचना शुरू किया और उनकी पसलियाँ फटकर फेफड़े को चीर गयीं। हस्सू ख़ान वहीं ख़ून की उल्टियाँ कर बैठे और दम तोड़ दिया। रीवा दरबार में उस दिन ख़ून की नदियाँ वाकई बहीं। लेकिन इस शहादत ने संगीत में ‘तान’ को इस कदर स्थापित किया कि आज तक मिसाल कायम है।

दरअसल यह रंजिश खानदानी थी। अमीर ख़ुसरो के बारह कव्वाल शिष्यों से बना ‘कव्वाल बच्चों का घराना’। उसी घराने में मुहम्मद शाह ‘रंगीला’ के दरबार में नेमत ख़ान (सदारंग) और फ़िरोज ख़ान (अदारंग) हुए, जिनसे ख़याल गायकी लोकप्रिय हुई। उनके दो पोते शक्कर और मक्खन ख़ान दिल्ली से लखनऊ आए और उनमें हमेशा यह तकरार होती कि बड़ा गवैया कौन। शक्कर ख़ान के बेटे बड़े मुहम्मद ख़ान ग्वालियर के दौलतराव सिंधिया के राजगायक थे और उस ज़माने में पाँच हज़ार तनख़्वाह[2] थी! वहीं मक्खन ख़ान के बेटे नत्थन पीर बख़्श[3] लखनऊ में अपना नाम कर रहे थे। उन्होंने लखनऊ में गुलाम रसूल (शोरी मियाँ) से टप्पा सीखा, आगरा के श्यामरंग-सरसरंग से ध्रुपद, और खानदानी कलावंती कव्वाल तो थे ही।

जैसे आज के ज़माने में गुलशन कुमार को उनके प्रतिद्वंद्वी मरवा देते हैं, वैसे ही उस वक़्त भी संगीत में अक्सर लड़ाई ख़ूनी हो जाती। भला वह मुझसे बेहतर

---

2. एक दूसरे संदर्भ के अनुसार 1200 रुपए तनख़्वाह और हाथी, हवेली वग़ैरा थे।

3. विलायत हुसैन ख़ान ने दो भाई नत्थन ख़ान और पीर बख़्श लिखा है। वहीं मीता पंडित कादर बख़्श को मक्खन ख़ान का बेटा कहती हैं। जबकि कुछ संदर्भ कादर बख़्श को नत्थन पीर बख़्श का बेटा कहते हैं। एक और संदर्भ हद्दू-हस्सू ख़ान को नत्थन ख़ान का बेटा और कादर बख़्श को नत्थन ख़ान और पीर बख़्श का पिता कहता है।

गाता कैसे है? इसी रंजिश में शक्कर ख़ान ने नत्थन पीर बख़्श के बेटे कादर को मरवा दिया। नत्थन को लग गया कि ख़ानदान बचाने के लिए लखनऊ में रुकना ठीक नहीं। लेकिन जाएँ तो जाएँ कहाँ? लखनऊ रहने लायक रहा नहीं और ग्वालियर में भी आख़िर शक्कर ख़ान के बेटे मुहम्मद ख़ान थे। तो खतरा तो वहाँ भी था। फिर भी उन्होंने अपने एक भतीजे नत्थे ख़ान को ग्वालियर चिट्ठी भेजी।

'तुम लोग बेफ़िक्र होकर ग्वालियर आ जाओ। मेरे रहते तुम्हारा कोई बाल-बाँका भी नहीं कर सकता। मुझे भी हौसला मिल जाएगा।' नत्थे ख़ान ने जवाब में लिख भेजा।

नत्थे ख़ान यूँ तो उस्ताद थे लेकिन बड़े मुहम्मद ख़ान की तान का मुकाबला न कर पाते। उन्हें लगा कि चचा आएँगे तो ताकत बढ़ जाएगी। नत्थन पीर बख़्श अपने साथ अपने तीनों पोतों हस्सू ख़ान, हद्दू ख़ान और नत्थू ख़ान[4] को लेकर रातों-रात ग्वालियर आ गए।

हद्दू-हस्सू ख़ान तो बच्चे थे, लेकिन उन्हें बड़े मुहम्मद ख़ान की जासूसी में भेजा जाने लगा। उस वक़्त संगीत लोग यूँ छुपाते थे जैसे कोई खज़ाना हो। बड़े मुहम्मद ख़ान ज़मीन के नीचे एक तहखाने में रियाज़ करते कि कोई उनकी बंदिश चुरा न ले। वहीं हद्दू-हस्सू तहखाने में दबे पाँव उतर कर छुप जाते और उनकी तान सीख कर भाग आते। कुछ ही सालों में उनके पास बड़े मुहम्मद ख़ान की तान भी आ गयी, और ख़ानदानी हुनर तो था ही।

यह सब काम छुप कर हो रहा था, लेकिन किसी खुफ़िए ने महाराज को खबर कर दी, ''ये लखनऊ के छोकरे तो गजब की तान ले रहे हैं, महाराज! अपने उस्ताद मुहम्मद ख़ान से कुछ बीस नज़र आते हैं।''

''उन्हें बुलवाओ और एक मुकाबला हो ही जाए।''

अब महाराज का आदेश हुआ तो आख़िर दोनों में गायकी की यह बाज़ी शुरू हुई। बड़े मुहम्मद ख़ान पहले तो इन बच्चों को देख हँसे, लेकिन जब वे उनके तान को हू-ब-हू दोहराने लगे तो वह समझ गए कि बाज़ी हार चुके हैं। उनकी चीज़ (बंदिश) चुरा ली गयी है। गुस्से में वह दरबार छोड़ कर हमेशा के लिए चले गए और रीवा महाराज के दरबार में ही जीवनपर्यंत रहे। उन्होंने रीवा में आख़िर बदला लिया और हस्सू ख़ान को 'कड़क बिजली' तान से मार डाला!

---

4. नत्थू ख़ान कुछ संदर्भों में नहीं है। यह भी संभव है कि नत्थे ख़ान और नत्थू ख़ान एक ही हों और हद्दू-हस्सू के चचेरे भाई हों।

हस्सू ख़ान की मृत्यु के बाद हद्दू ख़ान का जैसे आधा शरीर ख़त्म हो गया। वह रियाज़ तो करते, लेकिन मन से न गाते। अब जायाजीराव सिंधिया का राज था।

"क्या हुआ हद्दू? तबियत ठीक नहीं? हस्सू के जाने के बाद तुम्हारे तान में दम नहीं रहा," महाराज ने तलब किया।

"अगर ऐसी बात है महाराज, तो मैं यहाँ रह कर क्या करूँगा? मैं लखनऊ लौट जाऊँगा।"

"लौट जाओ। वैसे भी तुम हमारे काम के नहीं।"

हद्दू ख़ान लखनऊ लौटे और जैसे किसी नवाब-महाराज से मुक्त होकर उनका संगीत निखरता ही चला गया। उन्होंने आलाप और तान के बीच एक मनमोहक पुल बनाया, जो आलाप से तेज़ था लेकिन तान से धीमा। यही 'बहलावा' है, जो ग्वालियर घराने की पहचान बनी। मैंने इस बहलावा को समझने के लिए पंडित परिवार की कई प्रस्तुतियाँ सुनीं और यह आलाप का हिस्सा ही नज़र आता है, जिसे बाकी घरानों में 'विस्तार' या 'बोल-विस्तार' कहते हैं। एक बालासाहब पूँछवाले का गाया राग मारवा 'यू-ट्यूब' पर है।[5] इस प्रस्तुति में बहलावा मिलता है। बालासाहब के पिता राजाभैया पूँछवाले[6] को बहलावा का उस्ताद कहा जाता था।

ग्वालियर की बात पहले करने के दो कारण हैं। पहली बात तो यह सबसे पुराना घराना कहा जाता है। आगरा घराने में भी शुरुआती दखल इनकी है। पं. जसराज का मेवाती घराना बड़े मुहम्मद ख़ान के बेटे मुराद अली से निकला। किराना घराने के अब्दुल करीम ख़ान और जयपुर-अतरौली के अलादिया ख़ान भी बड़े मुहम्मद ख़ान के बेटे मुबारक अली ख़ान से प्रभावित रहे। पटियाला घराना तो हद्दू-हस्सू के चेलों से ही जन्मा। दूसरी बात है कि यह बिलकुल 'टेक्स्टबुक घराना' या किताबी घराना है। यहाँ वैसे ही गाते हैं, जैसे गाना चाहिए। जैसा किताबों में लिखा है—अष्टांग गायकी[7]। इसलिए शुरुआत में जब हमें राग समझने हों, तो ग्वालियर

---

5. यू-ट्यूब चैनल : राजू असोकन, राग मारवा, बालासाहेब पूंछवाले, इसमें आठवें से पंद्रहवें मिनट के मध्य ध्यान दे सकते हैं।

6. यह परिवार झाँसी जिले के पूँछ नामक स्थान से ग्वालियर आया था।

7. ग्वालियर संगीत के आठ अंग जो बताए गए हैं—
(क) बंदिश गायकी-गायक वही गाए जो गुरु ने सिखाया। (ख) बंदिश गायकी-गायक वह भी गाए जो गुरु ने सिखाया। (ग) विस्तार-धीरे-धीरे आलाप के दौरान अपने अंदाज़ में राग को खोलना, और बढ़ाना। (घ) बहलावा-आलाप और तान के बीच की कड़ी। इसकी ख़ासियत है लंबी मीड। (ङ) बोल-बाँट-ताल के साथ बोल को बाँटना। (जैसे लखनवी ठुमरी में बांटते हैं) (च) बोल-तान-बोल के साथ तान को जोड़ना।
→

घराने का गायन ही सुनना चाहिए। उसमें भी कृष्णराव शंकर पंडित का गाया सुनें। वह ऑल इंडिया रेडियो में ही थे, तो उनका गाया लगभग हर राग बढ़िया क्वालिटी में यू-ट्यूब पर मौजूद है। ग्वालियर की एक और बात ग़ौर करने वाली है—झूमरा ताल जैसे धीमीग ताल में गाना। वे कहते हैं कि झूमरा झूम-झूम कर आता है। यह उस्ताद अमीर ख़ान (इंदौर घराना) की गायकी में भी मिलता है, क्योंकि उनके भी आलाप धीमे और अति-विलंबित होते हैं। इस ताल का 'धिन धा तिर किट' झूम-झूम कर यूँ आता है जैसे थपकियों से सुला रहा हो।

हद्दू ख़ान के वक़्त तक ग्वालियर में संगीतकारों की मौज थी। उनकी इतनी कमाई थी कि वे हाथी से वेतन लेने जाते थे। यह वो समय भी था जब रागों का मूल्य था। दहेज़ में बंदिशें दी जातीं। एक राग गिरवी रखो और साहू से दस किलो चावल उठा लो। ग्वालियर के बाज़ार से सिंधिया राज के फ़नकार शान से गुज़रते थे। एक बार बहादुरशाह ज़फ़र के राजगायक तानरस ख़ान ग्वालियर आए तो सराय में रुके। वह हद्दू ख़ान के कमरे में आए तो खूँटी पर एक सवा सौ हाथ की पगड़ी (चीरा) देखी, जो नत्थू ख़ान की थी। उन्हें पसंद आ गयी तो माँग लिया। वह पहन कर जब शहर में निकले, तो हल्ला हो गया कि नत्थू ख़ान की पगड़ी तानरस ख़ान ले उड़े। यह सुनते ही नत्थू ख़ान घोड़े पर सवार होकर भाला लिए तानरस ख़ान की सराय जा पहुँचे; और छाती पर भाला चुभा कर कहा, ''मेरी पगड़ी लाओ तानरस ख़ान!'' बिचारे तानरस ख़ान ने डर कर पगड़ी लौटा दी। तो इस तरह के हँसी-मज़ाक वाली नोक-झोंक होती और पगड़ी शान की बात थी।

एक और बात यहाँ बता दूँ कि हद्दू ख़ान के बड़े मुहम्मद ख़ान के परिवार से अच्छे तालुक़्कात रहे और ख़ानदानी रंजिश भी जाती रही। बल्कि बड़े मुहम्मद ख़ान के बेटे मुबारक अली ख़ान की तो वह तारीफ़ करते न थकते। जीवाजीराव सिंधिया ने उन्हें बुलवाया लेकिन मुबारक अली ख़ान का गाने का मूड नहीं था। वह यूँ ही कुछ गाते रहे तो महाराज ने हद्दू ख़ान को कहा, ''तुमने तो कहा कि बहुत बड़े गवैया हैं। यह तो ठीक से गा ही नहीं रहे।''

एक हफ़्ते बाद ग्वालियर में ही किसी दावत में मुबारक अली ख़ान रंग में आए और तान छेड़नी शुरू की। आख़िर बड़े मुहम्मद ख़ान वाली तान थी, जिसका

(छ) लयकारी-ताल के साथ बोल का खेल। कुछ यूँ कि ताल की गति बदले और गायकी की लय भी।

(ज) तान-तालबद्ध स्वरों को खींचना, एक सप्तक से दूसरे सप्तक ले जाना।

इनमें लयकारी (और संभवत: बोल-तान) को छोड़ कर बाकी अंग आज भी ग्वालियर और आगरा की उपलब्ध रिकॉर्डिंग में सुनने को मिल जाते हैं। 'सरगम' की गायकी का नौवां अंग कह सकते हैं।

कोई सानी न था। हद्दू ख़ान भागे-भागे महाराज के पास आए और कहा, ''हज़ूर! चलिए, आज उस्ताद का मूड है।''

अब उस ज़माने में यूँ महाराज किसी ऐरे-गैरे की महफ़िल में तो नहीं पहुँच जाते। फिर भी वह संगीत के ऐसे शौकीन थे कि हाथी पर सवार होकर चल पड़े और खिड़की के पास हाथी लगाकर सुनने लगे। फिर मन न भरा, तो उतर कर अंदर गए और छुप कर दूसरे कमरे से सुनने लगे। आख़िर उन्होंने मुबारक अली ख़ान को बुलवा कर कहा, ''आप असल उस्ताद हैं जो हमारे लिए नहीं गाते, अपने लिए गाते हैं!''

यह कहानी अकबर और तानसेन के गुरु स्वामी हरिदास की याद दिलाती है। स्वामी हरिदास भी तानसेन से कहीं बड़े संगीतकार इसलिए थे, क्योंकि वह किसी महाराज के लिए नहीं गाते थे। (हालाँकि मुबारक अली ख़ान तो अलवर के राजा राम सिंह के दरबारी गायक थे)

जब जीवाजीराव सिंधिया चल बसे, तो ग्वालियर का माहौल बदलने लगा। माधवराव सिंधिया उस वक़्त बालक थे। एस्टेट द्वारा गायकों का वेतन घटा दिया गया।

हद्दू ख़ान के बेटे रहमत ख़ान बनारस निकल गए। बाद में वह पूरे भारत का भ्रमण कर सांगली (महाराष्ट्र) में जाकर जम गए। और यहीं से हिन्दुस्तानी संगीत का एक और 'टर्निंग प्वाइंट' है। एक लंबे अरसे के बाद संगीत हिन्दू परिवारों में लौटा और इसका श्रेय हद्दू ख़ान को जाता है। उन्होंने ही महाराष्ट्र के पंडितों को सिखाना शुरू किया। उस वक़्त के मुसलमानों के लिए भी बड़ी बात थी कि ख़ानदान से बाहर हिन्दुओं को यह विद्या बाँट दी। और ब्राह्मणों के लिए भी यह विद्रोह ही था कि मुसलमान के चेले बनें। हद्दू ख़ान के पहले शिष्य बने—वासुदेव राव जोशी। और रहमत ख़ान के शिष्य बने—रामचंद्र चिचवडकर। इन दो मराठियों से एक ऐसी पौध निकली जो एक विशाल बरगद का रूप लेकर सदियों तक इस संगीत को घर-घर पहुँचाती रहेगी।

रहमत ख़ान तो घुमक्कड़ बन गए। नत्थू खान के दत्तक पुत्र बड़े निसार हुसैन ख़ान[8] को शंकर राव पंडित के परिवार ने शरण दी। उस ज़माने में एक मराठी ब्राह्मण परिवार के लिए एक मुस्लिम को घर में रखना बड़ी बात थी, और यह मांसाहारी भी थे। कैसे उन्होंने समाज से लड़ कर संगीत को धर्म के ऊपर रखा, यह बड़ी बात है।

---

8. यह रामपुर सहसवान के निसार हुसैन ख़ान से अलग हैं।

निसार हुसैन ख़ान साहब कमाल के उस्ताद थे। एक बार वह ट्रेन पर बिना टिकट सफ़र कर रहे थे, तो नीचे उतार दिए गए। उनके रियाज़ का वक़्त था। वहीं हाथ कान पर लगाया और प्लेटफ़ॉर्म पर ही गाने लगे। उन्हें सुनकर कई यात्री मंत्र-मुग्ध होकर ट्रेन से उतर गए। कोयले वाली गाड़ी के इंजन की आवाज़, और सीटी को चीरती उस्ताद की तान। यही तो है 'कड़क बिजली' तान। आख़िर गार्ड को उन्हें भी ट्रेन पर चढ़ाना पड़ा, तभी ट्रेन चली।

वह गवर्नर जनरल के पास कलकत्ता पहुँचे, तो लाट साहब ने कहा, ''कुछ सुनाइए।'' उन्होंने राग बड़ा हंस सारंग में उनका राष्ट्रीय गान गाना शुरू किया, 'गॉड सेव आवर ग्रेशियस क्वीन/लॉन्ग लिव द क्वीन'। यह पहली बार था कि किसी हिन्दुस्तानी राग पर यह राष्ट्रीय गान बाँधा गया।

यह गाने के बाद उन्होंने कहा, ''हज़ूर, इजाज़त हो तो एक अपने मन की सुनाऊँ?''

लाट साहब ने कहा, ''हाँ हाँ! सुनाओ।''

उन्होंने रेलवे की सीटी और इंजन के साथ तालबद्ध तराना[9] गा दिया। यह उस ज़माने का 'फ़्यूज़न म्यूज़िक' था।

गवर्नर खुश हो गए और पूछा, ''तुमको क्या ईनाम चाहिए? बोलो।''

उस्ताद ने कहा, ''हज़ूर! आपके अफ़सर मुझे ट्रेन से उतार देते हैं। आप एक पास बनवा दो कि देश भर घूमूँ और कोई कहीं टिकट न पूछे।''

उन्हें फिर कभी टिकट की ज़रूरत नहीं पड़ी।

निसार हुसैन साहब से सीख कर मराठा पंडित परिवार तो ग्वालियर में ही बस गया, लेकिन एक मराठी नंगे पाँव महाराष्ट्र से चल कर आए और जब लौटे तो पूरे महाराष्ट्र में ऐसी जोत जलाई कि आज तक प्रज्वलित है। वह थे—बालकृष्णबुवा इचलकरंजीकर। उनकी शुरुआत भी कुछ ऐसे हुई जैसे कभी गांधी की दक्षिण अफ्रीका में हुई थी। यह भिक्षुक ब्राह्मण जब ग्वालियर में एक गुरु के घर नौकर बन कर रहे, तो एक दिन गुरु की पत्नी ने कुपित होकर उनकी गठरी बाहर फेंक दी और कहा, ''निकाल बाहर करो इसे घर से। इसकी सूरत मुझे बिलकुल नहीं भाती।''

---

9. यह तराना ग्वालियर वालों ने सुनाया है। यू-ट्यूब पर दूरदर्शन चैनल में देखें—बैठक म्यूज़िकल सीरीज़ ग्वालियर घराना भाग-3

उस वक़्त तो उन्हें लगा कि आत्महत्या कर लें, लेकिन स्वयं को संभाला। घनी सफ़ेद मूँछों और पेशवा पगड़ी में इनकी इकलौती तस्वीर जब देखता हूँ, उनकी आँखों में जैसे हिन्दुस्तानी संगीत के इतिहास से वर्तमान तक सामने घूम जाता है। सड़क पर बेघर होकर पड़े रहना बालकृष्णबुवा के लिए बड़ी बात न थी। वह तो भिखारियों के परिवार[10] से ही आए थे। उनकी चिंता तो यह थी कि अगला गुरु कहाँ मिलेगा? आख़िर उन्हें हद्दू ख़ान के शिष्य वासुदेव राव जोशी मिले, जो उनके गुरु बनने को राज़ी हुए। उनके घर में सुबह चार बजे से आठ बजे रियाज़ और बाकी पूरा दिन नौकरों की तरह काम करना होता। भगवान् ने उनकी इस कठिन तपस्या का आख़िर वरदान दिया।

उदयपुर में देश भर से संगीतकार ऐसे इकट्ठे हुए थे जैसे आजकल डोवर लेन या सप्तक सम्मेलनों में होते हैं। आख़िर युवा बंदे अली ख़ान जैसे बीनकार (रुद्रवीणा वादक) का विवाह था, वह भी ग्वालियर के राजगायक हद्दू ख़ान की बेटी से। बंदे अली ख़ान डागरों के पहले गुरु बहराम ख़ान के भांजे भी थे, तो यहाँ जितने ख़यालिए आए, उतने ही ध्रुपदिए भी। हद्दू ख़ान के बेटे छोटे मुहम्मद ख़ान मंच पर आए, तो उनके पीछे तानपुरा पकड़ कर दो मराठी गायक बैठे थे। जब छोटे मुहम्मद ने तान लिया, तो उन्होंने भी पीछे से साथ दिया।

‘‘यह कौन लड़का है? यह तो कमाल का गाता है,’’ हद्दू ख़ान ने पूछा।

‘‘अब्बा! यह वासुदेव राव का शागिर्द बालकृष्ण है।’’ छोटे मुहम्मद ख़ान ने कहा।

‘‘वाह! फिर तो यह मेरा ही पोता है।’’

इतने में एक समधी ने चुटकी ली, ‘‘आपका पोता कुछ अकेले गाए तभी तो समझें कि इसमें दम है या नहीं।’’

बस, फिर क्या था? बालकृष्णबुवा को गाने को कहा गया और उन्होंने गाना शुरू किया। गाना खत्म होते ही हद्दू ख़ान खड़े हो गए और गले मिल कर कहा, ‘‘एक दिन यही लड़का मेरे घराने का नाम दुनिया में रोशन करेगा!’’

हद्दू ख़ान की बात पत्थर की लकीर निकली। बालकृष्णबुवा ऐसे गायक रहे जिनकी एक बुराई कहीं नहीं मिलेगी। देवास में एक तुनकमिजाज़ गायक हुए रजब अली ख़ान, जिनसे सबकी बुराई ही निकलती। उन्होंने भी कहा, ‘‘हिन्दुओं ने बस

---

10. उस ज़माने में महाराष्ट्र में ऐसे ब्राह्मण परिवार थे जो भिक्षा माँग कर जीवन-यापन करते थे।

एक काबिल गायक पैदा किया—बालकृष्णबुवा!''

बालकृष्णबुवा को एक बार पटियाला दरबार से न्यौता आया। पटियाला में उस वक़्त हद्दू ख़ान के शिष्य अली बख़्श (आलिया-फत्तू में से एक) हुआ करते, जिनकी पंजाबी बुलंद आवाज़ का सिक्का पूरे देश में जमा था। वह किसी को ख़ुद से बड़ा नहीं समझते थे। उस समय उनकी उम्र 77 वर्ष थी। बालकृष्णबुवा भी हद्दू ख़ान के शिष्य थे, तो गुरुभाई ही हुए। दरबार में अली बख़्श मसनद पर अपना भारी-भरकम शरीर टिकाए लेटे थे। सूर्यास्त में कुछ समय शेष था तो बालकृष्णबुवा ने पुरिया की बंदिश गायी,

''कगवा बोले बोल अटरिया/अटरिया सुकुन भइलवा/सखी री! मोर भुज फड़कन लागे,आवन करो तुम मोर पियरवा/डारु गले फुलन के हरवा/सखी री उन पर तन-मन वारूँ।''

इस बंदिश के बाद उन्होंने दरबारी की बंदिश 'तू ऐसो है करीम' गाकर दरबार में माहौल बना दिया। अली बख़्श ने एक और बंदिश गाने का इशारा किया। बालकृष्णबुवा ने गति बढ़ाते हुए द्रुत में भूपत ख़ान (मनरंग) की बंदिश गायी,

''नैन सो नैन मिलाए रहो जी/हो मनवा मोरा चाहत तुमसो बलमवा;

सगरी रतिया तू तो प्यारे/रहिलो काहू सौतन के धाम/ 'मनरंग' पिया कहत प्यारे/हो मनवा मोरा चाहत तुमसो बलमवा।।''

अली बख़्श ख़ुश हो गए और महाराज मोहिन्दर सिंह की ओर मुख़ातिब होकर कहा, ''महाराज! आपकी मुझसे शिकायत रही है कि मैं किसी की तारीफ़ नहीं करता। सच तो यह है कि नई पुश्त में मुझे कोई ढंग का फ़नकार मिला ही नहीं। मुझे तो लगा कि ख़याल गायकी खत्म हो गयी। लेकिन आज एक फ़नकार आपके सामने है—बालकृष्णबुवा। यही मौसिक़ी आगे ले जाएगा।''

गुरुओं का कहा सच ही निकलता है। ग्वालियर से जब बालकृष्णबुवा महाराष्ट्र लौटे, उस वक़्त वहाँ संगीत के नाम पर भजन, निर्गुण और नाटक संगीत ही था। ख़याल गायकी का नाम-ओ-निशां मिलना मुश्किल था। लेकिन बालकृष्णबुवा के मिराज (महाराष्ट्र) आने के बाद यह ऐसा संगीत-केंद्र बना, जो दशकों तक रहेगा। जैसे ही लोगों को पता लगा कि ग्वालियर के हद्दू ख़ान के शिष्य आए हैं, तो उनके पास सीखने वालों की भीड़ लगनी शुरू हो गयी। नाटक ग्रुप के लोग, भजन गायक, सब जमा होने लगे। उस समय महाराष्ट्र में बाल गंधर्व की नाटक-

मंडली का संगीत मशहूर था। वह भी बालकृष्णबुवा से सीखने पहुँचे। एक और नाटक गायक मास्टर कृष्णराव ने बालकृष्णबुवा की नकल उतारनी शुरू की। उनकी एक बंदिश यू-ट्यूब पर है, 'देखो मोरी चूड़ियाँ खनक गयीं''। मैं इसी से अंदाज़ा लगाता हूँ कि आख़िर बालकृष्णबुवा कैसा गाते होंगे।

एक दिन बालकृष्णबुवा मिराज में बैठे थे तो एक पंद्रह वर्ष के अंधे किशोर को लेकर उसके पिता आए।

''कितना तेजस्वी बालक है! क्या हुआ इसकी आँखों को ?'' बालकृष्णबुवा ने पूछा।

''दीवाली में पटाखे फोड़ रहा था, कुछ छींटे आँखों में चले गये। तब से इसे ढंग से दिखाई नहीं देता। भजन वगैरा गा लेता है। आपसे कुछ सीख जाए तो भविष्य सँवर जाए।''

''क्या नाम है तुम्हारा ?'' उन्होंने बच्चे से पूछा।

''विष्णु! विष्णु दिगंबर पुलुस्कर!'' बच्चे ने तन कर जवाब दिया।

विष्णु दिगंबर पुलुस्कर तेजस्वी तो थे ही, मिराज किले के मन्दिर में रियाज़ करते तो लोग खड़े होकर सुनने लग जाते। बाद में रियाज़ में खलल आने लगी तो वह दूर वीरान में एक भूत-बंगले में जाकर रियाज़ करने लगे। उनका रियाज़ सुन कर मिराज में खबर फैल गयी कि बंगले का भूत गाता भी है। हद तो तब हुई जब दत्तात्रेय पटवर्धन उर्फ़ 'गुरुदेव' भी अपना तबला लेकर वहीं रियाज़ करने लगे। सबने कहा कि अब तो दो-दो भूत आ गए, एक तबला बजाता है, एक गाता है!

विष्णु ने मिराज में वर्षों तक संगीत तो सीखा, लेकिन उनके दिमाग में कुछ और ही चल रहा था। कई सवाल मन में घूमते रहते। वह स्वयं एक समृद्ध परिवार से थे और उनकी पहुँच जहाँ-जहाँ थी, संगीतकारों की न थी। उन्हें इस बात की चिंता होती कि संगीत आख़िर कब और कैसे आत्म-निर्भर होगा।

''बुवा! कब तक यह संगीत इन मुसलमान मीरासियों और उस्तादों के सहारे रहेगा ? आख़िर आपके जैसे संगीतकार को भी नौकर बन कर सीखना पड़ा।''

''यह तो शिष्य का कर्तव्य है।''

''लेकिन आप गुरु रूप में तो ऐसा नहीं करते। और संगीत-शिक्षा क्या हर किसी को नहीं मिलनी चाहिए ? यह क्या बस राजा-नवाबों की जागीर बन कर रहेगी ?''

‘‘विष्णु! तुम संगीत पर ध्यान दो। यह फ़ैसला हमारे हाथ में नहीं।’’

‘‘बुवा! क्षमा चाहता हूँ, पर मुझे आप जाने की आज्ञा दें। अब मुझे संगीत को घर-घर पहुँचाना है। यह हम सबका है, किसी घराने-वराने का नहीं।’’[11]

कभी-कभी जनहित में ऐसे विद्रोह भी ज़रूरी होते हैं। ख़ास कर यह वक़्त ऐसा था, जब राष्ट्रवाद की लहर थी और महाराष्ट्र हिन्दुत्व का भी केंद्र बन रहा था। यह पुलुस्कर ही थे, जिन्होंने सबसे पहले कांग्रेस अधिवेशनों में ‘वन्दे मातरम्’ गाना शुरू किया, जो आगे जाकर राष्ट्रवाद का एक प्रतीक बन गया। उन्होंने बंदिशों में से अश्लील शब्द हटा दिए, और उसके बदले सूरदास-तुलसीदास के भक्ति-पद पर राग रचने शुरू किए। ‘‘रघुपति राघव राजा राम’’ जैसे भजन भी उन्होंने ही घूम-घूम कर गाए, जिसे गांधीजी ने देश जोड़ने का माध्यम ही बना लिया। इस शुद्धीकरण के साथ वह धन जुटाने निकले। उन्होंने भारत का पहला शास्त्रीय संगीत कॉन्सर्ट राजकोट में किया, जहाँ की टिकट कोई भी खरीद सकता था। यह एक क्रांति थी कि आम आदमी संगीत की महफ़िलों में टिकट लेकर जा सके। इसके बाद वह दिव्य-ज्ञान के लिए निकले और जब गिरनार की पहाड़ियों से पुलुस्कर उतरे तो यूँ लगा संगीत का कोई पैग़ंबर उतर रहा है।

पुलुस्कर ने ऐसी जगह ढूँढनी शुरू की, जहाँ वह एक कॉलेज बना सकें। तभी लाहौर की सनातन धर्म सभा ने बुलावा भेजा। कि वे सहयोग करेंगे। 1901 ई. में उनका सपना साकार हुआ। गंधर्व महाविद्यालय की नींव पड़ गयी। अब भारत का कोई भी बच्चा संगीत पढ़ सकता था। किसी उस्ताद के घर नौकर बनने की ज़रूरत नहीं थी। इसके प्रिंसिपल और वाइस-प्रिंसिपल बने मिराज के दो भूत— विष्णु पुलुस्कर और दत्तात्रेय पटवर्धन!

पुलुस्कर ने बड़ी आशा से इसके उद्घाटन पर कहा, ‘‘पंजाब में संगीत का दीया बुझ गया था। आज इस कॉलेज का झंडा फ़हराते ही हमने इस बुझे दीये में घी डाल दिया है।’’

लेकिन कॉलेज में पढ़ाएँगे कैसे? उस समय संगीत लिखना बस पश्चिम में होता था। भारत में यह घरानों में गाकर ही सिखाया जाता रहा। तो पुलुस्कर के लिए यह कठिन था। उन्होंने एक अंग्रेज़ मि. जेम्स से पश्चिमी नोटेशन (स्वर-लिपि) सीखी, पुराने भरत नाट्य-शास्त्र इत्यादि खंगाले और बड़ौदा के मौला बख़्श की लिखी पोथियाँ भी उठायीं। आख़िर *संगीत बाल बोध* नामक प्राथमिक किताब

तैयार हो गयी। घरानों की दीर्घकालीन शिक्षा के विपरीत यहाँ एक समय-आधारित सिलेबस था। नौ साल का कुल कॉन्ट्रैक्ट बनता, जिसमें चौथे साल तक पचास राग सीख लेने थे। लेकिन यहाँ पश्चिमी तौर-तरीके न रख कर, गुरुकुल जैसा ही माहौल था। विद्यार्थी स्वयं खाना बनाते, बर्तन मांजते, व्यायाम करते और रियाज़ करते। लगभग तीन सौ विद्यार्थियों ने दाख़िला लिया, और सिखाने के लिए कई हारमोनियम आ गए। यह संगीत के लिए अच्छा भी था, और कुछ बुरा भी। आनंद कूमारास्वामी ने लिखा,[12]

'मैं जब गंधर्व महाविद्यालय पहुँचा, तो देखा चौदह बच्चे हारमोनियम बजा रहे हैं। और मात्र एक बच्चा वीणा बजा रहा है। मैंने पूछा तो कहा गया कि हारमोनियम बजा कर शादी-ब्याह में कुछ कमा ही लेंगे।'

यह बात ठीक थी कि गुणवत्ता घटी, लेकिन पुलुस्कर से जब एक कॉन्फ्रेंस में पूछा गया, ''आपके इस कॉलेज ने आख़िर कितने तानसेन पैदा कर लिए?''

उन्होंने जवाब दिया, ''दूसरा तानसेन तो खुद तानसेन नहीं पैदा कर पाए, मैं क्या करूँगा? हाँ! हमारे कॉलेज ने संगीत को जनता के लिए खोल कर कई कानसेन ज़रूर पैदा किए। अब हर किसी को सुर की समझ तो हो रही है।''

यह कॉलेज स्वतंत्रता आंदोलन का एक खुफ़िया केंद्र भी बना जहाँ क्रांतिकारी आकर छुपते और छात्र भी खुफ़िया खबरें भेजा करते। पुलुस्कर महत्त्वाकांक्षी होते गए और मुंबई में दूसरा कॉलेज भी खोल दिया, जहाँ पाँच सौ विद्यार्थी जुड़ गए। फिर नागपुर में भी कॉलेज खुला, मिराज में भी केंद्र बने। लेकिन इस रेलमपेल में उनका स्वप्न जल्द बिखर गया। वह दिवालिया हो गए, महाविद्यालय खत्म हो गया, और हार कर पुलुस्कर संन्यास ले बैठे। अंतिम समय में उन्होंने नासिक में रामनाम आधार आश्रम बना लिया और साधु बन कर रहे।

यह संगीत का बुलबुला जितनी तेज़ी से फैला, उतनी ही तेज़ी से औंधे मुँह गिरा। पुलुस्कर ने संगीत को बहुत कुछ अवश्य दिया, लेकिन कला चीज़ ही ऐसी है कि नियम बनाने कठिन हैं। आज पीछे मुड़ कर देखें तो उन हज़ार विद्यार्थियों में दस नाम ढूँढने कठिन होंगे। उनके सबसे प्रिय विद्यार्थी विनायक पटवर्धन भी कोर्स पूरा करने के बाद छुप-छुप कर रहमत ख़ान और बालकृष्णबुवा से 'असल' संगीत सीखने लगे। उनके एक शिष्य की बात आगे करूँगा, जो उनकी ही नकल

---

12. जेम्स किप्पेन, गुरुदेव्स ड्रीमिंग लिगेसी : म्यूज़िक, थ्योरी एण्ड नैशनलिज़्म इन द मृदंग और तबला वादन पद्धति ऑफ़ गुरुदेव पटवर्धन, टेलर एण्ड फ्रांसिस

बने लेकिन उनसे श्रापित हुए। हाँ, उनके पुत्र दत्तात्रेय विष्णु पुलुस्कर ने ज़रूर अपने पिता का अधूरा स्वप्न कुछ हद तक पूरा किया।

दत्तात्रेय विष्णु पुलुस्कर भी अपने पिता के गुरुकुल के ही विद्यार्थी थे, लेकिन उनकी छवि एक सौम्य और सहज व्यक्ति की नज़र आती है। वह जब 'ठुमक चलत रामचंद्र' और 'रघुपति राघव राजाराम' गाते तो लोग कहते विष्णु स्वयं अवतरित हुए हैं। यह मुझे बाद में मालूम पड़ा कि 'बैजू बावरा' फ़िल्म में गीत 'आज गावत मन मेरो झूम के' में वह उस्ताद अमीर ख़ान को टक्कर दे रहे हैं। इतने कद्दावर और सुर के पक्के गायक के सामने गाना सबके बस की बात नहीं। उन्होंने बंद पड़े 'गंधर्व महाविद्यालय' में जान फूँक दी, जो आज तक चल रही है। उन्होंने ताबड़-तोड़ गीत रिकॉर्ड किए, जैसे वह किसी जल्दी में थे या पिता की दुर्बल होती आर्थिक स्थिति से उबरना चाहते थे। (दत्तात्रेय विष्णु) अपनी उम्र से पहले ही ऊँचाई पर पहुँच चुके थे। मात्र 35 वर्ष की अवस्था में दुनिया के कुछ ही शीर्ष संगीतकारों की मृत्यु हुई—एक थे वूल्फ़गैंग अमादियस मोज़ार्ट और दूसरे-दत्तात्रेय विष्णु पुलुस्कर।

एक बार किसी ने डी.वी. पुलुस्कर जी से पूछा, ''आपके पिताजी विष्णु दिगंबर पुलुस्कर की आवाज़ कैसी थी? रिकॉर्डिंग तो कभी हुई नहीं। क्या आपके जैसी ही थी?''

उन्होंने कहा, ''नहीं-नहीं। मेरे जैसी नहीं। कुछ-कुछ ओंकारनाथ ठाकुर जैसी थी।''[13]

कुमार प्रसाद मुखोपाध्याय लिखते हैं कि आज अगर भगवाधारी संगीतकार ओंकारनाथ ठाकुर जीवित होते तो भारतीय जनता पार्टी उनको सर पर चढ़ा कर रखती। यह तो ख़ैर मज़ाकिया लहजे में कहा, लेकिन ओंकारनाथ जी कुछ हद तक अपने गुरु की हू-ब-हू कॉपी थे। उतने ही तेजस्वी, राष्ट्रवादी और शायद महत्त्वाकांक्षी।

महात्मा गांधी उनके विषय में कहते, ''जो ये एक गीत से हासिल कर लेते हैं, मैं तमाम भाषणों से नहीं कर पाता।''

15 अगस्त, 1947 ई. को जब भारत आज़ाद हुआ, तो उसकी पूर्व संध्या पर गाने के लिए लोगों की कमी नहीं थी। लेकिन कांग्रेस की ओर से तय था कि 'वन्दे मातरम्' तो एक ही व्यक्ति गा सकते हैं—पुलुस्कर के शिष्य ओंकारनाथ। और वह कहीं दूर मद्रास में थे। सरदार बल्लभ भाई पटेल ने ओंकारनाथ जी को

---

13. एक संदर्भ में विनायक पटवर्धन से अधिक समानता बतायी गयी है।

मद्रास वायरलेस किया। उन्होंने जवाब दिया कि वह अगर गाएँगे तो पूरे बाईस वाक्य गाएँगे। पटेल तैयार हो गए। अर्ध-रात्रि में संसद में 'वन्दे मातरम्' को जिस वेदना और बुलंद स्वर में उन्होंने गाया कि पूरा देश भाव-विभोर होकर रह गया। और इसी प्रस्तुति के बाद नेहरू जी ने वह 'ट्रिस्ट ऑफ़ डेस्टिनि' का भाषण दिया। जिसने ओंकारनाथ जी की यह प्रस्तुति नहीं सुनी, ज़रूर सुनें। ग्वालियर की तान में 'वन्दे मातरम्' अमूल्य है।

इस तान की शुरुआत मुंबई की एक फ़ैक्ट्री में हुई थी, जहाँ एक गुजराती बालक ओंकारनाथ मज़दूरी करते हुए गुनगुनाता था। उसे जब एक पारसी सेठ शापुरजी डुंगाजी ने सुना तो उसे विष्णु पुलुस्कर के गंधर्व महाविद्यालय ले गए। उनका कॉलेज नया-नया खुला ही था, और उनको ऐसे ही गरीब बच्चों की ज़रूरत थी कि यह सिद्ध हो संगीत अब रईसों की जागीर नहीं रहेगा। ओंकारनाथ में यह तेज़ नज़र आ गया, और जल्द ही उनके प्रिय शिष्य भी बन गए। लेकिन ओंकारनाथ भी तो उनकी ही तरह मुक्त पंछी थे। युवा जोश में उन पर अपनी लोकप्रियता का नशा चढ़ता गया।

वह सार्वजनिक महफ़िलों में फ़रमाइशी गाने लगे, जो उस वक्त रिवाज में नहीं था। लाहौर में एक बार ओंकारनाथ जी गा रहे थे तो एक पुलिस दरोगा आगे बैठ कर नोट उड़ाने लगा। हालाँकि यह राजाओं के दरबार में आम था कि सिक्कों की पोटली उछाल दी गयी, लेकिन यूँ सड़क पर बने मंचों पर ऐसा नहीं होता था।

जब उस दरोगा को रोका गया तो ओंकारनाथ जी ने कहा, ''वह जो भी कर रहे हैं, करने दें। आख़िर मेरी तारीफ़ में ही तो कर रहे हैं।''

जब गुरु विष्णु पुलुस्कर को यह खबर मिली तो उन्होंने कुछ नहीं कहा। एक कार्यक्रम में उन्होंने ओंकारनाथ जी को कहा कि वह तानपुरा लेकर साथ बैठें। ओंकारनाथ जी ने बहाने बना कर ना-नुकर किया। उन्हें यह अभिमान हो गया था कि उनकी जगह अब मुख्य गायक की है, चेला बन कर तानपुरा बजाने की नहीं।

विष्णु पुलुस्कर ने कहा, ''ओंकारनाथ! लगता है, अब तुम गुरु-शिष्य परंपरा भूल गए, और तुम्हें दंभ हो गया है। गुरु के बिना तुम जीवन में कभी लंबी तान के साथ ख़याल न गा पाओगे। भले ही भजन गाकर नाम कमा लो।''

और हुआ भी वही। वह अकादमिक दुनिया में और भजन गाने के लिए ही अधिक जाने गए। वह 'प्रणव-रंग' कहलाए और *संगीतांजलि* नामक पुस्तक में उनकी तमाम बंदिशें संकलित हैं। जब सफ़ेद कुर्ते और कंधे तक लंबे बालों में स्टेज

पर चार तानपुरा लिए शिष्यों के साथ आते, तो एक अलग ही माहौल बन जाता।

अगर हिन्दुस्तानी संगीत में 'म्यूज़िक थैरेपी' का प्रणेता पूछा जाए तो वह ओंकारनाथ ठाकुर ही होंगे। पता नहीं यह जादूगरी थी, या बस यूँ ही जुमला था। एक बार तो 'हूटिंग' भी हुई।

एक बार जब ओंकारनाथ ठाकुर राग से इलाज की बात कर रहे थे, किसी ने खड़े होकर कहा, ''गुरुजी! फिर आपका गठिया क्यों नहीं ठीक होता?''

यह बात फैलने लगी कि ओंकारनाथ जी रागों से शरीर पर प्रभाव डालते हैं। इटली के तानाशाह मुसोलिनी ने जब यह बात सुनी तो बुलावा भेजा कि यह सिद्ध कर दिखाएँ कि संगीत से कैसे शरीर पर प्रभाव पड़ता है? मुसोलिनी को स्वयं अनिद्रा की बीमारी (इनसोम्निया) थी।

फ़ौजी भेष में बैठे मुसोलिनी को देख ओंकारनाथ ठाकुर ने वीर रस में राग हिंडोल की तान लेनी शुरू की। मुसोलिनी पसीने से तर-बतर काँपने लगे, उनकी आँखें कोयले की तरह तपने लगीं, और चेहरा लाल हो गया। आख़िर मुसोलिनी ने कहा, ''स्टॉप!''

फिर उन्होंने करुण रस में राग छायानट गाया तो मुसोलिनी जैसे तानाशाह भी भाव-विह्वल हो गए। वह दूसरे कमरे रो वायलिन लेकर आ गए, और उसी रस में बजाने लगे। पंडित जी ने अनिद्रा के लिए शाम को राग पुरिया सुनने को कहा और इस तरह मुसोलिनी की म्यूज़िक-थैरेपी कर आए।

बनारस में पंडित जी के एक मित्र को तेज़ बुखार था। उन्हें खबर हुई तो तानपुरा लेकर पहुँच गए और राग श्री गाने लगे। आलाप खत्म होते ही मित्र के पसीने छूटने लगे और बुखार उतर गया। किंवदंती तो यह भी है कि ओंकारनाथ जी ने बागेश्री गाते हुए जंगल में एक शेर को शांत कर दिया था। पं. जसराज ने भी इस बात का सुनीता बुद्धिराजा जी से ज़िक्र किया। वह लखनऊ के बंदरिया बाग चिड़ियाघर में घूम रहे थे तो एक शेर कुछ बेकाबू हो गया था। उन्होंने यूँ ही जाँचने के लिए वही बागेश्री दोहराया और शेर वाकई शांत हो गया। ये बातें मेरे लिए भी मानी कठिन हैं, लेकिन मैं यूँ ही बागेश्री चित्त शांति के लिए सुनने लगा।

राग से भावनाएँ जगाने के प्रयोग ओंकारनाथ जी के बाद भी होते रहे। कुमार गंधर्व हों, किशोरी अमोनकर जी हों, या पंडित जसराज हों। ख़याल गायकी को घराने के नियमों से हटकर रूमानी गायन। यह एक अलग ही क्रांति थी।

अपने गुरु से नकारे गए ओंकारनाथ जी अपने जीवन के अंत में अपने गुरु के ही रूप बन गए। वैसी ही दाढ़ी बढ़ा कर संन्यासी रूप धर लिया। मीराबाई की एक बंदिश है, जो विनायक पटवर्धन को प्रिय थी। मल्लिकार्जुन मंसूर ने गाया, एन. राजम जी ने वायलिन पर बजाया और 'जोगन' फ़िल्म में गीता दत्त जी ने भी गाया। पंडित जी ने इस बंदिश में जैसे अपना कलेजा निकाल कर रख दिया। गर आज ओंकारनाथ जी होते, तो शायद उनकी ही राग भैरवी में बंदिश उनके लिए गाता,

''मत जा, मत जा, मत जा, पांव पड़ूँ मैं तोरे, जोगी मत जा।''

ग्वालियर से एक और नाम लेता हूँ—भैया साहब गणपत राव। यह न होते तो शायद आज हारमोनियम न बज रहा होता। यह यूरोपीय बाजा जब आया तो सबने नकार दिया कि इसमें सभी श्रुतियाँ बज ही नहीं सकतीं, और इसका स्वरमान ही बेसुरा है। स्वदेशी आंदोलन भी एक बात थी कि विदेशी बाजे न बजाए जाएँ। जब क्लीमेंट साहब ने ऐसा हारमोनियम बनाया, जिसमें बाईस श्रुतियाँ बज सकती हैं; वह भी जब जाँच हुई तो गवैयों के स्वर से साम्य न बिठा सका और फ़ेल हुआ। ऐसे समय में ग्वालियर के भैया साहब गणपत राव ने हारमोनियम पकड़ा और इसको हिन्दुस्तानी संगीत के हिसाब से बजाना शुरू किया। ख़यालिए तो नहीं, लेकिन ठुमरीवालों को भी यह भा गया। कोठों पर भी हारमोनियम पहुँच गया और तवायफ़ भी सारंगी के बदले अब हारमोनियम पर नाचने लगी। गौहर जान और मलिका जान सरीखी मशहूर बाई जी ने भैया साहब से हारमोनियम सीखा। और धीरे-धीरे यह बाजा पॉपुलर हो गया। अब तो हाल यह है कि बिना हारमोनियम रियाज़ होते ही नहीं।

जब घराने बिखरने शुरू हुए, या यूँ कहें कि सामंतों का राज खत्म हुआ तो संगीत का प्रश्रय भी घटना शुरू हुआ। अब इन संगीतकारों को सरकारी प्रश्रय, निजी कार्यक्रमों या विदेशी कार्यक्रमों पर निर्भर रहना था। इसी समय विश्वविद्यालयों में भी संगीत की शिक्षा प्रारंभ हुई और एक नयी संगीतकार पीढ़ी का जन्म हुआ। यह सच है कि घरानों के संगीत की अपेक्षा ऐसे सैद्धांतिक संगीत के रास्ते में कई रोड़े थे। पहले भी गंधर्व महाविद्यालय डूब चुका था और भातखंडे संस्थान की स्थिति ठीक नहीं थी। लेकिन इस शिक्षा में सबसे बड़ी बात यह थी कि संगीत-शिक्षा हर व्यक्ति के लिए उपलब्ध हो गयी। इससे अगर हज़ारों औसत गायक और वादक जन्मे, तो कुछ विरासत को संजोने वाले फ़नकार भी निकले। उन्हीं में एक हैं—उल्हास कशालकर।

पहली बार मैंने उल्हास कशालकर को शैम्पेन शहर (इलिनोइस, अमरीका)

में स्पिक-मकै के आयोजन में ही सुना। उससे पूर्व मैं घराने के स्थापित गायकों को ही सुनता आ रहा था। उल्हास जी एक सर्वांग गायक हैं जो संगीत के सभी अंगों पर ध्यान देते हैं। मेरे लिए उल्हास जी एक पारंपरिक 'टेक्स्ट-बुक' गायक रहे हैं। जो राग की स्थापित स्वर-लिपि है, चलन है, बंदिशें हैं, और गति है, उससे उल्हास जी नहीं भटकते। यह गुण उन्हें पिछले दशकों के कई गायकों से अलग करता है। एक अधूरी बात कहूँगा कि विष्णु दिगंबर पुलुस्कर का देखा स्वप्न उल्हास कशालकर के रूप में पूरा हुआ। (भले ही हाथी चिंघाड़ तान और नंगी तलवार तान अब बस मिथक बन कर रह गए)

कुमार गंधर्व

बिना फेफड़े के कोई महान गायक बन सकता है? वो भी हिन्दुस्तानी संगीत का? ऐसा व्यक्ति जो किसी घराने का न हो? असंभव लगता है। परंपरा से हटकर। परंपरा से हटकर जब बॉब डिलन को नोबेल मिलता है तो लोग प्रश्न उठाते ही हैं। कुमार गंधर्व जी के साथ तो न परंपरा थी न भौतिकी। एक फेफड़े से कोई क्या तान छेड़ेगा? और वह सदी के महानतम् गायकों में हैं।

कुमार गंधर्व जी जब कहते कि उनका कोई घराना नहीं, तो नैपथ्य में कुछ लोग कहते कि उनका 'एक-लंगी' घराना है। उनकी कमज़ोरी का मज़ाक उड़ाते। एक फेफड़े का। उनका एक फेफड़ा टी.बी. की बीमारी ले गई। यह तो शुक्र कि एक नयी दवाई आ गई 'स्ट्रेप्टोमाइसिन' और उनका दूसरा फेफड़ा बच गया।

कुमार गंधर्व मेरी नज़र में संगीत के वैज्ञानिक थे। वह ऐसे प्रयोग करते जो कोई नहीं करता। उनके पास घराना नहीं था, वह बड़े नैचुरल गायक थे, जो जन्म से सीखकर आया हो। वह LP रिकॉर्ड सुनकर ही तान छेड़ देते। बिना सीखे-सिखाए। एक किंवदंती है कि एक बार एक महाराज साहब ने एक कठिन रिकॉर्डिंग की शुरुआती आलाप बजाई और बंद कर दी। कुमार गंधर्व ने लगभग हू-ब-हू वही तान छेड़ दी। सोचिए किसी ने सालों रियाज़ कर वह कम्पोज़िशन गाई होगी, उन्होंने बिना सुने अपनी कल्पना से गा दिया। यह दैविक शक्ति नज़र आती है।

उनकी निंदा होती है कि वह 'विलंबित' यानी संगीत का धीमा (स्लो) हिस्सा अच्छा नहीं गाते थे। जो उस्ताद अमीर खान को पसंद करते हैं, उनमें कई लोग कुमार गंधर्व को सिरे से खारिज करते रहे हैं। पर कुमार गंधर्व तो संगीत के 'ऐक्शन-हीरो' थे। वह किसी की नहीं सुनते और उनको सुनने वालों की भीड़ जमती। उनको सुनेंगे तो आपको साफ़-साफ़ शब्द सुनाई देंगे, समझ आएँगे। वह

शब्द चबाते या खींचते नहीं, साफ़ उच्चारण करते हैं। कुछ-कुछ आगरा घराने वालों की तरह। कबीर के निर्गुणी भजन को मेरी नज़र में कुमार गंधर्व से बेहतर किसी ने नहीं गाया। बालगंधर्व की बंदिशों को भी कुमार गंधर्व ने खूब गाया।

कोई भी व्यक्ति जो संगीत का नवीन श्रोता हो, उसे कुमार गंधर्व जी से शुरुआत करनी चाहिए। इसलिए नहीं कि वह निचले स्तर के गायक हैं, बल्कि इसलिए कि वह संगीत के 'आम आदमी' हैं। उनसे आप शायद रिलेट कर पाएँ। पर इसका दूसरा पहलू यह भी है, उन्हें महानता विरासत में नहीं मिली, वह पैदा ही महान् हुए।

जब वो दुनिया छोड़ कर गए तो उनके एक शिष्य ने कहा, ''लोग मरने के बाद स्वर्ग जाते हैं। पर कुमार गंधर्व तो आए ही स्वर्ग से थे। अब कहाँ जाएँगे ?''[14]

वंशावली

1. नियामत ख़ान 'सदारंग'
2. गुलाम रसूल ख़ान (सदारंग के शिष्य)
3. गुलाम नबी 'शोरी मियाँ' (गुलाम रसूल ख़ान के पुत्र)
4. मियाँ मौज (गुलाम नबी के दामाद)
5. शक्कर ख़ान और मक्खन ख़ान (मियाँ मौज के बेटे)
6. बड़े मुहम्मद ख़ान (शक्कर ख़ान के बेटे), नत्थन-पीर बख़्श (मक्खन ख़ान के बेटे)
7. कुतुब, मुनव्वर, वारिस अली, मुराद (बड़े मुहम्मद ख़ान के बेटे), हद्दू ख़ान, हस्सू ख़ान, नत्थू ख़ान (नत्थन पीर बख़्श के पोते[15])
8. छोटे मुहम्मद ख़ान और रहमत ख़ान (हद्दू ख़ान के बेटे), निसार हुसैन ख़ान (नत्थू ख़ान के दत्तक पुत्र), वासुदेव राव जोशी और रामकृष्ण बुवा (हस्सू ख़ान के शिष्य), विष्णुपंत छत्रे, बन्ने ख़ान (हद्दू ख़ान के शिष्य)
9. रामचंद्र चिंचवडकर (रहमत ख़ान के शिष्य), बालकृष्ण इचलकरंजीकर (वासुदेव राव जोशी के शिष्य), अमीर ख़ान (बन्ने ख़ान के छोटे भाई)
10. विष्णु पंडित चिंचवडकर (रामचंद्र के पुत्र), विष्णु दिगंबर पुलुस्कर, अनंत मनोहर जोशी, यशवंत मीरासी बुवा, नीलकंठ बुवा (बालकृष्ण इचलकरंजीकर के शिष्य)

---

14. कुमार गंधर्व पर मेरा यह लेख पहले *जानकीपुल* में प्रकाशित हुआ है।
15. कुछ संदर्भों में ये नत्थन पीर बख़्श के बेटे (कादर बख़्श के पोते) भी कहे गए।

11. गोपाल राव, गणपत राव, शंकर राव, एकनाथ (विष्णु पंडित के पुत्र); विनायक राव पटवर्धन, ओंकारनाथ ठाकुर, डी. वी. पुलुस्कर, नारायण राव व्यास (विष्णु पुलुस्कर के शिष्य)

12. कृष्ण राव (शंकर राव के पुत्र), राजाभैया पूछवाले (शंकर राव के शिष्य)

13. केशव राव, नारायण राव, लक्ष्मण राव, चंद्रकांत, सदाशिव (कृष्णराव के पुत्र); बालासाहब पूंछवाले (राजाभैया के बेटे)

14. तुषार, मीता, अतुल (लक्ष्मण राव के संतान), शंकर राव 'मदन' (नारायण राव के पुत्र)

आगरा घराना
बाजूबंद खुल-खुल जाए

"यह ताजमहल का शहर है। यहाँ मुर्दों के मक़बरे देखने पूरी दुनिया आती है और ज़िंदा लोगों को कोई नहीं पूछता।"

—उस्ताद अकील अहमद ख़ान उर्फ़ मोहन पिया

"भैया! यह अकील अहमद ख़ान साहब का घर कहाँ है?" युवा पत्रकार गिरिंद्रनाथ[1] ने पूछा।

"कौन हैं यह? इस नाम का तो यहाँ कोई नहीं रहता।"

"अकील अहमद साहब? वह तो बहुत बड़े गायक हैं। और यहीं का पता बताया था।"

"यहाँ तो कोई गायक नहीं रहता।"

आगरा की उन तंग गलियों से गुज़रते आख़िर वह एक तीन-चार हज़ार वर्ग फुट की पुरानी इमारत में पहुँचते हैं। जिस मकान में एक वृद्ध अपने आख़िरी दिन गिन रहे हैं। अंदर कई कमरे हैं, बड़ा आंगन है, एक कोने में तानपुरा पड़ा है। खाट पर वह आगरा टोपी, स्वेटर और लुंगी में बैठ, अपने तमाम पुरस्कार निकाल कर रख देते हैं। इन दो-तीन पुरस्कारों के अलावा यह घर अँधेरा और सूना नज़र आता है। देख कर शंका होती है कि किसी ग़लत पते पर आ गए। यहाँ संगीत कहाँ है? लेकिन उनकी आँखों में अब भी वह आगरा के सुनहरे पुराने दिन हैं, जो कहीं हमेशा के लिए खो गए।

"हाथ लजुरिया, सर पे गगरिया। पनिया भरत जिया घायल करे, छमाछम पानी भरे।"

---

1. पत्रकार किसान गिरिंद्रनाथ झा के साक्षात्कार अनुभव पर आधारित।

''क्या खूबसूरत बंदिश है!''

''तब मैं 'मोहन पिया' कहलाता था। क्या शान थी हमारी जब दादा हजूर जिंदा थे। उस्ताद फ़ैयाज़ ख़ान साहब।''

''अब भी तो यह सम्मान-पत्र नज़र आ रहा है।''

''हाँ! अब यही बचे हैं। मेडल तो सभी बेच दिए। क्या करता? किसे कद्र है? सरकार ने पेंशन भी बंद कर दी। बेटी को दिल्ली भेजा, तो भी कोई खबर नहीं।''

आगरा के आख़िरी खानदानी उस्ताद एक दिन चल बसे। यूँ भी उन्हें आगरे में कौन जानता था? ग़ालिब, मीर तकी मीर और इस मशहूर घराने के शहर में और न जाने क्या-क्या ज़मीं के नीचे दबेगा? मैंने कुछ तफ़्तीश की तो पता लगा कि अम्बेडकर विश्वविद्यालय (आगरा) के ललित कला संस्थान में हिन्दुस्तानी संगीत की शिक्षा बंद हुए अब बारह वर्ष हो गए। कोई सीखने ही नहीं आता। आगरा से बाहर ज़रूर इसकी कुछ छाप बिखरी हैं। वसीम अहमद ख़ान कलकत्ते में हैं तो राजा मियाँ मुंबई में। उन्हें देख कर यह सुकून होता है कि आगरे में न सही, लेकिन हिन्दुस्तान में तो आगरा की आवाज़ जिंदा है।

यह तो खैर आज की बात है, फ़िलहाल आगरा के स्वर्ण-युग में लौटते हैं।

स्वामी हरिदास के कई शिष्य हुए—रामतनु पांडे (मियाँ तानसेन), सुजान दास (हाजी सुजान ख़ान), प्रभाकर-दीवाकर (चाँद-सूरज ख़ान), बैजनाथ मिश्र (बैजू बावरा) इत्यादि। इनमें कुछ शिष्य रीवा महाराज रामचंद्र बघेल के दरबार के रास्ते अकबर के दरबार में गए। जहाँ मियाँ तानसेन संगीत के पर्याय ही बन गए, बाकी नाम जैसे खो गए। राग दीपक तानसेन का बनाया राग नहीं, हाजी सुजान ख़ान[2] का है। और यह बात तानसेन ने स्वयं इस बंदिश में लिखी,

'नर-नारी मीन मंगल गावत/ सखियन टोन चलाया।
आगे मौमदशाँ, पीछे दीपकजोत/ गुनन सराया।
चिर जुग जीयो अलकदास को दूल्हा,
मियाँ जी ने मंगल गाया।'

(अलकदास की शादी है, मियाँ तानसेन मंगल गा रहे हैं। आगे मुहम्मद शाह, पीछे दीपकजोत जा रहे हैं। यह 'दीपकजोत' हाजी सुजान ख़ान हैं, और अलकदास उनके बेटे हैं)।

---

2. *आईन-ए-अकबरी* में यह नाम नहीं लेकिन दो नाम मिलते-जुलते हैं। सुजान ख़ान और सुभान ख़ान।

हाजी सुजान ख़ान की लिखी राग जोग की मशहूर बंदिश, ''प्रथम मन अल्लाह'' आगरा घराने में आज तक गायी जाती है।[3] उनमें धुपद की नौहर-बानी थी, जिसके 'नोम तोम' आलाप इस घराने की पहचान हैं।

''प्रथम मन अल्लाह जिन रचो नूरे पाक नबीजी पै रख ईमान ऐ रे सुजान/ वलीअन मन शाहे मरदान ताहिर मन सय्यदा इमाम हसनैनदीन मन कलमा किताब मन कुरान।''

हाजी का खानदान पहले गोंदपुर (सहारनपुर) आया, और बाद में 1857 ई. के सिपाही विद्रोह के वक़्त आगरा आ गया। उन्हीं में हुए घघ्घे ख़ुदा बख़्श।

घघ्घे ख़ुदा बख़्श की आवाज़ में खराश थी तो भाई चिढ़ाते, ''तू क्या धुपद गाएगा घघ्घे ?''

कम-से-कम दो घरानों की पैदाइश न होती, गर ये गले में खराश लिए 'घघ्घे' न होते। एक—आगरा, दूसरा—मेवाती। जब घघ्घे खुदा बख़्श को भाइयों ने चिढ़ाया, वह ग्वालियर के नत्थन पीर बख़्श से सीखने निकल पड़े। वहाँ महीनों बस तानपुरा लेकर षडज (सा) का रियाज़ किया, और बारह वर्ष तक दौलत राव सिंधिया के दरबार में रहे। उस वक़्त ग्वालियर में बड़े मुहम्मद ख़ान भी थे, और हद्दू-हस्सू ख़ान भी बड़े हो रहे थे। घघ्घे की वह घरघराती मार्मिक आवाज़ ही उनका तुरुप का पत्ता बनी। उन्हें 'रुलाने वाला गवैया' कहा जाने लगा। हालात ये थे कि लोग शादियों में उन्हें नहीं बुलाते कि घघ्घे आए तो सब रो पड़ेंगे। ग्वालियर के बाद घघ्घे अलवर और बाद में जयपुर[4] गए। वहीं जयपुर में डागुर बानी के पहले उस्ताद बहराम ख़ान भी थे, और दोनों ऐसे दोस्त बने कि 'टोपी बदल भाई' कहलाए[5]। उनके बीच यह नोक-झोंक खूब होती कि धुपद बड़ा या ख़याल।[6]

''अमाँ यार घघ्घे! तुम मुझसे कुछ रागदारी सीख क्यों नहीं लेते?'' बहराम खाँ ने कहा।

घघ्घे ने कहा, ''यह तो गाकर ही बताऊँगा कि रागदारी आती है या नहीं।'' वह गाने लगे और बहराम ख़ान की आँखों से आँसू टपकने लगे।

घघ्घे ने मुस्कुराकर कहा, ''मुझे तो गाना ही नहीं आता, फिर यह आँसू क्यों ?''

---

3. एक शफ़ी अहमद ख़ान की गायी रिकॉर्डिंग यू-ट्यूब पर मौजूद है।
4. अलवर के राजा शिवदान सिंह और जयपुर के सवाई राम सिंह दरबार में घघ्घे खुदा बख़्श रहे।
5. टोपी बदल क्योंकि दोनों ने आपस में टोपी बदली थी।
6. कुमार प्रसाद मुखर्जी की पुस्तक में वर्णित

बहराम ख़ान ने आँसू पोंछते हुए कहा, ''इसी अफ़सोस के मारे तो रो रहे हैं। यह सालों भर का रियाज़ आख़िर किस काम का?''

रामपुर के नवाब कल्बे अली ख़ान ने जब घग्घे की तारीफ़ सुनी तो बुलवाया। अब वहाँ गर्मी का महीना था, लेकिन दरबार के अंदर गुलाब-केवड़े की खुशबू और ऊपर से पंखे की हवा की वजह से उस्ताद को सर्दी हो गयी। अब उनसे तान ही न लिया जाए। महाराज ने अपने दरबार के बहादुर ख़ान साहब को कहा, ''आपके घग्घे तो वाकई घग्घे ही निकले।''

यह सुनते ही घग्घे ख़ुदा बख़्श को शर्मिंदगी भी हुई और गुस्सा भी आया। उन्होंने एक ऊँची तान उठाई और गले में पड़ा मवाद साफ़ हो गया। बस उसके बाद तो घग्घे ने वह गाया कि नवाब वाह-वाह कर उठे। उस वक़्त रस्म यह थी कि नवाब की हर वाह पर एक पाँच सौ सिक्कों की थैली गवैये के सामने डाल दी जाती। उस रात घग्घे ख़ुदा बख़्श के सामने ऐसी थैलियों का अंबार जमा हो गया। इतना ही नहीं, उस दिन नवाब ने खुद गाकर सुनाया और दरबारी हैरान रह गए कि नवाब की आवाज़ भी क्या खूब है।

घग्घे ख़ुदा बख़्श को बाद में उम्र के साथ भुलक्कड़ी की बीमारी हो गयी। उनको न राग याद रहता, न बंदिशें। एक दफ़े पंजाब से एक गायक उनसे मिलने आए तो कहा, ''उस्ताद! राग जैत गाकर सुनाइए।''

जब उन्हें यह राग ध्यान ही न आया, तो उस गायक ने उनका तानपुरा ज़ब्त कर लिया। उस वक़्त अगर संगीत-शास्त्रार्थ में कोई हार गया, तो तानपुरा गँवा देता था। जब वह तानपुरा लेकर जाने लगे तो घग्घे के बेटों ने दरवाज़े पर रोक लिया, और कहा, ''रुकिए उस्ताद! अब्बा का तानपुरा कहाँ लिए जा रहे हैं?''

''उन्हें रागदारी आती ही नहीं, फिर क्या तानपुरा?''

घग्घे के बेटे तानपुरा छीनकर वहीं बैठ गए और राग जैत का आलाप शुरू किया।

कुछ देर घग्घे ने सुना तो उन्हें याद आ गया, ''अच्छा! यही सुनना था? अब मैं सुनाता हूँ।'' और फिर उन्होंने घंटों ऐसा राग जैत गाया कि पंजाबी गायक हतप्रभ रह गए कि क्या कमाल के उस्ताद हैं! जैत अब कुछ कम सुनने को मिलता है। लेकिन शाम को बैठ पं. रविशंकर, या हरिप्रसाद चौरसिया का बजाया राग जैत सुनना मन को शांत कर देता है।[7]

---

7. मल्लिकार्जुन मंसूर की एक 'जैत कल्यान' रिकॉर्डिंग भी इंटरनेट पर उपलब्ध है।

घघ्घे के बाद उनके ख़ानदान में कई लोग हुए, लेकिन हम सीधे चलते हैं उनके परनाती फ़ैयाज़ ख़ान के पास।

सोने-ज़वाहरात और तमाम मेडल से सजी अचकन, और रंगीला साफ़ा। ऊँचा कद, तगड़ी मूँछें। तरह-तरह के 'अतर' (इत्र)। जब वह निज़ाम-ए-हैदराबाद के पास गये तो सबने देखा कि यह तो कोई राजा-महाराजा जैसे व्यक्ति आ रहे हैं। निज़ाम भी उठ कर खड़े हो गए और अपने आरामखाने ले गए। उस्ताद निज़ाम की चाँदी की पीकदानी लेकर उसमें पान थूक कर बैठ गए।

तभी एक दरबारी ने निज़ाम के कान में कहा, ''हज़ूर! यह तो गवैया है! इसे क्यूँ साथ में बिठा लिया?''

निज़ाम ने झेंप कर कहा, ''हाँ! मालूम है, मालूम है। लेकिन हम अगर निज़ाम हैं, यह भी तो मौसिकी के शहंशाह हैं। यह साथ ही बैठेंगे।''

फिर महफ़िल सजी, गायकी वगैरा हुई। निज़ाम ने जाते वक़्त खूब ईनाम दिए और अपनी पीकदानी उन्हें देते हुए कहा, ''इसे अब मेरी तरफ़ से तोहफ़ा ही समझिए।''[8]

शाही अंदाज़ से एक और पढ़ा वाकया याद आया। हिम्मतनगर के राजा का जन्मदिन था, तो फ़ैयाज़ ख़ान को बुलवाया गया। वहाँ उन्होंने देखा कि राजा अपने सिंहासन पर बैठे हैं; और प्रजा आकर उनको जन्मदिन की बधाई देती, सलाम ठोकती आ रही है और एक अशर्फ़ी वहाँ सामने थाली में रख रही है। जब महफ़िल खत्म हुई तो वह थाली फ़ैयाज़ ख़ान को पकड़ा दी गयी। फ़ैयाज़ ख़ान को यूँ गरीब प्रजा से अशर्फ़ी की थाली भरना पसंद नहीं आया।

फ़ैयाज़ ख़ान ने कहा, ''हज़ूर! मेरी एक ख़्वाहिश है कि आपके सभी नौकर-चाकरों से मिल लूँ।''

राजा ने तुरंत सबको बुलवाया, और वे एक लंबी पंक्ति में खड़े हो गए। फ़ैयाज़ ख़ान ने वह थाली उन्हें देते हुए कहा, ''आप लोगों ने हमारी बड़ी खातिर की। यह आप आपस में बाँट लें।''

राजा ने शर्मिंदा होकर कहा, ''उस्ताद! हम तो बस एक रियासत के राजा हैं। हिन्दुस्तान के असल बादशाह तो आप हैं।''

---

8. यह पीकदानी वाला किस्सा एक अन्य संदर्भ में बन्दे अली ख़ान (सहारनपुर) से जुड़ा बताते हैं।

फ़ैयाज़ ख़ान जहाँ जाते, हर राजा-नवाब उन्हें हीरे-ज़वाहरात से लाद देते। और फ़ैयाज़ ख़ान उतने ही दिलदार आदमी कि सब उड़ा दें। उस ज़माने में हज़ार का नोट तो बड़ी बात थी। उनका कुर्ता धोते वक़्त एक बार यह नोट मिला तो उनके शिष्य ने पूछा, ''उस्ताद! यह हज़ार का नोट?''

फ़ैयाज़ ख़ान ने बैठे-बैठे कहा, ''अरे, मिला होगा। भूल गया। मुझे लगा, सौ-दो सौ होंगे।''

यह शायद आपको स्पष्ट हो कि हिन्दुस्तानी संगीत दो तरह से गाया जाता है। एक जो प्राचीन है और संभवतः वेदों से आया है, वह है ध्रुपद। और दूसरा जो बाद में मसालेदार बनाया गया, विस्तार दिया गया, तान और तराने लाए गए, वह है ख़याल (इमैजिनेशन)। दोनों अलग गायकी हैं, लेकिन कुछ घराने जैसे आगरा और दिल्ली इन दोनों के संगम हैं। वे ख़याल को ध्रुपद की तरह गाते हैं। शब्दों को चबाते नहीं, शुद्ध और साफ़-साफ़ बोलने की परंपरा है। जबकि कई घरानों में यह समझ ही नहीं आता कि वे आख़िर क्या शब्द गा रहे हैं। इसलिए आगरा से हम 'कनेक्ट' जल्दी होते हैं। इसमें भी फ़ैयाज़ ख़ान की विशेषता थी, 'मुखड़ा' बनाना। इसको यूँ समझिए कि किसी राग की बंदिश आपको याद रह जाती है, जब एक ही पंक्ति बार-बार गायी जाती है। स्थाई या अंतरा में कोई पंक्ति उठायी, और कई बार गाया। जैसे 'न बनाओ बतियाँ'। अब यह बन गया मुखड़ा; जो भी सुनेगा, याद रखेगा। यह पॉपुलर बनाने के लिए आवश्यक है, जो फ़ैयाज़ ख़ान साहब ने खूब समझ लिया था। उस समय यह चलन में कम था, अब हर कोई करता है।

फ़ैयाज़ ख़ान को 'परंपरावादियों में सुधारवादी' और 'सुधारवादियों में परंपरावादी' भी कहते थे। एक ध्रुपद गायक की तरह 'नोम तोम' आलाप करते ख़याल गाना। और दादरा-ठुमरी भी ऐसे गाना जैसे रागों की कद्र हो रही हो, परंपराओं से न्याय हो रहा हो। उस ज़माने में जब लोग गायकी में ऊँच-नीच रखते थे, फ़ैयाज़ साहब जैसे गायक तो गजल भी गा देते थे।

अब एक बात मैसूर की। वहाँ के महाराज ने एक संगीत-महफ़िल जमायी, जिसमें एक तरफ़ थे उनके दरबारी गायक हाफ़िज ख़ान (किराना घराना) और दूसरी तरफ़ फ़ैयाज़ ख़ान। संगीत की यह महफ़िल सात रातों तक चली थी। छह दिन तो दोनों ने एक से एक राग गाए। सातवें दिन फ़ैयाज़ ख़ान ने ठुमरी गा दी। ठुमरी तो उस वक़्त कोठे वाली तवायफ़ें गाती थीं। भला अपने उसूलों के पक्के हाफ़िज ख़ान कैसे ठुमरी गाते? फ़ैयाज़ ख़ान बाज़ी मार गए। मैसूर के महाराज

उनकी गायकी पर यूँ फ़िदा हुए कि अगले जलसे में उन्हें 'आफ़ताब-ए-मौसिक़ी' की पदवी दी।

फ़ैयाज़ ख़ान को वाहवाही में जोश आता था। लेकिन जब बड़ौदा में थे तो गायकवाड़ दरबार में वह अकेले गाते, और साथ में हारमोनियम पर होते ग़ुलाम रसूल ख़ान[9]। दर्शकों में राजा और बस कुछ मेहमान। कभी-कभी वे भी नहीं।

उन्होंने कहा, ''हज़ूर! दो-चार लोग और हों तो गाने का लुत्फ़ आए।''

महाराज ने तुरंत आदेश दिया, ''महल के सभी चतुर्थ श्रेणी कर्मचारी कल से काम खत्म होने के बाद उस्ताद को सुनने आ जाएँ।''

लेकिन इन ज़बरदस्ती के इकट्ठा किए गए श्रोताओं से भला क्या महफ़िल जमती? इतना बड़ा फ़नकार और कोई सुनने वाला ही नहीं। लेकिन जब सुनने वाले हुए, तब भी उनमें कोई ग़ुरूर या ईर्ष्या नहीं थी। वह अक्सर कहते, ''मैं जो गाता हूँ, वह तो चवन्नी है। सोलह आना तो दो लोग थे—एक मेरे नाना ग़ुलाम अब्बास ख़ान और दूसरे भास्करबुवा बाखले।''

कुंदन लाल सहगल एक बार उस्ताद के पास पहुँचे, ''उस्ताद! मुझे आपसे संगीत सीखना है। थोड़ा-बहुत गा लेता हूँ।''

फ़ैयाज़ ख़ान ने कहा, ''कुछ गाकर सुनाइए।''

उन्होंने राग दरबारी सुनाया तो उस्ताद ने कहा, ''तुम्हें अलग से सीखने की ज़रूरत नहीं। फ़िल्मों में बहुत नाम करोगे!''

दरअसल फ़ैयाज़ ख़ान को सिखाने का न शौक था, न धैर्य। इसलिए उनके भाई साहब विलायत हुसैन ख़ान के न जाने कितने शिष्य हुए और उनके ख़ास पक्के शिष्य न हुए। हालाँकि पं. रतण्जन्कर जैसे शिष्य हुए, लेकिन वह भी भातखंडे जी के कहने पर। इसलिए उनका अपना फ़न अगली पीढ़ियों तक न जा सका। उनकी कई ठुमरियाँ और राग बंदिशें यू-ट्यूब पर हैं, लेकिन हमारे पास उनके असल फ़न का बस पाँच-दस प्रतिशत बचा है। फ़ैयाज़ ख़ान जब रेडियो पर गाते तो आवाज़ इतनी बुलंद थी कि माइक्रोफ़ोन दो फ़ीट दूर रखा जाता। लेकिन जब फ़ैयाज़ ख़ान को टी.बी. हो गयी तो वह अपनी 'जबड़े की तान और गमक' नहीं ले पाते थे। तब तो ऑल इंडिया रेडियो, बड़ौदा के सुनील बोस थे, जिन्होंने यह सब मुमकिन बनाया। वह एक पीकदानी लेकर साथ बैठते। फ़ैयाज़ ख़ान जब

***

9. फ़ैयाज़ ख़ान के मौसेरे भाई जो सदा उनके साथ ही रहते।

गाते और ऊँची तान लेते तो खून निकलता, उसे पीकदानी में थूक कर फिर से तान उठाते। इतनी जद्दोजहद के बाद हमारी खुशकिस्मती कि हम तक आफ़ताब-ए-मौसिक़ी की आवाज़ पहुँच सकी।

उनकी आवाज़ के तो नवाब ही क्या, हर थोड़ा-बहुत सुनने वाले भी दीवाने थे। एक बार उन्नाव के एक स्टेशन मास्टर ने चिट्ठी भेजी, 'उस्ताद! आपका मुरीद हूँ। अगर आप मेरे बेटे के जनेऊ में आकर आशीर्वाद दे सकें तो बड़ी कृपा होगी। मैं आपके आने-जाने का भाड़ा और आपकी रकम आठ सौ रुपए तैयार रखूँगा।'

जब उस्ताद वहाँ पहुँचे तो मकान-इंतज़ाम देख कर लग गया कि इस पर फ़ीस भारी पड़ेगी। उन्होंने एक मेहमान से पूछा, ''यह स्टेशन मास्टर कितना कमाता होगा?''

''सौ-डेढ़ सौ कमाता होगा, और क्या?''

फ़ैयाज़ ख़ान ने सोचा कि जब साल भर की कमाई मुझे दे देगा तो खाएगा क्या? उन्होंने वहाँ बैठ कर खूब मन से गाया। उनके बेटे को बुला कर अपनी सोने की अंगूठी दी, और जाते वक़्त कहा, ''देखो! मैं रकम एक न लूँगा। लेकिन स्टेशन बाबू हो तो ट्रेन में बस इतना कह दो कि मुझे वापसी में टिकट न पूछें।''

ऐसे ही एक बार विद्यार्थियों के न्यौते पर लखनऊ गए तो फ़ीस लेने के बजाय उन्हीं को पैसे देकर आ गए कि अपनी तालीम में मन लगाओ! वह वाकई फ़ैज़ (दानशील) दिल थे। इस बात से पं. जसराज का सुनीता बुद्धिराजा जी की किताब से एक वाकया याद आया। पं. जसराज ट्रेन से जा रहे थे तो कैन्टीन से चाय मँगवाई। जब चाय आई, तो उन्होंने कहा, ''कुछ क्रीम और डालिए।''

कैन्टीन कर्मचारी ने उन्हें पहचान तो लिया लेकिन कड़क होकर बोले, ''क्रीम तो और न मिलेगी।''

उन्होंने कहा, ''अरे! कुछ फ़ैज़ दिल बनिए।''

वह बोले, ''पंडित जी! अब कहाँ रहे वह फ़ैज़ दिल (फ़ैयाज़ ख़ान), और कहाँ रहे क्रीम (अब्दुल करीम ख़ान)।''

कुछ अनजान लोगों ने 2002 ई. के दंगों में बड़ौदा में आफ़ताब-ए-मौसिक़ी की क़ब्र के पत्थर को ध्वस्त कर दिया। इस घराने की एक दूसरी शाखा ज़रूर

आज तक अपनी मज़बूत जड़ों के साथ मौजूद है।

लंदन की गलियों में कई घरों के बाहर एक गोल नीले रंग की तख़्ती लगी होती है, जिस पर लिखा होता है, 'इसी मकान में जिमी हेन्ड्रिक्स रहते थे; या फ्रेडी मर्करी रहते थे...।' शहर ऐसी नीली तख़्तियों से पटा पड़ा है। अब उन मकानों में भले कोई और रहे, पर उनकी छाप बरकरार है। भारत के कई संगीतकारों के घर अब नीलाम हुए, या वे मर-खप गए। उनका मकान ढूँढना मुश्किल होता है। लेकिन मुंबई में तारदेव के मुस्लिम मुहल्ले में एक 'रूबी मैंशन' नामक मकान पर ऐसी ही पट्टी लगी है, 'यहाँ बीसवीं सदी के महान् शास्त्रीय गायक विलायत हुसैन ख़ान, लताफ़त हुसैन ख़ान और ख़ादिम हुसैन ख़ान रहते थे।'

यह प्रश्न बेतुका है कि फ़ैयाज़ ख़ान और विलायत हुसैन ख़ान में बेहतर कौन था? दोनों अपने घराने के नूर थे और दोनों साथ बैठ कर एक-दूसरे से सीखते रहे। विलायत साहब के परिवार की सबसे बड़ी ख़ासियत रही कि उन्होंने गुरु-शिष्य परंपरा को बहुत बढ़ाया। आज उनकी वजह से त्रिनिडाड तक आगरा घराने की पहुँच है। वहीं फ़ैयाज़ ख़ान गायक तो लाजवाब थे, लेकिन गुरु वह कमज़ोर थे। उनमें सिखाने का धैर्य नहीं था, कोई उन्हें सुनकर सीख ले यह और बात है।

विलायत हुसैन ख़ान ने तो ख़ुद लिखा है कि उन्होंने 42 उस्तादों से सीखा! और मुझे लगता है कि इसके दोगुने उन्होंने शिष्य बनाए। मुंबई का रूबी मैंशन तो संगीत का मन्दिर ही कहा जाता, जहाँ उनके परिवार के और इतर तीस-चालीस संगीतकार हमेशा मौजूद होते। फ़ैयाज़ ख़ान भी मुंबई में होते तो वहीं रुकते। वहाँ तो कहावत थी कि घर की खिड़की से कहीं पत्थर फेंको, एक संगीतकार के घर गिरेगा। आज भी उस मकान में ग़ुलाम हुसैन ख़ान उर्फ़ राजा मियाँ रहते ही हैं। जब मैं यह सब लिख रहा हूँ, उस वक़्त भुवनेश्वर के एक स्पिकमैकै प्रोग्राम में उनका लाइव वेब-कास्ट देख रहा हूँ। वह आगरे की पहचान 'नोम तोम' आलाप लेकर फ़ैयाज़ ख़ान की गायी राग ललित की मशहूर बंदिश गा रहे हैं,

"तड़पत हूँ जैसे जल बिन मीन..."

और एक नाम का ज़िक्र कर आगरा घराने की बात को विराम देता हूँ। वह नाम फ़ैयाज़ ख़ान से भी पहले होना चाहिए था। जोहराबाई आगरेवाली[10] उम्र में भी

---

10. यह जोहराबाई अम्बालावाली से अलग हैं। जोहराबाई आगरेवाली के पिता कुछ संदर्भों में आगरा के सारंगिया अहमद ख़ान कहे जाते हैं। और कहीं वह लखनऊ के नवाब परिवार के अली बख़्श की नाजायज़ संतान भी कही जाती है।

सीनियर थीं, रुतबा भी ऊँचा था, और आवाज़ तो ऐसी बुलंद थी कि बड़े गुलाम अली ख़ान और फ़ैयाज़ ख़ान दोनों प्रभावित थे। गंगूबाई हंगल कहतीं कि उनकी आवाज़ में बुलंदी जोहराबाई को सुनकर ही आई।

जब वाजिद अली शाह लखनऊ से निकाल दिए गए और मटियाबुर्ज (कलकत्ता) भेज दिए गए, तो कई तवायफ़ परिवार की बेटियाँ भी साथ हो चलीं। इन्हीं में गौहर जान और जोहराबाई भी थीं। जोहराबाई पटना आ गयीं और रामगढ़-गिद्धौर के ज़मींदार उन पर जान छिड़कते थे। यह पटना में सुनी कहानी है कि एक शादी में जब वह गाने पहुँचीं, तो वहाँ एक बाईजी ने कहा, ''हर रंडी को गाना नहीं आता बेसुरी!''

यह सुनकर जोहराबाई को ऐसा धक्का लगा कि वह आगरा के शेर ख़ान के पास पहुँचीं और उनसे सीख कर कठिन ख़याल का रियाज़ करती रहीं। वहीं उन्होंने कल्लन ख़ान और महबूब ख़ान (दरस पिया) से दुर्लभ चीज़ें (बंदिशें) भी सीखीं। जब ग्रामोफ़ोन कंपनी आयी तो तीन मिनट के 78 rpm रिकॉर्ड में बड़े उस्तादों को तो दिक्कत होती कि भला तीन मिनट में क्या गाएँगे? जोहराबाई तीन मिनट में ऐसी बंदिश गातीं कि पूरे राग का सार निकल आता। उनके साथ ग्रामोफ़ोन कंपनी ने 2500 रुपए में पच्चीस गानों का कॉन्ट्रैक्ट किया और पटना से कलकत्ता आने-जाने का इंतज़ाम भी किया। यह कोई साधारण बात न थी। उनकी गायकी में तीन मिनट के अंदर लयकारी, मुरकी, खटका और तान का कैप्सूल समेटना वाकई प्रभावित करता है। जोहराबाई की उपलब्ध रिकॉर्डिंग भले पुरानी है, लेकिन एक बार ज़रूर सुन कर देखनी चाहिए। वे ऐसी बेस्टसेलर गायिका थीं कि साठ गानों के कई बार रीप्रिंट हुए। 2003 ई. में तो फिर से सी.डी. निकाली गयी। एक गीत उनका जो मुझे पसंद है—

''कोयलिया कूक सुना दे,
सखी री! मोहे बिरहा सतावे।

सजन बिन अंधियारी कारी रात,
बिजुरी चमके, जियरा मोरा डर पावे।

इतनी बिनती मेरी उन से कहियो जाए,
तुम बिन जिया मोरा निकसो जाए,
छलके जोबन मोरा, मोरा पिया घर न आवे रे।''

जोहराबाई के विषय में एक प्रश्न जो मेरे मन में घूमता रहा कि उनकी

इकलौती उपलब्ध तस्वीर में एक बच्चा उनकी गोद में है और वह तानपुरा लिए बैठी हैं। जोहराबाई की मृत्यु तो महज़ पैंतालीस वर्ष की अवस्था में हो गयी। तो वह बच्चे की जो तस्वीर है वो आख़िर कौन थे और कहाँ गए?

वंशावली

1. रामदास (नायक धोंदू)
2. निरंजनदास
3. सुजान दास (सुजान ख़ान)
4. अलखदास, मलूकदास, खलकदास, लवंगदास
5. कादर शाह
6. हैदर शाह
7. श्यामरंग और सरसरंग (अलखदास के पुत्र)
8. जग्गू ख़ान, सुसू ख़ान, गुलाब ख़ान, घघ्घे ख़ुदा बख़्श (श्यामरंग के पुत्र)
   अब यहाँ से जग्गू ख़ान और घघ्घे ख़ुदा बख़्श के दो वंश चले। फैयाज़ ख़ान घघ्घे ख़ुदा बख़्श वाले वंश के थे और विलायत हुसैन ख़ान जग्गू ख़ान वंश के।

सेनिया घराना
तानसेन के घराने

‘‘मैं अगर सौ–दो सौ वर्ष पहले पैदा हुआ होता, तो मेरे लिए अच्छा होता।’’
—उस्ताद अमज़द अली ख़ान

मन कुछ चिड़चिड़ा-सा था, तो कुछ शुद्धिकरण की इच्छा हुई। शुद्ध क्या मिलता है आजकल ? हर चीज़ मसालेदार है, यहाँ भी, वहाँ भी। कुछ देर विलायत ख़ान साहब को सुनता रहा। एक घंटे का 'केदार भांकर'। मेरे बंगाली मित्र हैं घोष बाबू। उन्होंने एक बार बताया था कि सबसे शुद्ध सितार मुश्ताक अली खान बजाते थे। तब तक मेरे लिए शुद्ध का अर्थ विलायत ख़ान साहब या निखिल बनर्जी का सितार ही था। सोचा कि मुश्ताक अली ख़ान को सुन कर देखूँ।

उनके अमरीकी शिष्य स्टीवन लैंड्सबर्ग के माध्यम से पहले एक दरबारी कान्हड़ा मिला। उसके बाद तो सुनता ही गया। जैसे ग्वालियर के पंडित बिलकुल किताबी अष्टांग गायन करते हैं, ठीक वैसे ही सिद्धांत के पक्के मुश्ताक अली ख़ान भी। उनको संगीतकारों का संगीतकार कहते हैं। दुनिया बदल गई, उनके नियम नहीं बदले। उन्होंने तो सुरबहार-सितार पर पखावज के साथ ध्रुपद भी बजाया। ख़याल युग में सितार पर ध्रुपद उनके अलावा दरभंगा के रामेश्वर पाठक बजाते थे। एक किंवदंती है कि जब मुश्ताक अली ख़ान छोटे थे, उनके पिता कलाई में ईंट बाँध देते, और एक ही स्वर 1000 बार लगातार बजाने को कहते। ऐसे सितार पर पकड़ बनती थी।

सरस्वती के अटल उपासक मुश्ताक अली ख़ान कभी स्वर टूटने न देते। एक बार विलायत ख़ान ने साथ बजा कर परखा। विलायत ख़ान गति बढ़ाते गए कि मुश्ताक साहब का सुर टूटे। लेकिन तमाम कलाबाज़ियों के बाद भी मुश्ताक साहब ने राग की संरचना और स्वर टूटने नहीं दिया।[1]

---

1. यह जुगलबंदी शायद प्राइवेट हुई होगी मुझे कहीं मिली नहीं।

यह भी एक संयोग है कि पं. रविशंकर को पहली बार कलकत्ता में स्टेज पर लेकर आने वाले वही थे। एक ओर रविशंकर ने जनता की नब्ज़ पकड़ी, राग में भले कुछ मिलावट या बदलाव किए। तो दूसरी ओर मुश्ताक साहब बड़ी महफ़िलों से कुछ दूर रहे, लेकिन सुर आख़िरी दम तक पकड़ कर रखा।

मैं वैसे इस बात से अब इत्तिफ़ाक नहीं रखता कि सेनिया वाकई तानसेन के वंशज हैं। हर घराना स्वयं को तानसेन से जोड़ता रहा है। तानसेन के वंशज आख़िर थे कौन? मियाँ तानसेन की मुस्लिम पत्नी मेहरुन्निसा से बेटे हुए— बिलास ख़ान, जिन्होंने राग बिलासख़ानी तोड़ी बनायी। तानसेन की पहले से एक हिन्दू पत्नी भी थीं जिनसे दो बेटे हुए तान-तरंग और सूरतसेन, और एक बेटी हुई सरस्वती देवी[2]। सूरतसेन ने जयपुर सितार घराने को जन्म दिया। सरस्वती देवी का विवाह बीनकार (वीणावादक) राजा मिसर सिंह से हुआ जो अकबर के दरबार में आकर नौबत ख़ान बन गए। यहीं से सेनिया बीनकार घराने की शुरुआत हुई। उस्ताद नियामत ख़ान (सदारंग) भी इसी घराने के वंशज कहे जाते हैं।[3] बाद के समय में इस घराने के सबसे बड़े नाम हुए—रामपुर दरबार के उस्ताद वज़ीर ख़ान।

उस्ताद वज़ीर ख़ान ने दो बड़े घरानों को जन्म दिया—एक हाफ़िज अली ख़ान (सरोद) जिनसे बना सेनिया-बंगाश घराना, और दूसरे अलाउद्दीन ख़ान जिनसे बना सेनिया-मैहर घराना। सेनिया बंगाश की बात पहले करता हूँ।

हुआ यूँ कि लगभग तीन सौ वर्ष पूर्व अफ़गानिस्तान से कुछ घुड़सवार योद्धा आज के रीवा शहर के इलाके में आए। उन्हीं में एक थे बंगाश (अफ़गानिस्तान) के मुहम्मद हाशमी ख़ान। वह और उनके बेटे ग़ुलाम बंदगी ख़ान रबाब बजाते थे। ग़ुलाम बंदगी के बेटे (या पोते)[4] ग़ुलाम अली ख़ान ग्वालियर दरबार में शामिल हुए जहाँ तानसेन के वंशज पहले से एक तानसेनी रबाब[5] बजाते थे। इन दोनों के मिश्रण से बना सेनिया-बंगाश घराना। तो यह घराना भी मूलत: ग्वालियर से ही शुरू हुआ।

ग़ुलाम अली ख़ान के तीन बेटे हुए—नन्हे ख़ान, मुराद अली और हुसैन अली।

---

2. एक किंवदंती है उनकी बेटियों ताना और रीरी के संबंध में, वह अलग है। एक संदर्भ यह भी है कि उनके एक दामाद हाजी सुजान ख़ान थे।

3. कुछ संदर्भ सदारंग को कव्वाल बच्चों के घराने का कहते हैं।

4. यह स्पष्ट नहीं है कि बेटे थे या पोते।

5. तानसेन के बेटे बिलास ख़ान के वंशज प्यार ख़ान और जफ़र ख़ान तानसेनी रबाब बजाते थे।

इनमें शायद मुराद अली सबसे अधिक प्रतिभाशाली थे, लेकिन उनके संतान नहीं थी। हुसैन अली का घराना भी अब नहीं है। नन्हे ख़ान के सबसे छोटे बेटे हाफ़िज़ अली ख़ान एक लोकप्रिय सरोद वादक बने। उन्होंने भी बाबा अलाउद्दीन ख़ान की तरह रामपुर के सेनिया बीनकार वज़ीर खान से सुरसिंगार (सरोद का प्राचीन रूप) शिक्षा ली। हाफ़िज़ अली ख़ान कभी अपनी रिकॉर्डिंग नहीं कराते। इसकी वजह चाहे जो भी रही हो। उन्होंने ग्वालियर के महाराज को यह कह कर मना लिया, ''हज़ूर! ग्वालियर के उस्ताद का बजाया सरोद भला रेडियो पर क्यों बजे?''

गुलज़ार को दिए साक्षात्कार में उनके बेटे अमज़द अली ख़ान ग्वालियर के अपने पुश्तैनी मकान की मुंडेर पर खड़े होकर उन्हें याद करते हैं कि कैसे वह कबूतरों को दाने खिलाते और मकान से लगी मस्जिद में अजान पढ़ते। हाफ़िज़ अली ख़ान सरोद को इबादत का ज़रिया ही समझते, और रागों की शुद्धता पर ज़ोर देते। हालाँकि, उन्होंने ग्वालियर के ठुमरी गायक भैयासाहब गणपत राव के साथ ठुमरी भी बजाई।

एक बार हाफ़िज़ अली ख़ान तबलावादक दर्शन सिंह जी के साथ कोलकाता में बैठे थे। दोनों एक-दूसरे से सवाल-जवाब करते बजाते रहे, और आख़िर हाफ़िज़ अली ख़ान ने धुआँधार द्रुत लय में बजाया, और उसके बाद दोनों ने साथ तीन बार (तिहाई) बजा कर दर्शन सिंह ने तबले पर जोरदार 'सम' देकर ख़त्म किया। दर्शन सिंह ने उस्ताद को कहा, ''एक बार और उठाइए!''

हाफ़िज़ अली ख़ान ने कहा, ''अरे! अब मैं थक गया हूँ। मुझसे न हो पाएगा!''

''क्या उस्ताद? आप हार मान गए तो कैसे चलेगा?''

''ठीक है। बजाता हूँ।''

अब हाफ़िज़ अली ख़ान ने वही द्रुत लय दोहराया, लेकिन इस बार दर्शन सिंह तबले में पीछे रह गए। दो-तीन बार 'ना धिन धिन ना' बजाया और उनके हाथ तबले पर फड़फड़ाने लगे, बदन से पसीना बहने लगा, धड़कनें बढ़ गयीं और वहीं उनकी हृदयाघात से मृत्यु हो गयी। यह घटना हस्सू ख़ान (ग्वालियर) के कड़क बिजली तान लगाते मृत्यु की याद दिलाती है। हाफ़िज़ अली ख़ान इस घटना से इतने टूट गए कि चार दिन तक भोजन नहीं किया।[6]

हाफ़िज़ अली ख़ान के बेटों में सबसे छोटे अमज़द अली उनके कुछ अधिक

---

6. 1972 में एक टी.वी. साक्षात्कार में

करीब रहे। उनके आख़िरी दिनों के साक्षात्कार में ऊपर के बटन खोले, बेल बॉटम पैंट में अमज़द अली ख़ान मुंबईया हीरो नज़र आते हैं। जिस वक़्त वह हाफ़िज़ अली ख़ान से सीख रहे थे, तब तक उस्ताद का कान खराब हो चुका था। उनको पता ही नहीं लगता कि अमज़द अली क्या बजा रहे हैं। वह कान में पूछते कि यह स्वर ठीक है? ऐसे कठिन तरीके से उन्होंने सरोद सीखा। तब तक भारत में समय बदलने लगा था। अमज़द अली पिता के साथ ग्वालियर से दिल्ली आ गए थे, और उन्होंने संगीत की शुद्धता को बरकरार रखते हुए भी उसे रोचक बनाने की कोशिश की। दूरदर्शन पर सुबह अमज़द अली ख़ान अक्सर नज़र आते, और भारत के युवक उन्हें पहचानने लगे।

मेरी संगीत में रुचि अमज़द अली ख़ान को 'लाइव' सुनकर ही बढ़ी। उनके चलने, बोलने, उठने-बैठने का अंदाज़ ही भा गया। जैसे सितार में विलायत ख़ान 'गायकी अंग' लाए, वैसे ही सरोद में अमज़द अली ख़ान। यह गाता हुआ सरोद एक ऐसे दौर में आया, जब सुगम संगीत लोकप्रिय हो रहा था। और इसलिए अमज़द अली ख़ान भारत में अधिक लोकप्रिय हो सके।

बंगाश घराने में ही दूसरे वंश की बात करता हूँ। नन्हे ख़ान के भाई मुराद अली ख़ान नि:संतान थे। उनको चिढ़ाया जाने लगा तो वह तंग आकर शाहजहाँपुर चले गए। उन्होंने ठान लिया कि किसी अनाथ को गोद लेकर सिखाएँगे। उस अनाथ ने ही रबाब और सुरसिंगार में बदलाव कर आख़िर वह सरोद बनाया जो आज बजता है। आज के सरोद के आविष्कारक हैं—अब्दुल्लाह ख़ान[7]। और यह संभव हुआ दरभंगा महाराज के दरबार में, जहाँ अब्दुल्लाह ख़ान लंबे समय तक रहे। यह और बात है कि दरभंगा में अब सरोदवादक नहीं। यह मुराद अली का वंश सेनिया शाहजहाँपुर घराना कहलाया।

अब्दुल्लाह ख़ान अक्सर गौरीपुर एस्टेट (आज के बांग्लादेश) जाते। यह एस्टेट भी एक गढ़ था जहाँ से अलाउद्दीन ख़ान (मैहर), और इनायत ख़ान (इटावा) के भी तार जुड़े हैं। अब्दुल्लाह ख़ान के बेटे अमीर ख़ान बंगाल में ही रह गए। यहीं से बंगाल के सरोदियों की शाखा निकली[8]। बुद्धदेव दास गुप्ता इसी शाखा के हैं और इनके सरोद में आपको ऐसी छाप मिलेगी, जो अमज़द अली ख़ान से अलग

---

7. हालाँकि यह श्रेय सभी सरोद घराने नहीं देते।
8. शाहजहाँपुर में जब मुराद अली आए तो वहाँ पहले से रबाब का घराना मौजूद था। यह ग़ुलाम बंदगी ख़ान के समय आए एक घुड़सवार नजफ़ ख़ान के वंशज थे। उस वंश के असदुल्लाह ख़ान 'कौकब' ख़ासे मशहूर सरोदवादक रहे और बंगाल में सरोद सबसे पहले वही लेकर आए।

है। और अली अकबर ख़ान में इन दोनों से अलग। यह कमाल की बात है कि अफ़ग़ानिस्तान से आया एक साधारण पौधा भारत आकर एक बरगद का वृक्ष ही बन गया। अब इसकी अनगिनत शाखाएँ हैं।

वंशावली

1. मुहम्मद हाशमी ख़ान बंगाश
2. ग़ुलाम बंदगी ख़ान बंगाश
3. ग़ुलाम अली ख़ान बंगाश
4. नन्हे ख़ान, मुराद अली, हुसैन अली
5. हाफ़िज अली ख़ान (नन्हे ख़ान के छोटे बेटे)
6. अमज़द अली ख़ान (हाफ़िज अली के छोटे बेटे)
7. अमान और अयान अली ख़ान बंगाश

मैहर सेनिया घराना
मैहर से कैलिफ़ोर्निया तक

''दस साल अभ्यास करोगे तो ख़ुद को संतुष्ट कर पाओगे, बीस साल तो दर्शकों को, तीस साल में अपने गुरु को, और कई वर्ष और अभ्यास के बाद ही बनोगे 'कलाकार', जब तुम ख़ुदा के लिए संगीत बजा पाओगे।''
—अली अकबर ख़ान

मुझे किसी ने एक बैठक में कहा कि मैहर के पत्तों से भी संगीत निकलता है। जब मैं मैहर पहुँचा तो धूल-धक्कड़, सीमेंट, संगमरमर के कारख़ाने और बंजर-सी बस्ती। जबलपुर के बाद ही सड़क कुछ टूटनी शुरू हो चुकी थी और सड़क के किनारे भुट्टे पक रहे थे। गायों के झुंड कुछ आड़े-तिरछे खड़े, कुछ विचरते नज़र आ रहे थे। शहर बुरा नहीं था लेकिन इतने पत्ते नहीं दिख रहे थे कि खड़खड़ाएँ और संगीत का प्रवाह हो। छुटपन में लोग यूँ ही दरभंगा के किले दिखा कर कहते कि यह संगीत का गढ़ था, पर मुझे तो यह सब परीकथाएँ लगतीं। जब मैं आख़िर ढूँढते-ढाँढते एक प्रांगण में दाख़िल हुआ तो जैसे सब जीवंत हो गया। इसी आंगन में ठीक सौ बरस पहले मुझसे कुछ कम उम्र के युवा पंडित रविशंकर आये थे, जिन्होंने हिन्दुस्तानी संगीत की दुनियावी तकदीर बदल दी। यह आख़िर बाबा अलाउद्दीन ख़ान का आंगन है।

मैं जब अलाउद्दीन ख़ान की तलाश में निकला तो इसमें कई किंवदंतियाँ मिलीं। पहले तो मुझे इस बात से कुछ हैरानी ज़रूर हुई कि उनके परिवार में हिन्दू नाम कुछ अधिक ही हैं। वहीं मुझे उनके पोते राजेश अली ख़ान मिले। और भी जितने लोग हैं, जैसे—आशीष, ध्यानेश, प्रणेश, माणिक, और अन्नपूर्णा देवी ? हिन्दू परंपरा की बात कई संगीतकारों ने की, लेकिन इस तरह के नामकरण अलाउद्दीन ख़ान के परिवार में यूँ ही नहीं। अठारहवीं सदी में त्रिपुरा में एक औघर तांत्रिक हुए दीनानाथ देब शर्मा। उनके एक पुत्र थे सिरजू। सिरजू जब बड़े हुए तो वह बंगाल की एक विद्रोही

महिला देबी चौधरानी[1] से जुड़ गए। जब लॉर्ड क्लाइव के सिपाही पीछे पड़ गए तो वह नाम और धर्म बदल कर समाश फ़कीर बन गए। उसी फ़कीर के वंश में छठी पीढ़ी में एक और फ़कीर जन्मे[2] जो अलाउद्दीन ख़ान कहलाए।

''आज आपका लड़का फिर स्कूल नहीं आया,'' हेडमास्टर ने साधु खान से कहा।

''स्कूल नहीं आया तो कहाँ गया?''

''मुझे उसके साथियों ने बताया कि वह शिव मन्दिर में बैठा रहता है।''

''आफ़ताब! पता करो, यह आलम शिव मन्दिर में क्या करता है?'' साधु ख़ान ने अपने बड़े बेटे को आवाज़ दी।

''सितार सीखता है। भजन सुनता है। आप तो सिखाते नहीं?''

''अभी उसकी उम्र ही क्या है? और अभी तो मैं भी सीख ही रहा हूँ। तुम्हें तबला सिखाया कि मेरा साथ दे सको। आलम का जब वक़्त आएगा, सिखाऊँगा ही।''

''आप नहीं भी सिखाएँगे, तो वह सीख ही लेगा। आप जब सितार सीखते हैं, वह भी छुप कर सुनता है। और अब्बा-हज़ूर! छुप-छुप कर बजाता भी है।''

''आलम!! तुम्हारी यह मजाल?'' साधु ख़ान चिल्लाए और आलम (अलाउद्दीन) भीगी बिल्ली बनकर सामने खड़े हो गए।

पिता साधु ख़ान ने उनको बाँस से बाँध कर खूब पीटा, और भाई आफ़ताब कोने में छुप कर हुक्का पीते रहे। आखिर आलम एक नौटंकी टीम में घुस कर ढाका के रस्ते कलकत्ता पहुँच गए। ऐसा शहर जो संगीत का गढ़ तो था, लेकिन जहाँ जीना मुश्किल था। अलाउद्दीन को जल्द ऐसा ठिकाना मिल गया, जहाँ एक सेठ अनाथों को मुफ़्त खाना खिलाते। बाकी, सोने-रहने की फ़िक्र तो कलकत्ते में न थी। किसी पेड़ के नीचे या सड़क किनारे लेट जाओ। वह हुगली नदी के किनारे अपनी गठरी निकाल कर सो गए। वहीं नदी से पानी पीते और नामतल्ला घाट लंगर में खाना खाते। वहीं एक दवाखाने में एक व्यक्ति मिले।

उन्होंने पूछा, ''तुम कलकत्ते के नहीं लगते। कहाँ से आए हो?''

अलाउद्दीन ने कहा, ''हाँ! मैं ढाका से आया हूँ। मुझे संगीत सीखना है।''

---

1. इन पर बंकिम चंद्र चटर्जी की पुस्तक भी है।
2. उनका जन्म वर्ष अधिकतर संदर्भ 1881 ई. बताते हैं, हालाँकि सरकारी तिथि 1862 ई. जो अधिक संभव है कि गलत है।

''कुछ गाते-बजाते हो ?''

''हाँ ! सितार बजा लेता हूँ। लेकिन गा भी लूँगा।''

वह उन्हें राजा जतिंद्र नाथ टैगोर के दरबार के राजगायक नूलो गोपाल के पास लेकर गए। वह बड़े प्यारे गुरु थे लेकिन सूर्योदय से पहले ही सिखाते। रात को दो बजे से पाँच बजे सुबह तक रियाज़ चलता। यहाँ सात वर्ष तक अलाउद्दीन ख़ान ने शिक्षा ली, और गायकी के पक्के बन गए। इसी बीच शिबपुर से उनके भाई भी ढूँढते हुए आ गए और उनका विवाह मदन मंजरी जी से करा दिया। वह जब ढाका से लौटे तो कोलकाता में ऐसी हैजा महामारी फैली कि गुरु नूलो गोपाल चल बसे। अलाउद्दीन तो सदमे में आ गए और तभी प्रण लिया, ''अब मैं जीवन में कभी नहीं गाऊँगा।''

गाना त्याग कर न जाने ऐसी क्या धुन चढ़ी कि हर तरह के वाद्य-यंत्र सीखने लगे। देशी-विदेशी कोई भी यंत्र हो। मृदंग से तबला तक। वीणा से वायलिन तक। गुरु को खोने के बाद इस अजीब हताशा ने ही आख़िर अलाउद्दीन ख़ान को गुरु बना दिया। इस वक़्त तक छोटे भाई आयत अली ख़ान भी साथ हो लिए थे जो यंत्र बनाने की कला में निपुण होते जा रहे थे, और अलाउद्दीन बजाने में। उन्होंने स्वामी विवेकानंद के भाई हाबू दत्त से, और मि. लोबो की ऑर्केस्ट्रा से तरह-तरह के यंत्र सीख लिए। मैं जब मैहर गया तो एक दस बट्टा दस फ़ीट के कमरे में आलमीराबंद कुछ यंत्र ज़रूर देखे, लेकिन सुना है उनका यह घर कभी यंत्रों का जखीरा था। इस जनरल नॉलेज के बाद उन्होंने विशेषज्ञ बनने का निर्णय लिया।

वह जा पहुँचे राजा जगत किशोर के दरबार में—मुक्तगाछा। यहाँ उनके सरोद गुरु बने अहमद अली। लेकिन उनकी सीखने की गति उस्ताद के सिखाने की गति से तेज़ थी। अहमद अली कलकत्ता के कोठों पर मुजरों में जाते तो अलाउद्दीन की अधिक वाहवाही होने लगी। अहमद अली आख़िर परेशान होकर उनको रामपुर ले आए। रामपुर में उन दिनों बीनकार उस्ताद वज़ीर ख़ान ही हिन्दुस्तान के शीर्ष फ़नकार थे। वह शिया मुसलमान थे और तानसेन के वंशज, तो यूँ भी उनका रुतबा अलग था। अलाउद्दीन ख़ान को तो जैसे इतने सफ़र के बाद मुकाम मिल गया। अब उन्होंने वज़ीर ख़ान से मिलने की ख़्वाहिश ज़ाहिर की। उस वक़्त यह आलम था कि वज़ीर ख़ान की इजाज़त के बिना कोई रामपुर में यूँ भी गा-बजा नहीं सकता था। अलाउद्दीन ख़ान तो यूँ भी गुमनाम युवा थे, उन्हें मिलने की इजाज़त न मिली। अलाउद्दीन ख़ान बिचारे निराश होकर रामपुर की गलियों में घूमने लगे। आख़िर उन्होंने यह ठान लिया कि अब अफ़ीम खाकर जान दे देंगे। तभी एक मौलवी साहब ने समझाया, ''यहाँ के नवाब बड़े दिलनवाज़ हैं। मैं एक बढ़िया अर्ज़ी बना कर

देता हूँ। उनकी गाड़ी के सामने मेरी चिट्ठी लेकर लेट जाओ।''

उन्होंने वैसा ही किया और नवाब हामिद अली ख़ान का दिल पसीज गया। इस फ़िल्म शोले-स्टाइल नाटक से आख़िर सेनिया बीनकार उस्ताद वज़ीर ख़ान ने उन्हें गंडा बाँधा। अलाउद्दीन ख़ान पर तानसेन का ठप्पा लग गया। अब उनका घराना भी सेनिया घराना कहा जाएगा। हालाँकि वज़ीर ख़ान ने कुछ सुरसिंगार[3] ज़रूर सिखाया, लेकिन उनसे ख़ास बाबा ने सीखा नहीं। तब तो रामपुर में संगीत के इतने इंतज़ामात थे कि सुन-सुन कर ही कोई सीख जाए। हाफ़िज अली ख़ान भी वहीं सरोद सीख रहे थे। मोहम्मद हुसैन ख़ान सरोद सिखाते थे। कई लोग थे, और इतने घाट-घाट का पानी पीकर अलाउद्दीन ख़ान उस्ताद बन ही चुके थे।

मैहर महाराज बृजनाथ सिंह देव उनको रामपुर से 1918 ई. में लेकर आए और राज-संगीतकार बनाया। बाबा की कहानियाँ तो कई हैं। अलाउद्दीन ख़ान एक कड़क गुरु सिर्फ़ अपने शिष्यों के लिए ही नहीं, अपने लिए भी थे। पं. रविशंकर संस्मरण लिखते हैं कि रियाज़ करते वक़्त नींद न आ जाए, इसलिए वह अपनी चोटी को एक रस्सी से छत से बाँध लेते। और उतने ही संवेदनशील और करुणा के सागर भी। 1920 ई. की महामारी में कई बच्चे अनाथ हुए, जिनको बाबा ने शरण दी और उन्हें संगीत सिखा कर 'मैहर बैन्ड' बनाया। यह पहली बार ही हुआ कि शास्त्रीय गायक-वादक एक पश्चिमी ऑर्केस्ट्रा की तरह प्रस्तुति देने लगे। एक दूसरी आकर्षक चीज़ को उन्होंने लोकप्रिय बनाया—'सवाल-जवाब'। सितार और सरोद के बीच। सरोद और तबले के बीच। यह पुरानी जुगलबंदी से हट कर था, और आम जनता को यह पसंद आने लगा। दूसरी बात यह हुई कि मंच पर गायकी के बराबर वादन स्थापित होता गया। यह ऐसा प्रयोग हुआ, जिसने संगीत की धारा बदल दी। पूरब-पश्चिम का मेल मैहर की पहचान बना, जब उनके जीवन में बनारस के एक विलायती बाबू अभिजात्य उदय शंकर का प्रवेश हुआ।

लेकिन उनके आने से पहले घर में एक नटखट बेटा भी तो था, जिसकी रुचि संगीत से अधिक पतंग उड़ाने और बचपन के खेलों में थी। अली अकबर ख़ान उर्फ़ आलू दा एक मस्तमौला व्यक्ति छुटपन से ही थे। तब तो पिता इतने सख़्त मिले कि बिचारे को रियाज़ न चाहते भी करना होता। उनकी एक बहन जहाँआरा बेग़म को ससुरालवालों ने संगीत की वजह से वापस मैहर भेज दिया था। वह वक़्त स्त्रियों के संगीत सीखने के लिए न था, तो ज़िम्मेदारी अली अकबर पर ही थी। या शायद उनकी छोटी बहन पर?

---

3. सरोद जैसा ही प्राचीन यंत्र।

अन्नपूर्णा नाम मैहर के महाराज ने ही रखा था, लेकिन गुण पैदाइशी था। यह कहना मुश्किल है कि बेटे अली अकबर ख़ान और बेटी अन्नपूर्णा देवी में कौन बाबा अलाउद्दीन ख़ान की असल विरासत थे। जहाँ अली अकबर ख़ान ने उनकी दस हज़ार बंदिशें संजोयीं, संगीत के विद्यालय खोले, वहीं अन्नपूर्णा देवी ने विरक्त जीवन और निर्मोही गुरु-शिष्य संबंध जीया। इसकी शुरुआत उस दिन हुई जब अली अकबर को कुछ रियाज़ देकर अलाउद्दीन ख़ान बाज़ार गए। जब लौटे तो देखा बेटी अन्नपूर्णा अपने बड़े भाई को पाठ सिखा रही हैं। बाबा अन्नपूर्णा के बाल खींचते अपने कमरे में ले गए और कहा, ''तुम्हारी बड़ी बहन की दुर्गति के बाद मैंने ठान लिया था कि तुम्हें संगीत न सिखाऊँगा। लेकिन अब मुझे तुम्हें संगीत सिखाना ही होगा। मैं तुम्हारे हाथ में एक ऐसा यंत्र दूँगा जो तुम्हें ईश्वर के करीब ले जाएगा, लेकिन यशस्वी न बनाएगा। तुम तैयार हो ?''

''हाँ बाबा! कौन-सा यंत्र ?''

''सुरबहार! मेरे परिवार में इसे बजाने की अधिकारी बस तुम हो।''

अब बेटे अली अकबर सरोद का रियाज़ करते और बेटी अन्नपूर्णा सुरबहार का, तो बाबा दोनों को बिठा कर कहते,

''सुर साधो हे गुणी, सुर को पहचानो!
जो सुर न समझे, वह असुर कहलाए;
बेसुरा गाए-बजाए, वह गू खाए।''

उस वक़्त के माहौल पर अली अकबर ख़ान अपने एक साक्षात्कार में ज़िक्र करते हैं। वह अपने आंगन के दक्षिण के कमरे में रियाज़ करते, और बाबा अलाउद्दीन ख़ान पूरब के अपने कमरे में बैठे रहते। अली अकबर दो मिनट बजाते, कि बाबा की खिड़की से आवाज़ आती, ''ग़लत ग़लत!'' यह रोज़ की बात थी कि उनके रियाज़ के बीच ही आवाज़ आ जाती, 'ग़लत'। एक दिन उन्होंने पाँच मिनट बजाया और आवाज़ नहीं आयी, दस मिनट बजाया फिर भी नहीं आयी। उन्होंने अपनी बहन से पूछा, ''बाबा कोथाय ? बाज़ार गए क्या ?''

इस बार खिड़की से आवाज़ आयी, ''मैं सुन रहा हूँ। आज ठीक बजाया।''

यह सुनने में अली अकबर ख़ान को बारह वर्ष लग गए! इस मध्य ही अली अकबर ख़ान अपने पिता के साथ 1935 ई. के 'ऑल बंगाल म्यूज़िक कॉन्फ्रेंस' में कलकत्ता गए। अली अकबर की उम्र कुछ 11-12 वर्ष होगी। उस दिन दर्शक-दीर्घा में अंग्रेज़ी वेशभूषा में दो चेहरे थे, जो इन पिता-पुत्र के दीवाने हो गए। उदय शंकर और रविशंकर!

उसी वर्ष उदय शंकर ने मैहर महाराज को चिट्ठी लिखी कि वह इन दोनों को अपनी नृत्य-मंडली में यूरोप ले जाना चाहते हैं। अली अकबर तो कम उम्र के थे, घबरा कर नहीं गए। बाबा इस विदेश यात्रा पर गए, और जब वह जा रहे थे तो रविशंकर की माँ ने उनके हाथ पकड़ कर विनती की, ''मेरा यह बेटा बहुत प्रिय है। इसकी ज़िम्मेदारी आप ले लें।'' बाबा ने तो मात्र इस यात्रा में देखभाल का वचन दिया। यह विनती एक जीवन भर का रिश्ता बना देगी, उन्हें भी कहाँ पता था? रविशंकर उस वक़्त सोलह-सत्रह वर्ष के उन्मुक्त युवक थे, जो यूरोप में मौज-मस्ती करते। जीवन भर भटकने वाले बाबा को रविशंकर में एक युवा मित्र से अधिक कुछ न दिखा। लेकिन एक दिन उन्होंने यूँ ही किसी बात पर कह दिया, ''तुम भटके हुए युवक हो। तुम्हें अगर वाकई संगीत में कुछ करना है तो यह सब त्याग कर दिन-रात संगीत की सेवा में लगना होगा।''

तीन वर्ष बाद बाबा अपने कमरे में सरोद लेकर उसकी खूँटी ठीक कर रहे थे कि तभी देखा कि एक गौरवर्णी किशोर बाल मुँडा कर बाहर खड़ा है। उन्होंने पहले पहचाना नहीं। फिर अचानक उछल पड़े, ''रोबि! आमार रोबि! आ गया।''

इस घटना के बाद तो जो हुआ, वह इतिहास है। उस आंगन में जैसे वाकई रवि (सूर्य) का उदय हुआ। दिन-रात रविशंकर, अली अकबर ख़ान और अन्नपूर्णा देवी रियाज़ करते। एक वर्ष के अंदर ही इतनी तैयारी हो गयी कि इलाहाबाद में पहली बार रविशंकर और अली अकबर ख़ान ने युगल वादन किया और 'मियाँ की तोड़ी' बजायी।

जब उनके भाई उदय शंकर मिलने आए तो बाबा के साथ मैहर देवी के दर्शन को गए। उन सीढ़ियों पर ही एक और फ़ैसला हुआ जो आगे चल कर संगीत की एक दु:खद घटना बनी। रविशंकर और अन्नपूर्णा देवी का विवाह तय हो गया, जिसके लिए रविशंकर पूरी तरह तैयार भी नहीं थे। लेकिन यही नियति थी और यह साधना का अंग भी बनता गया। इन दोनों की बात से पहले अली अकबर ख़ान पर लौटता हूँ।

अली अकबर ख़ान एक ऐसे व्यक्ति हैं, जो रविशंकर और अन्नपूर्णा देवी के मध्य की कड़ी भी हैं, और रविशंकर-विलायत ख़ान के मध्य भी। आलू दा सभी के प्रिय रहे। मात्र उन्नीस-बीस वर्ष की उम्र में ही लखनऊ ऑल इंडिया रेडियो में उनकी नौकरी लग गयी। अलाउद्दीन ख़ान जैसे पिता विरले होते हैं। उन्होंने खबर सुन कर रेडियो को चिट्ठी लिखी, ''इसे मात्र आधा वेतन दिया जाए। यह अभी पक्का नहीं है।'' और तो और, वह मैहर से रेडियो पर उनको सुनते रहते और ग़लती होती तो ट्रेन पकड़ कर लखनऊ पहुँच जाते। फ़ोन तो उस वक़्त हर जगह

था नहीं। ग़लती बता कर बाबा वापस मैहर लौट आते।

अली अकबर तो अलग ही मिजाज़ के खिलंदर व्यक्ति थे। जितने उनके पिता सख़्त और अनुशासित, उतने ही वह उन्मुक्त। कभी-कभी इस पिता-पुत्र की जोड़ी में विलायत ख़ान-शुजात ख़ान सी समानता दिखती है। मोटरसाइकल पर मुँह में रुमाल दाँतों से पकड़े युवा अली अकबर खान भारत-भ्रमण करते थे। बाबा ने जितना उन्हें संगीत के लिए अनुशासित करने का प्रयास किया, उतने ही वह सहज होते गए। उनको जोधपुर महाराज ने लखनऊ से अपने पास बुलवा लिया, और वहाँ उस ज़माने में अली अकबर ख़ान के पास अपना गाड़ी-बंगला था। जोधपुर महाराज ने उन्हें मात्र बाइस वर्ष की उम्र में 'उस्ताद' की पदवी दे दी। उसी समय अलाउद्दीन ख़ान एक दिन कलकत्ता आए तो अली अकबर भी वहीं थे। जैसे ही अली अकबर ने उनके गेस्ट-हाउस में प्रवेश किया, अलाउद्दीन ख़ान ने अपने मित्रों के सामने तंज़ कसते हुए कहा, ''देखो-देखो! सलाम करो! जोधपुर से उस्ताद आया है।''

अली अकबर शर्म से गड़ गए और वापस लौट गए। इस मध्य पं. रविशंकर की तरह अली अकबर ख़ान भी फ़िल्मों से जुड़ गए। यह सुनते ही बाबा अलाउद्दीन ख़ान तमतमा उठे। उन्होंने टेलीग्राम लिखा, 'आज से तुम मेरे बेटे नहीं।'

अली अकबर ख़ान को अब इसकी आदत हो चुकी थी। उन्होंने ध्यान नहीं दिया। एक दिन अलाउद्दीन ख़ान कलकत्ता में तपन सिन्हा की फ़िल्म 'क्षुधित पाषाण' देख रहे थे, तो संगीत सुन कर भाव-विभोर हो गए।

उन्होंने पूछा, ''संगीत किसने दिया है? अगर मैं संगीत देता तो ऐसा ही देता।''

जवाब मिला, ''आलू दा का ही तो संगीत है।''

बाबा ने वापस टेलीग्राम किया, 'पुराना टेलीग्राम भूल जाओ। तुम वापस मेरे बेटे हुए।'

जितना अली अकबर ख़ान डाँट खाते रहे, रविशंकर दुलारे जाते रहे। इसलिए नहीं कि वह दामाद थे, बल्कि शायद इसलिए कि रविशंकर में सहनशीलता भी कम थी। वह चाँदी की चम्मच के साथ पैदा हुए थे कि पिता लंदन में बैरिस्टर[4] और भाई यूरोप-अमरीका में दिग्विजय करते नर्तक। उन्होंने कभी डाँट सुनी नहीं। एक बार बाबा अलाउद्दीन ख़ान ने डाँट दिया, वह भाग गए। आख़िर उन्हें स्टेशन से पकड़ कर लाया गया, वह और अलाउद्दीन ख़ान दोनों रो पड़े। यह कहा जा सकता

---

4. पंडित रविशंकर के पिता ने हालाँकि बनारस में उनकी माँ को त्याग कर लंदन में दूसरा विवाह कर लिया था। लेकिन बेटों को नियमित सहयोग देते रहे।

है कि रविशंकर ने बाबा अलाउद्दीन ख़ान में अपना खोया हुआ पिता पा लिया।

अली अकबर ख़ान 1955 ई. में पहली बार अमरीका गए, और उसके बाद यह काफ़िला बढ़ता चला गया। मैहर लगभग पूरी तरह से अमरीका में शिफ़्ट हो गया। इस विषय पर मैं अलग से आगे लिखूँगा। अभी अली अकबर ख़ान और उनके पिता के रिश्ते को स्पष्ट कर दूँ, जो सतही तौर पर तनावपूर्ण लगता है। दरअसल मैहर का हर रिश्ता रूहानी है, और उसका आकलन संगीत की दृष्टि से ही हो।

कई वर्ष बाद जब अली अकबर ख़ान मैहर गए तो पिता अलाउद्दीन ख़ान ने बुला कर कहा, ''यहाँ आओ। मेरे पास बैठो।''

अली अकबर घबरा गए कि आज फिर किसी बात पर डाँटेंगे। बाबा ने कहा, ''तुमको दुनिया में कई सम्मान मिले। मैं इतने वर्षों तक तुम्हारी तैयारी देखता रहा, सुनता रहा। आज मैं एक गुरु और पिता के रूप में तुम्हें पुरस्कार देता हूँ। और यह याद रखो कि इससे बड़ा कोई पुरस्कार नहीं। मैं तुम्हें 'स्वर-सम्राट' की उपाधि देता हूँ!''

अली अकबर को यहूदी मेनुहीन ने दुनिया का सबसे महान् संगीतकार कहा था। विलायत ख़ान ने उन्हें सबका उस्ताद कहा था। लेकिन बाबा का 'स्वर-सम्राट' ही उनकी असल पूँजी थी। अली अकबर ख़ान ने कैलिफ़ोर्निया में मैहर का संगीत महाविद्यालय स्थापित किया, बाबा की हज़ारों बंदिशें सँभालीं, और अपने अंतिम रिकॉर्ड का नाम वही दिया जो बाबा का दिया नाम था—स्वर-सम्राट!

पं. रविशंकर और अली अकबर ख़ान में रिश्ता भी जीवन भर हृदय से रहा। मैंने पंडित जी को इलिनोइस के क्रैनर्ट हॉल में सुना। उनमें एक गज़ब का सम्मोहन है, ख़ास कर जब आप उनके सामने होते हैं। रविशंकर पर तो बहुत कुछ लिखा जा चुका है, मैं और क्या लिखूँ? कुछ बिंदु कहूँगा जिनकी चर्चा कम होती है। उन्होंने भिंडी बाज़ार के अमन अली ख़ान की तरह ही दक्षिण के कई कर्नाटक रागों को हिन्दुस्तानी संगीत में जगह दिलायी। दूसरी बात कि वह श्रोताओं के हिसाब से संगीत को बदलते गए, वह भी बिना फ़्यूज़न की अति के। आलाप-जोर-गत-झाला चक्र को सँभालते हुए उन्होंने लोकप्रियता पायी, भले ही झाला तत्व पश्चिम में अधिक बजाया। दूसरी बात कि उन्होंने ऑर्केस्ट्रा संगीत की नींव डाली, जो मुझे लगता है कि हिन्दुस्तानी संगीत के लिए दूरगामी हो सकता था कि गायन भी हो, तबला भी बज रहा हो, सितार-सरोद, मृदंग, बाँसुरी सब एक साथ बज रहे हों। चाहे मुंबई में इप्टा का ऑर्केस्ट्रा हो, या दिल्ली का 'वाद्य-वृंद', उन्होंने बड़ी तन्मयता से एक नयी विधा बनायी। यह और बात है कि भारत में सभी घरानों

को यूँ जोड़ना लगभग असंभव था। लेकिन आज जब अली अकबर ख़ान कॉलेज ऑफ़ म्यूज़िक में तमाम संगीतकारों को एक साथ एक राग बजाते देखता हूँ, तो लगता है कि यह संगीत को नवजीवन दे सकता है। फ़िल्म संगीत भी आख़िर क्या है? तमाम पाश्चात्य-यंत्र साथ बजते हैं, इससे बेहतर क्या यह नहीं कि हिन्दुस्तानी संगीत संयोजित होकर बजे ?

पंडित जी और उनकी पत्नी अन्नपूर्णा देवी में संबंधों का बिखरना कई लोग अहम् की समस्या लिखते हैं, और शायद रही भी हो। लेकिन स्वपन बंदोपाध्याय ने अन्नपूर्णा देवी पर लंबा शोध किया, और उन्हें पढ़कर मेरी धारणा यही बनी कि यहाँ साम्य का मामला था। रविशंकर की दुनिया जितनी बृहत् थी, अन्नपूर्णा देवी की उतनी ही केंद्रित। अब दुनिया बदल रही थी, और रविशंकर दुनिया से अधिक तेज़ बदल रहे थे, लेकिन अन्नपूर्णा देवी अपना और बाबा का संगीत-स्तंभ तनिक भी हिलाने के खिलाफ़ थीं। यह रूढ़ और प्रगतिवादी का एक शाश्वत संघर्ष ही था, जिसमें कुछ सांसारिक विसंगतियाँ और जुड़ती गयीं। तो पचास के दशक में वह अंतिम सितार-सुरबहार जुगलबंदी जिसमें लोग कहते हैं कि रविशंकर हारे और अन्नपूर्णा देवी जीतीं, वह इस विसंगति की एक कड़ी मात्र है।

पुत्र शुभो शंकर की मृत्यु के बाद अन्नपूर्णा देवी पूरी तरह टूट गयीं। वह मुंबई के एक फ़्लैट में कैद हो गयीं। लेकिन इस व्यूह को कुछ शिष्यों ने भेदा। अली अकबर ख़ान के पुत्र आशीष ख़ान तो उनसे सीखते ही रहे। लेकिन अन्नपूर्णा देवी ने एक और मैहर परंपरा संजोयी। मैहर की बाँसुरी!

मैहर को लोग सरोद-सितार का घराना कहते हैं, लेकिन मैहर भारत में बांसुरी का सबसे सशक्त घराना है। मैहर में ख़ास है कि बाँसुरी के छेद को उँगली की नोक से बंद करते हैं, जिससे बाँसुरी में भी सितार की तरह खूबसूरत मींड लाना आसान होता है। एक और अजीब संयोग यह है कि बाँसुरी जैसी मधुर और कोमल ध्वनि के पीछे दो पहलवान रहे। पन्नालाल घोष तो बंगाल के मुक्केबाज़ी चैंपियन थे, और हरिप्रसाद चौरसिया कुश्ती लड़ते थे। पन्नालाल घोष ने ही बाँसुरी को इतना लंबा बनाया कि उस वक़्त बंगाल में लोग कहते, ''उन्होंने हाथ की प्लास्टिक सर्जरी करवाई है। भला उँगलियाँ इतनी दूर तक कैसे पहुँच जाती हैं?'' पन्नालाल जी और हरिप्रसाद चौरसिया में एक और साम्य यह है कि जब यह मैहर गुरुओं के पास आए तो पहले से स्थापित बाँसुरी वादक थे। उस वक़्त बड़े-बड़े गुरु बाँसुरी सिखाते भी नहीं थे कि यूँ भी नेपथ्य में ही बजना है। लेकिन इन दोनों को मैहर ने मंच पर अगली पांती दिला दी। जब हरिप्रसाद चौरसिया अन्नपूर्णा देवी के पास आए, तो वह रेडियो में पहले से बजाते थे। अन्नपूर्णा देवी ने कहा, ''मैं

तभी सिखाऊँगी, जब तुम अब तक का सीखा भूल जाओगे।''

वह सोचते रहे कि आखिर सब सीखा हुआ भूलें तो भूलें कैसे? फिर उन्हें एक तरकीब सूझी। वह अब तक बाँसुरी दायीं ओर पकड़ते थे, उन्होंने बदल कर बायीं ओर से पकड़ना शुरू कर दिया। अब तक जो काम पहले दायाँ हाथ करता, अब बायाँ करने लगा। और हरिप्रसाद चौरसिया ने वाकई एक अबोध बालक की तरह शून्य से सीखना शुरू किया। उन्होंने अन्नपूर्णा देवी की बेटे की तरह सेवा की। और यही सेवा एक और शीर्ष बाँसुरी वादक नित्यानंद हल्दीपुर जी ने की। वह तो उनकी मृत्यु तक उनके साथ रहे, जबकि गुरु-शिष्य की ऐसी परंपरा अब क्षीण हो चुकी थी।

हरिप्रसाद चौरसिया एक महान् संगीतकार के अलावा कई लोगों के प्रिय भी थे। अन्नपूर्णा देवी जैसी सख्त और एकांतवादी गुरु को उन्होंने गाड़ी चलाना सिखा दिया। पं. शिवकुमार शर्मा के पास भी उनके कई किस्से हैं[5]। उन्होंने लिखा है कि सचिन देव बर्मन किसी को नाश्ता-भोजन कराते नहीं थे। एक बार उनकी पत्नी दर्जन भर रसगुल्ले सेट पर लायीं, तो हरिप्रसाद जी ने बर्मन दादा के आने से पहले सारे रसगुल्ले साफ़ कर दिए। बिचारे बर्मन दादा खाली प्लेट देखते रह गए। उसके बाद जब वह बाँसुरी बजा रहे थे तो एस.डी. बर्मन ने टॉन्ट किया, ''आज तुम्हारा बाँसुरी वादन तो बहुत मधुर लग रहा है। क्यों नहीं, क्यों नहीं, आखिर इतने रसगुल्ले जो खाए हैं!''

मैहर से एक और बड़ा नाम है—वायलिन में वी.जी. जोग का। लेकिन उनकी चर्चा इस पुस्तक में नहीं कर पाऊँगा, क्योंकि मुझे इस घराने के मेरे प्रियतम व्यक्ति की बात करनी है जिनसे मैं मैहर में मिला। बाबा के आंगन में स्व. निखिल बनर्जी दिखे। आप जाइए, आपको भी दिखेंगे। आँखें बंद कर दिखते हैं। बाबा के साथ बैठे हुए। सितार में लीन। न बाबा की ओर देखते, न मेरी ओर। ऐसे संगीतकार कम ही हुए, जो दर्शकों से आँख ही न मिलाते हों। अपनी ही धुन में रहते हों। लोग उन्हें अंतर्मुखी कहते हैं, मुझे निखिल बनर्जी धुनी संन्यासी लगते हैं। आध्यात्मिक। ऐसे दूसरे व्यक्ति हुए—उस्ताद अमीर ख़ान।

पहली बार निखिल बनर्जी को अलाउद्दीन ख़ान ने जो चिट्ठी लिखी, उस पर अब विश्वास करना असंभव है। उन्होंने लिखा, 'तुम बहुत घटिया बजाते हो। इसे बिलकुल सुना नहीं जा सकता। पर फिर भी तुम में एक शक्ति है, जिसे मुझे जगाना होगा।''

---

5. पं. चौरसिया ने भी एक साक्षात्कार में कहा है।

सोचिए, आपकी क्लास में पं. रविशंकर जैसे एक व्यक्ति हों जिन्हें सुन कर श्रोतागण झूम उठते हों। चमक-दमक वाले तेजस्वी व्यक्तित्व। और आप निखिल बनर्जी हों, जो गुमसुम रहते हों। तो कोई कॉम्प्लेक्स न होगा? मैं होता, तो क्लास छोड़ भाग लेता। पर अलाउद्दीन खान जैसे शिक्षक हों, तो यह संतुलन बना लेते हैं। शिष्य के हिसाब से शिक्षा बदल लेते हैं। यह नहीं कि सबको एक ही 'लेसन' रेड़ दिया। निखिल बनर्जी को हर राग के गर्भ तक पक्का बनाया, और पंडित रविशंकर को 'इम्प्रोवाइज़' करने दिया। जो संगीत की नब्ज़ पकड़ते हैं, वह आज भी निखिल जी को सुनना पसंद करते हैं। जो मनोरंजन-केंद्रित हैं, उन्हें रविशंकर अधिक प्रिय हैं।

एक कहानी पढ़ी कि कलकत्ता में फाँसी के लिए एक अपराधी से जब अंतिम इच्छा पूछी गयी, तो उसने कहा कि निखिल बनर्जी को सुनना चाहता हूँ। और वह गए भी। यह बात इसलिए भी पसंद आई कि आज कोई शास्त्रीय संगीत सुनता भी नहीं, और उस समय एक जघन्य अपराधी भी सुनता था। क्या वे दिन नहीं लौट सकते? अब मेरी भी यही अंतिम इच्छा हो रही है कि मरते वक़्त निखिल बनर्जी सुनूँ। क्या पता, मोक्ष मिलता हो!

वंशावली

1. दीनानाथ देब शर्मा
2. सिरजु
3. ज़ाफ़र मोहम्मद
4. मादर हुसैन
5. साधु ख़ान
6. अल्लाउद्दीन ख़ान, आयत अली ख़ान
7. अली अकबर खान, अन्नपूर्णा देवी (अल्लाउद्दीन ख़ान की संतान), रविशंकर, निखिल बनर्जी, वीजीजोग, पन्नालाल घोष, शरणरानी, सीएल दास, तिमिर भट्टाचार्य (शिष्य)
8. आशीष, ध्यानेश, प्राणेश, राजेश, अमीन, आलम, मानिक (अली अकबर ख़ान की संतान), अनुष्का शंकर और शुभेन्द्र शंकर (रविशंकर की संतान), उमाशंकर मिश्रा, शुभेन्द्रराव (रविशंकर के शिष्य), नित्यानंद हल्दीपुर (अन्नपूर्णा देवी के शिष्य)
9. शिराज़ अली ख़ान (ध्यानेश ख़ान के बेटे)

अलादिया ख़ान घराना (जयपुर-अतरौली घराना)
माई, बाई और ताई

''लोग सोचते हैं कि गले से गाना चाहिए। आवाज़ तो नाभि से यूँ उछल कर आए कि आख़िरी पंक्ति में बैठा श्रोता भी हर स्वर यूँ सुने जैसे कि पहली पंक्ति का श्रोता।''

—ढोंढूताई कुलकर्णी

अलवर महाराज बल्ले सिंह दरबारियों से पूछते हैं, ''क्या हिन्दुस्तान में कोई संगीतकार बचा है, जो गाने से हमारी आँखों में आँसू ला दे।''

''महाराज! अतरौली में एक मंतोल ख़ान हैं, पर वह आएँगे नहीं।''

''आएँगे नहीं? सिपाहियो! अभी अतरौली कूच करो और पता करो कि यह उस्ताद कहाँ रहते हैं? उन्हें लेकर ही लौटना।''

अतरौली में एक बंद कमरे में एक फ़कीर मंतोल ख़ान रियाज़ में लगे थे कि अलवर राजा के दूत संदेश लेकर आए। जब किसी ने कई बार खटखटाने के बाद भी दरवाज़ा न खोला, तो सिपाहियों के सेनापति ने बाहर से ही कुछ अदब से पूछा, ''उस्ताद! हम अलवर से बड़ी आस लेकर आए हैं। हमें खबर मिली है कि आपके गाने से पत्थरदिल भी रो पड़ता है। महाराज ने फ़ौरन बुलाया है।''

मंतोल ख़ान ने आख़िर रियाज़ खत्म कर दरवाज़ा खोला और कहा, ''मेरी मौसिक़ी किसी सुल्तान की गुलाम नहीं। मैं कहीं नहीं जाऊँगा।''

यह कहकर मंतोल ख़ान ने दरवाज़ा बंद कर दिया। मंतोल ख़ान अपने कमरे में ही रहते और उनके बेटे बाज़ार वगैरा जाकर सामान लाते। उन्होंने देखा कि सिपाही तो अब भी खड़े हैं। महाराज ने कहा था कि उस्ताद को लेकर ही लौटना। कई महीने गुज़रे, साल गुज़रा। जब तीन साल तक सिपाही बाहर ही डेरा डाले रहे

तो मंतोल ख़ान का दिल पसीज गया।

''बस एक बार तुम्हारे साथ चलूँगा। लेकिन मैं गाऊँगा नहीं। महाराज से माफ़ी माँग लूँगा कि तुम्हें इंतज़ार कराया।'' मंतोल ख़ान और उनके बेटे ने अपना झोला उठाया और अलवर के लिए चल पड़े।

अलवर पहुँचकर उनके बेटे ने कहा, ''अब्बा हजूर तो नहीं गाएँगे। आप मुझे ही सुन लीजिए।''

यह एक तरकीब थी। उनके बेटे ने राग ग़लत गाना शुरू किया तो मंतोल ख़ान से रहा नहीं गया, ''तुमने क्या खाक सीखा? मैंने कितनी बार कहा कि सलीके से रियाज़ करो।''

और मंतोल ख़ान ने गाना शुरू किया। तीन घंटे तक वह गाते रहे और राजा ही क्या, पूरा दरबार रो पड़ा। महाराज ने उस ज़माने के बीस हज़ार रुपए इनाम उनके बेटे को चुपके से थमा दिया। मंतोल ख़ान फिर किसी दरबार में नहीं गए। लेकिन उनके बेटे-पोतों को तो धन की आदत लग गयी थी।

थार के रेगिस्तान में ऊँट पर सवार ऐसे ही दो भाई एक राजा के दरबार में पूरी रात गाकर अब दूसरी रियासत में जा रहे थे।

रास्ते में डकैतों ने उनका सारा सामान लूट लिया और पूछा, ''तुम मुसाफ़िरों के पास इतनी रकम कहाँ से आयी? तुम लोग तो कोई बड़े सेठ नज़र आते हो।''

उन्होंने कहा, ''हम तो गवैये हैं हजूर। सेठ-वेठ कहाँ? हमें अब जाने दें।''

डकैतों ने कहा, ''गवैये? वाह! फिर हम यहीं तंबू गाड़ेंगे। तुम दोनों अब हमें गाकर सुनाओ।''

रेगिस्तान में तंबू गड़ा, महफ़िल जमी और दोनों ने रात भर ऐसी तान छेड़ी कि डकैतों ने उनसे चुराया धन तो लौटाया ही, अपने लूटे ज़वाहरात भी इनाम में दे दिए।[1]

इन दोनों भाइयों, अलादिया ख़ान और हैदर ख़ान ने ही इस घराने की नींव रखी।

---

1. ऐसी ही घटना उस्ताद विलायत ख़ान के साथ भी घटी। वह चंबल से गुज़र रहे थे तो डाकुओं ने रोका, और उन्होंने डाकुओं के बीच सितार बजाया। उन्हें जाते वक्त डाकुओं ने माणिक की अंगूठी दी, जो जीवन भर उनके साथ रही। वहीं विलायत हुसैन ख़ान ने यही कहानी अतरौली के जहूर ख़ान से जोड़ी है जब उनको मारवाड़ के डाकू डूंगर सिंह-जवाहर सिंह ने रोका।

इन भाइयों का यौवन एक दरबार से दूसरे दरबार जूतियाँ घिसते ही बीता। कभी अजयगढ़, कभी कलकत्ता, पटना, मुजफ़्फ़रपुर, नेपाल न जाने कहाँ-कहाँ न भटके। और एक दिन राजस्थान की छोटी-सी रियासत अमलेता के राजा ने ईनामी शर्त रखी, ''उस्ताद! आप अगर एक हफ़्ते लगातार दिन-रात गाएँ तो हम पैसों से तोल देंगे।''

अलादिया ख़ान ने शर्त मान ली और वह गाते रहे। यह लियो टॉलस्टॉय की कहानी 'कितनी ज़मीन ?' की याद दिलाती है। उनकी उम्र कुछ तीस वर्ष होगी। वह गाते रहे, उनकी आवाज़ टूटती रही, फिर भी तान लेते रहे। आख़िरी दिन उनका गला सूख कर तन गया और आवाज़ ख़त्म हो गयी!

मैं इसे संगीत की दुनिया की सबसे शोकपूर्ण घटना मानता हूँ, जब गायक गाते-गाते अपनी आवाज़ ही खो दे। कई संगीतकारों के साथ यह हुआ कि आवाज़ एक दिन बस यूँ ही चली गयी। बेग़म अख़्तर, कुमार गंधर्व, फ़ैयाज़ ख़ान, मणिराम जी और बड़े ग़ुलाम ख़ान की आवाज़ भी किसी-न-किसी कारण से कुछ समय के लिए अचानक कमज़ोर पड़ गयी या ख़त्म हो गयी। लेकिन इन सबकी आवाज़ का पुनर्जन्म भी हुआ, और दूसरी बार जो आवाज़ निकली वह अमर हो गयी।

अलादिया ख़ान की आवाज़ जो कभी बाँसुरी सरीखी थी, वह फट कर भारी-भरकम हो गयी। लेकिन इसी को उन्होंने अपनी ताकत बना लिया। छोटे आलाप, लंबी घुमावदार तान और गमक का ऐसा प्रयोग कि बस महफ़िल में जीत पक्की हो। इस घराने ने गाने के ढंग, बंदिशों के चयन और दुर्लभ रागों से बाज़ी मारी। ऐसे राग जिन्हें लोगों ने गाना छोड़ दिया था, उन्हें जीवन मिला। नट-कामोद, शहाना, बिहगड़ा, कौसी-कन्नडा, बसंती-केदार, सावनी-कल्याण, संपूर्ण मालकौस, भूप-नट, मालवी, सुखिया बिलावल, ललिता गौरी। ये राग सुनने हों तो जयपुर घराने का रुख करें। इस घराने के किसी भी गायक ने कभी ठुमरी नहीं गायी, वह इसे नीचा मानते। जबकि यह घराना बाइयों (स्त्रियों) का ही घराना है। राग मारू बिहाग भी अलादिया ख़ान ने ही लोकप्रिय बनाया (और शायद रचा भी)। आख़िर अलादिया खान जिन्होंने अपनी आवाज़ ही खो दी थी, 'गान-सम्राट' से नवाज़े गए। आगरा घराने के नत्थन ख़ान अपने शागिर्दों से कहते, ''तुम जब भी अलादिया ख़ान का नाम लो, पहले गुलाब-जल से मुँह साफ़ कर लो।''

अलादिया ख़ान ने घूम-घूम कर गाना छोड़ दिया। अब वह कोल्हापुर में शाहू जी महाराज के राजगायक बन गए। उनकी वेशभूषा भी बदल गयी। मराठी शैली में

लिपटी सफ़ेद धोती, चमकीले जूते, सफ़ेद कुर्ता, कोल्हापुरी पगड़ी, गोल ऐनक और हैंडलबार मूँछें। वह स्वयं को ब्राह्मण वंश का कहते और बाकायदा जनेऊ धारण करते थे। महालक्ष्मी मन्दिर (कोल्हापुर) में घंटों बैठ देवी आराधना में गीत गाते।

अलादिया ख़ान की चर्चा सुनकर उन्हें मुंबई के बड़े-बड़े सेठों ने खींचना शुरू किया। राजदरबार यूँ भी कमज़ोर पड़ रहा था और मुंबई में गीत-संगीत की बड़ी महफ़िलों जमने लगी थीं। इन महफ़िलों में अक्सर कई बाईजी से भी मिलना-जुलना होता। जिन बदनाम गलियों में खानदानी उस्ताद जाने से कतराते, वहाँ अलादिया ख़ान को सिखाने में कोई परहेज़ न था। और बात सेठों के बेतहाशा धन लुटाने की भी थी। यहीं उनकी दो शिष्याओं के बीच अलादिया ख़ान कुछ ऐसे फँसे कि यह घराना बुलंद आवाज़ वाली महिलाओं का घराना बन गया।

उस वक़्त मुंबई के सेठों पर देवदासी परिवार की एक 'बोल्ड' महिला का जादू था। लेकिन उस महिला के मन में ऐसी ऊँचाई पाने का ख़्वाब था, जहाँ से बस नीचे देखना मुमकिन हो। केसरबाई केरकर वाकई संगीत की दुनिया की एक 'केस-स्टडी' हैं। जिस दिन उन्होंने अलादिया ख़ान से सीखने का ठान लिया, उनके और अलादिया ख़ान के मध्य किसी के लिए जगह नहीं थी। इस बीच अलादिया ख़ान को कोंकण गाँव से आई एक और शिष्या सांगली में मिली। बल्कि उन्हें गाते सुन अलादिया ख़ान स्वयं उनके घर सिखाने पहुँच गए थे। और वह थी—मोगूबाई कुर्दीकर। लेकिन जहाँ केसरबाई हो, वहाँ किसी और के लिए जगह कहाँ थी?

आख़िर मोगूबाई को अलादिया ख़ान ने एक दिन कहा, ''तुम मेरे भाई हैदर ख़ान के पास चली जाओ। हम हू-ब-हू एक जैसा गाते हैं। ऐसी एक भी मेरी बंदिश नहीं, जो उसे न आती हो।''

केसरबाई को जब खबर हुई, उन्होंने मुंबई के सेठों से कहलवा कर यह भी शर्त रखवा दी कि हैदर ख़ान भी नहीं सिखाएँगे। बिचारे अलादिया ख़ान बड़े दुःखी हुए। ख़ास कर उस समय जब मोगूबाई निराश होकर मुंबई में ही विलायत हुसैन ख़ान की शिष्या बन गयीं। वर्षों बाद अलादिया ख़ान ने मोगूबाई को गंडा बाँधा लेकिन तब तक बहुत देर हो चुकी थी।

वहीं दूसरी ओर, अलादिया ख़ान के अपने बेटे मंजी ख़ान और भुर्जी ख़ान भी तो थे। जिसने मंजी ख़ान को सुना है, देखा है, यही लिखा है कि उनके जैसा शाही अंदाज़ का गायक कोई न हुआ। जैसे युवा विलायत ख़ान मुंबई में मर्सिडीज़ में घूमते, वैसे ही मंजी ख़ान भी शान-ओ-शौकत से रहते। उन्होंने अपने पिता से

इन बाइयों की वजह से दूरी बना कर रखी, लेकिन घराने की शैली को खूब मान दिया। अलादिया ख़ान को भी उन पर गर्व था, लेकिन एक दिन मंजी ख़ान कम उम्र में ही चल बसे! मंजी ख़ान अपना फ़न एक गरीब युवक को देकर गए, जिनकी बात आगे करूँगा। फ़िलहाल केसरबाई पर लौटता हूँ।

केसरबाई संगीत की एक 'फ़ेनोमेनन' थीं। रवींद्रनाथ टैगोर ने उन्हें 'सुर-श्री' कहा था। उनका कुर्सी पर तनकर बैठना, मंच पर पुरुष संगीतकारों और आयोजकों पर रौब रखना, कुछ भी ऊँच-नीच हुई तो उसी वक़्त गाना बंद कर गालियाँ देते हुए जाना, और लोगों का गिड़गिड़ाना-मनाना। यह कहा जा सकता है कि संगीत में पुरुषों की सत्ता पर पहली काबिल चोट केसरबाई केरकर ने की। उससे पहले भी तवायफ़ परिवारों की स्त्रियाँ गाती रहीं, लेकिन केसरबाई नाचने वाली तवायफ़ न थी।

एक बार वह गा रही थीं, तो महाराष्ट्र के मुख्यमंत्री यशवंतराव चव्हान अगली पंक्ति में बैठे थे। वह इतने उत्साहित हो गए कि कहा, ''केसरबाई! आप जो चाहे, माँग लें।''

केसरबाई ने हँस कर कहा, ''अपनी मुख्यमंत्री की कुर्सी मुझे दे दीजिए।''

यशवंतराव जी ने कहा, ''यह तो मुमकिन नहीं। कुछ और माँगिए।''

उन्होंने कहा, ''जिसकी कुर्सी अपने हाथ में नहीं, वह भला केसरबाई को क्या देगा?''

इसी तरह दिल्ली में केसरबाई राष्ट्रपति भवन की सीढ़ियों से उतर रही थीं तो इंदिरा गांधी जी मिलीं। उन्होंने केसरबाई का गला छूकर कहा, ''अपनी बुलंद आवाज़ मुझे दे दीजिए।''

केसरबाई ने कहा, ''तुम तो यूँ ही इतना चिल्लाती हो। मेरा गला मिल गया, तब तो भूचाल ला दोगी।''

वह बिलकुल मुँहफट व्यक्तित्व थीं, जिनके सामने दुनिया कुछ नहीं थी। जब उन्होंने ग्रामोफ़ोन पर गीत रिकॉर्ड किए, कुछ वर्षों बाद वह ताँगे से जा रही थीं तो उन्होंने देखा कि उनके ग्रामोफ़ोन डिस्क मुंबई के फुटपाथ पर बिक रहे हैं।

उन्होंने गुस्से में कहा, ''जिस केसरबाई को बड़े-बड़े सेठों ने ऊँची गद्दी पर बिठा कर रखा, उसे इन कंपनी वालों ने फुटपाथ पर ला दिया। मैं अब एक भी गाना रिकॉर्ड नहीं करूँगी।''

और उन्होंने फिर कभी रिकॉर्ड नहीं किया। अगर कोई सेठ चुपके से रिकॉर्ड कर लेता तो उसका कैसेट लेकर वहीं तोड़ डालतीं। यह सोमरसेट मॉम के उस पात्र की तरह है जो अपनी पेंटिंग जला दिया करता था। यहाँ तक कि जब रेडियो आया तो उन्होंने यह कह कर मना कर दिया कि ''केसरबाई की आवाज़ यूँ पान-बीड़ी की दुकान पर नहीं बजेगी। इसकी जगह इतनी ऊँची है, जहाँ किसी की आवाज़ नहीं।''

और हुआ भी यही। 1977 ई. में जब वोयेज़र जहाज़ अंतरिक्ष में जाने लगा तो दुनिया भर की चुनी आवाज़ें साथ गयीं। इसमें केसरबाई का गाया 'जात कहाँ हो' भी गया। तो आख़िर केसरबाई की आवाज़ उस ऊँचाई पर पहुँच ही गयी, जहाँ किसी की आवाज़ नहीं पहुँची! आज 'वोयेज़र' अंतरिक्ष में 'प्लूटो' ग्रह से भी कहीं आगे निकल चुका है। यह बंदिश ही केसरबाई के जीवन की भी कहानी है,

''जात कहाँ हो, अकेली गोरी...''

एक दिन गाते-गाते केसरबाई का सुर टूटा, और उन्होंने उसी वक़्त आगे कभी न गाने का निर्णय ले लिया। उन्होंने अपनी बेटी शांतिबाई को भी डॉक्टरी की शिक्षा में भेजा। वह शायद अपनी कोई भी परछाईं नहीं छोड़ना चाहती थीं, लेकिन एक परछाईं आख़िर छूट ही गयी।

मुंबई का केनेडी ब्रिज इलाका जो वेश्याओं की बस्ती रही, उस इलाके के ही एक छोटे से किराए के मकान में ढोंढुताई कुलकर्णी का पता मिलता[2] है। मुंबई जैसे शहर में भी उस वक़्त एक गानेवाली की हैसियत यही थी।

ढोंढूताई कुलकर्णी, केसरबाई केरकर की इकलौती शिष्या थीं, जिन्हें न जाने केसरबाई की कितनी गालियाँ सुननी पड़ीं। वह जानती थीं कि यह उनका स्वभाव ही है, इसका बुरा क्या मानना? जितनी मुँहफट केसरबाई थीं, उतनी ही सौम्य और ज़मीन से जुड़ी ढोंढूताई। उन्होंने केसरबाई के विपरीत कई गाने रिकॉर्ड किए। ढोंढूताई का गाया 'शहाना कान्हड़ा' तो विवाह के समय महाराष्ट्र के कई घरों में सुनने को मिलता है।

ढोंढूताई को तो केसरबाई का स्नेह आख़िर मिल ही गया, लेकिन मोगूबाई कुर्डीकर से उनकी कभी नहीं बनी। उनकी रंजिश कुछ-कुछ रविशंकर-विलायत ख़ान से मिलती है। केसरबाई और मोगूबाई ने भी जीवन में बस एक बार मंच

---

2. बाद में सरकार द्वारा कलाकार कोटे से बोरीवली में फ़्लैट मिला।

पर साथ गाया। जबकि दोनों मुंबई में ही गाती रहीं। मोगूबाई को सेठों के दबाव में सिखाना छोड़ने का फल आख़िर अलादिया ख़ान साहब को भुगतना पड़ा। वह अपने अंतिम वक़्त में एक शिष्य के लिए तरस गए।

केसरबाई के संबंध सेठ विट्ठलदास से थे, जब अलादिया ख़ान उनसे मिले[3]। अलादिया ख़ान अक्सर सेठ विट्ठलदास के साथ शेयर बाज़ार में पैसे लगाते। ये पैसे केसरबाई केरकर की फ़ीस के रूप में दरअसल सेठ से ही आते। सेठ को एक बड़े नुकसान के बाद दिल का दौरा आया, और उनकी मृत्यु हो गयी। अलादिया ख़ान की संपत्ति भी डूब गयी। उस वक़्त शंकर राव जी ने दस हज़ार रुपए देकर गंडा बँधवाया तो अलादिया ख़ान वापस धनी हुए। शंकर राव जी के पास दौलत तो थी, लेकिन सीखने का वक़्त न था। अलादिया ख़ान इंतज़ार करते रहे, और शंकर राव नहीं आए। और उनके प्रिय पुत्र मंजी ख़ान की मृत्यु हो चुकी थी।

यह हमारी किस्मत है कि मंजी ख़ान की आवाज़ एक धारवाड़ के फ़कीर के अंदर कैद हो गयी और हमें भी नसीब हुई।

गर गाते समय चेहरे की भंगिमा, गले का थरथराना, जबड़े की तान, होंठों का तेज़ गति से कंपन देखना हो तो, या तो भीमसेन जोशी जी को देखिए, या देखिए मल्लिकार्जुन मंसूर को। कठिन और लीक से हटकर रागों को गाने की कुव्वत उनमें है। राग विभास, बिहगड़ा, गौड़ मल्हार, असावरी, परज, झिंझोटी सभी मंसूर के खाते में खूब मिलेंगे। जब मंजी ख़ान की मृत्यु के बाद वह भुर्जी ख़ान सीखने लगे तो कभी-कभार अलादिया ख़ान आते। मंसूर जैसे ही गाना शुरू करते, अलादिया ख़ान ज़ोर से चिल्लाते,''बंद करो। इसे कहो कि गाना बंद करे।''

भुर्जी ख़ान ने पूछा, ''क्या हुआ अब्बा!''

अलादिया ख़ान भीगी आँखों से कहते, ''यह जब भी गाता है, मंजी बहुत याद आता है।''

उनको फ़कीर इसलिए नहीं कहा कि वह झोला लेकर फ़कीरगिरी करते थे, बल्कि इसलिए कि वह स्वभाव के फ़कीर थे। उनका जन्म अमावस्या के दिन हुआ जो अपशकुन माना जाता। साधारण वेशभूषा और कोई संगीतकारों वाले नखरे नहीं। और उनका संगीत भी इसी स्वभाव से जुड़ा हुआ था। मुंबई में वह अपने

---

3. अलादिया ख़ान ने केसरबाई से शर्त रखी कि वह सेठ से शारीरिक संबंध त्याग दें और संगीत पर ध्यान दें। क्योंकि बच्चा हो गया तो संगीत छूट जाएगा। केसरबाई ने उनकी शर्त मान ली, और एक वीराने खेत में बने घर में संगीत सीखने लगीं। लेकिन सेठ विट्ठलदास उन्हें पैसे भेजते रहे।

मित्र के चॉल में पहुँचे। वह अक्सर आते रहते तो एक चाभी उनके पास ही रहती। वह कमरे में आए, और उनका संगीत तभी शुरू हो जाता जब कुछ भी तालबद्ध सुन लेते। अब चाहे वह घड़ी की टिक-टिक हो या किसी पटरी पर जाती ट्रेन की आवाज़। उस दिन उन्होंने एक नलके से फ़र्श पर बूँद-बूँद टपकते पानी की ध्वनि सुनी और गुनगुनाने लगे। इसी ध्वनि पर उन्होंने एक राग रच दिया, 'एक निषाद बिहगड़ा'।[4] इसे 'बाथरूम राग' कहिए, जिसकी बंदिश है—

'रैना बैरन, बिन प्यारे नाही चैना, कैसे कर मन समझाऊँ।'

आवत बीति गयी, अजहूँ न आए मेरे/को लो बिरमा रहे चाहत मूरत/बिना प्यारे नाही चैना/कैसे कर मन समझाऊँ'

मल्लिकार्जुन मंसूर को समझने के लिए एक बेहतरीन फ़िल्म है—रसयात्रा, जो उनकी जीवनी *नन्ना रसयात्रे* पर आधारित है।

अलादिया ख़ान ने मोगूबाई कुर्दीकर को गंडा बाँधा या नहीं, इस पर विवाद होते रहेंगे। लेकिन उनकी बेटी किशोरी अमोनकर ने संगीत में मिसाल कायम कर दी।

किशोरी अमोनकर जी के गायन के बीच एक ऑफ़िसर की पत्नी ने पान मँगवाने के लिए आवाज़ दी, तो वो भड़क गईं और कहा, ''क्या मैं कोई कोठेवाली लगती हूँ आपको?'' ऐसे कई किस्से हैं।

उनकी कई शर्तें थीं कि ऐसा माहौल, ऐसी तैयारी, ऐसी गाड़ी, ऐसी ऑडियन्स। एक अलग ही रुतबा था। एक महिला गायिका के लिए यह रुतबा बड़ी चीज़ है। लोग कहते हैं, वो केसरबाई केरकर से मिलती-जुलती थीं मिजाज़ के हिसाब से। मैं कहता हूँ कि वह केसरबाई, विलायत खान साहब और कुमार गंधर्व, तीनों मिलाकर एक थीं।

केसरबाई केरकर भी जयपुर-अतरौली घराने[5] से थीं, जहाँ से किशोरी जी की माँ मोगूबाई थीं, तो यह समानता तो आनी ही थी। उन दिनों महिला गायिकाओं का पायदान नीचे होता, पर किशोरी जी ने कभी अपना कद नीचे नहीं होने दिया। वह घर में घंटों रियाज़ कर लेतीं, पर उस प्रोग्राम में नहीं गातीं जहाँ उनकी इज़्ज़त न हो।

---

4. यह पु.ला. देशपांडे का संस्मरण और राग श्याम बेनेगल द्वारा उन पर बनाये वृत्तचित्र में है, जो यू-ट्यूब पर सुना जा सकता है।
5. अलादिया ख़ान घराने को ही जयपुर-अतरौली घराना भी कहा जाता है।

इस मामले में वह कुछ-कुछ विलायत खान साहब के स्वभाव की थीं। उन्होंने आकाशवाणी में गाना छोड़ दिया था जब 'क्लास-सिस्टम' आया। उनकी अपनी निर्धारित फ़ीस थी। जो उनको ऐफ़ॉर्ड कर सकें, बुलाएँ। नहीं तो वो घर पर रियाज़ करेंगे। किशोरी जी की भी यही शर्त थी। हिन्दुस्तानी संगीत है, कोई ऑर्केस्ट्रा पार्टी नहीं, कि मोल-भाव करो। जैसे विलायत खान साहब अवार्ड लेने से इनकार करते, वैसे ही किशोरी जी ने भारत-रत्न न मिलने पर कहा था, ''जिस कैटगरी के अवार्ड में सचिन तेंदुलकर हों, उस कैटगरी से मुझे बाहर ही रखिए।''

ऐसा ही कुछ-कुछ कुमार गंधर्व वाली बात। वह भी कुमार गंधर्व जी की तरह घरानों में विश्वास नहीं करतीं। किशोरी जी किसी एक घराने की थीं ही नहीं। उनकी माँ जयपुर घराना, एक गुरु भिंडी बाज़ार घराना, एक गुरु आगरा घराना। वह कहतीं कि घराने संगीत को बाँध देते हैं। यह भी इत्तेफ़ाक ही है कि कुमार गंधर्व जी और किशोरी जी, दोनों की आवाज़ अचानक से 25 वर्ष की उमर में कुछ वर्ष के लिए चली गई। कुमार गंधर्व जी को टी.बी. हो गयी, और किशोरी जी की अपने-आप चली गई। जैसे भगवान परख रहे हों। और जब वापस आई, तो दोनों की आवाज़ ने मिसाल कायम कर दी। यह चमत्कार ही तो है।

मैंने भले ही उन्हें इन तीन हस्तियों से जोड़ा हो, पर गायन के तौर पर मुझे उनमें उस्ताद अमीर खान की छवि दिखती है। दोनों को सुनने के लिए श्रोता में भी धैर्य चाहिए। इनका आलाप लंबा होता है। यह बंदिश पर नहीं, सुर पर ध्यान देते हैं। इन्हें एक सुर मिल जाता है, उसी को पकड़ कर घंटों गा सकते हैं। पर ध्यान रखें, इन्हें सुर मिल जाता है। सबको सुर नहीं मिल पाता, ढूँढते रह जाते हैं।

आज कई लोगों की गायकी पर इस घराने का प्रभाव है, मसलन अश्विनी भिडे-देशपांडे जी। लेकिन एक गायिका जिनमें जयपुर घराने का भविष्य नज़र आता है—वह हैं मंजरी असनारे-केस्कर। उनमें केसरबाई या मोगूबाई जैसी आवाज़ में भारीपन नहीं, लेकिन किशोरी जी जैसी गंभीरता और धैर्य नज़र आता है।[6]

वंशावली

1. नाथ विश्वंभर
2. नत्थू ख़ान, मंतोल ख़ान
3. ख़्वाजा अहमद ख़ान, जहाँगीर ख़ान

---

6. किशोरी अमोनकर पर लेख पहले *जानकीपुल* में प्रकाशित।

4. गुलाम अहमद 'अलादिया' ख़ान, हैदर ख़ान

5. बदरुद्दीन 'मंजी' ख़ान, शम्सुद्दीन 'भुर्जी' ख़ान (बेटे); मोगूबाई कुर्दीकर, केसरबाई केरकर, ढोंढुताई कुलकर्णी, निवृत्तिबुवा सरनाईक, गोविंदराव टेंबे (शिष्य)

6. मल्लिकार्जुन मंसूर (मंजी ख़ान के शिष्य), किशोरी अमोनकर (मोगूबाई की बेटी)

7. देवकी पंडित, मंजरी अस्नारे-केलकर (किशोरी अमोनकर की शिष्या)

भिंडी बाज़ार और इंदौर घराना
मेरुखण्ड

''यह अमीर ख़ान सरीखों की कला ही है, जिसके कारण मानवों की नस्ल बचा कर रखनी चाहिए।''

—बर्ट्रैंड रसेल

भिंडी बाज़ार मुंबई का एक इलाका है, मुझे लगा भिंडी की खेती होती होगी। एक तथ्य मिला कि यह 'behind the bazaar' से भिंडी बाज़ार बना। भिंडी बाज़ार क्राइम के अड्डे के नाम पर बदनाम भी हुआ। पर मेरा मानना है, हर ऐसी जगह के पीछे छुपा इतिहास कुछ और होता है।

कभी भिंडी बाज़ार में संगीत का घराना पलता था—भिंडी बाज़ार घराना। उस्ताद अमन अली खान उर्फ़ 'अमर' और उनके पिता छज्जू खान जैसे सूरमाओं का यह घराना अलग ही था। शॉर्ट-कट में इतना बता दूँ कि लता मंगेशकर और मन्ना डे इन्हीं के शिष्य थे। आशा भोंसले, महेंद्र कपूर, पंकज उधास सब इसी स्कूल से पढ़कर निकले। भिंडी बाज़ार से। यह भी नहीं कि ये कोई बॉलीवुड कोचिंग सेंटर था। यह गंभीर संगीत-केंद्र था। इतिहास यही कहता है कि विलंबित ख़याल के उस्ताद यहीं बैठते थे। अमीर ख़ान साहब खुद अमन अली खान साहब को अपना उस्ताद या बड़ा भाई मानते थे। राग हंसध्वनि की मशहूर बंदिश 'लागी लगन पति सखी संग' उस्ताद अमन अली ख़ान का ही रचा था।

अमन अली के साथ मुबारक अली भी इस घराने की नींव थे। और तबले पर साथ देने अक्सर होते अहमद जान थिरकवा। मुबारक अली के दूधवाले[1] भाई थे किराना घराना के अब्दुल वाहिद ख़ान, जो छुटपन के साथी थे। इनकी महफ़िल मुंबई में खूब जमती।

---

1. दूधवाले भाई यानी बचपन के दोस्त, जिन्होंने एक ही स्त्री का दूध पीया हो।

पर सच पूछिए, तो मुझे भिंडी बाज़ार की एक ढंग की रिकॉर्डिंग नसीब नहीं[2] हुई। ऊपर लिखी बातें मिथ्या मान लें, अफ़वाह मान लें। भिंडी बाज़ार वाले बस सिखाते रहे, और फटाफट मर गए। न कॉन्सर्ट किए, न सी.डी. निकाली। भिंडी बाज़ार घराना ख़त्म हो गया। अब भिंडी बाज़ार भी बदल रहा है, नयी चौड़ी सड़कें। मुंबई जैसे बड़े शहर में एक छोटा-सा घराना नहीं पल पाया। लेकिन इसी मुंबई में एक इंदौरी ने संगीत में मिसाल कायम कर दी।

मुंबई के केनेडी ब्रिज के पास एक बदनाम इलाका, जहाँ उन दिनों नाचने-गाने वाली लड़कियाँ और वैश्यायें रहतीं, वहीं एक इमारत की तीसरी मंज़िल पर उस्ताद अमीर ख़ान का पता मिलता[3]। उन गाने वाली मोहतरमाओं को वह सिखाते भी, कि उनका जीवन-यापन चल सके। फिर जब वह कुछ समृद्ध हुए तो पेडर रोड आ गए।

एक संगीत की गप-शप में बात हुई कि भला इंदौर भी कोई घराना है? 'घराना' तो वह हुआ जिसमें कम-से-कम तीन पीढ़ियाँ हों। इंदौर तो उस्ताद अमीर ख़ान से शुरू और समझो उन्हीं से ख़त्म। कहाँ हुई तीन पीढ़ियाँ? यही बात लोग पं. जसराज के मेवाती घराने को भी कहते रहे। दिल्ली को भी लोग गायकी घराना नहीं मानते, जबकि वे ख़ुद को सीधा ख़ुसरो से जोड़ते हैं।

मैंने कहा कि दस पीढ़ी के घराने बना लो, और एक उस्ताद अमीर ख़ान दिखा दो। उनकी शैली दिखा दो, संपूर्णता दिखा दो, आलाप और लयकारी में वह ठहराव, वह नज़ाकत, वह गंभीरता दिखा दो। यह बात अब पुरानी हुई कि 'घराना' शब्द को अब ऐतिहासिक मान कर पूर्णाहुति दे देनी चाहिए। कुमार गंधर्व, किशोरी अमोनकर, मुकुल शिवपुत्र, उल्हास कशालकर और देवास के रज़ब अली ख़ान किसी घराने के हैं ही नहीं। और भी कई हैं जिन्होंने ख़ुद को ज़बरदस्ती तानसेन तक से जोड़ रखा है। अगर पीढ़ियों की ही बात है तो क्या अब अली अकबर ख़ान का कैलिफ़ोर्निया घराना और इमरत ख़ान का सेंट लुइस घराना बनेगा? और अगर एक शैली की बात है तो रामपुर-सहसवान हो या किराना, उनके हर गायक की शैली अलग रही है। शैली की मानें तो बनारस कबीर चौरा की हर गली में कोई घराना मिल जाए।

इकलौते उस्ताद अमीर ख़ान को एक पूरा 'म्यूज़िक स्कूल' माना जा सकता है। यूँ लगता है कि जैसे यहाँ पूरे हिन्दुस्तान का संगीत केंद्रित हो गया है। उन्होंने सब

---

2. कुछ रिकॉर्डिंग यू-ट्यूब और एक भिंडी बाज़ार की वेबसाइट पर है।

3. ढोंढूताई कुलकर्णी (अलादिया ख़ान घराना) भी बाद में इसी इलाके में रहीं।

साध लिया और वह भी बिन गंडा बँधाए साध लिया। जब लोग चालीस-चालीस दिन का 'चिल्ला' व्रत कर रियाज़ करते थे। अमीर ख़ान के पिता शाहमीर ख़ान[4] कहते थे, ''दस घंटे रियाज़ करने से बेहतर है कि चार घंटे रियाज़ करो और चार घंटे सोच बनाओ।' कितनी साधारण बात है! ख़याल का तो अर्थ ही सोच है। बिन सोच बनाए, आदमी क्या ख़याल गाएगा?

गायकी का एक सबसे कठिन अंग है—मेरुखण्ड। इसमें एक राग के स्वरों के जितने संभावित क्रम-संयोजन (पम्यूँटेशन कॉम्बिनेशन) हैं, उन्हें अलटा-पलटा कर गाया जाता है। यह साधने के लिए अमीर ख़ान मुंबई के भिंडी बाज़ार में उस्ताद अमन अली ख़ान के साथ न जाने कितने वक़्त बैठे। कई लोग कहते हैं कि तवायफ़ मुन्नी बाई से उनका संबंध भी इसी साधना का अंग था। मुन्नी बाई की माँ जगमगी बाई से किराना घराने के अब्दुल वाहिद ख़ान के संबंध थे। उनके पास कई दुर्लभ चीज़ें (बंदिश) मौजूद थीं। दोनों कमरों के बीच एक गुसलख़ाने में छुप कर उस्ताद अमीर ख़ान उनसे सीखते। वाहिद ख़ान यूँ तो बहरे थे, लेकिन उनको यह लगने लगा कि कोई जासूसी कर रहा है। यह वो ज़माना था जब संगीत की जासूसी भी होती थी, अब तो कोई सामने यू-ट्यूब पर रखे संगीत भी न छुए। ख़ैर, वाहिद ख़ान को जब यह शुबहा हुआ, उन्होंने एक चालाकी की। वह बंदिश का स्थायी तो गाते, अंतरा गाते ही नहीं। उन्होंने इस चक्रव्यूह में तो अभिमन्यु को फांस लिया कि अमीर ख़ान ने आधा ही सीखा। जब तक अमीर ख़ान ने उनसे गंडा बँधाने की हिम्मत जुटायी, बहरे वाहिद ख़ान चल बसे। आज भी अगर आप अमीर ख़ान की रिकॉर्डिंग सुनें, अंतरा गायब मिलेगा। वह तो वाहिद ख़ान के साथ ही चला गया। हालाँकि वाहिद ख़ान ने अपने एक मित्र को मरने से पहले कहा था, ''मेरे मरने के बाद मेरी आवाज़ इस लड़के में बची रहेगी।''

मेरुखण्ड की बात कर रहा था। जब शुजात ख़ान (विलायत ख़ान के बेटे) छोटे थे, तो देहरादून में अपने घर में सुबह-सुबह रियाज़ कर रहे थे। उस घर में तो ऐसा था कि विलायत ख़ान कहते, उनका मुर्ग़ा भी राग पहाड़ी में बांग देता है। उस वक़्त उस्ताद अमीर ख़ान भी वहाँ मौजूद थे, तो रियाज़ से नींद खुल गयी।

वह शुजात के पास आए और पूछा, ''क्या बजा रहे हो?''

उन्होंने कहा, ''बिलासखानी तोड़ी।''

अमीर ख़ान ने पूछा, ''यह किसने सिखाया तुम्हें?''

---

4. शाहमीर ख़ान भिंडी बाज़ार घराने के ही छज्जू ख़ान और नज़ीर ख़ान के शिष्य थे।

शुजात ख़ान ने कहा, ''अब्बा हज़ूर ने।''

''अरे ! उनको कुछ आता भी है ? सितारिए क्या बूझें बिलासखानी तोड़ी ?''

फिर उस अमिताभ बच्चन सरीखी लंबी काया वाले उस्ताद अमीर ख़ान ने अपनी आँखें बंद कीं, पीठ सीधी की, और धीरे-धीरे आलाप लेना शुरू किया। उनका आलाप इतना धीमा होता कि लोग मज़ाक़ करते कि उनके दो स्वरों के बीच आदमी एक कप चाय पी ले। यही वह वजह थी कि झूमरा जैसा धीमा ताल बस वही सँभाल पाते। यह कमाल की बात है कि संगीत में गति सुलभ है, और ठहराव कठिन। तो उस्ताद ने बिलकुल ठहराव के साथ एक-एक स्वर खोलना शुरू किया। मेरु का खण्ड-खण्ड होने लगा। इतने में विलायत ख़ान भी जाग गए और देखा कि आज तो कमाल हो रहा है। दुनिया के सर्वोत्तम सितार-वादक चुपचाप तानपुरा लेकर बैठ गए। अमीर ख़ान गा रहे हैं, विलायत ख़ान तानपुरा बजा रहे हैं, और बालक शुजात सितार बजा रहे हैं। यह दृश्य अकल्पनीय है।

यहाँ एक ज़मीनी रिश्ता बताना ज़रूरी है। विलायत ख़ान साहब की सगी बहन को उस्ताद अमीर ख़ान ने विवाह के कुछ ही दिनों बाद छोड़ दिया था और तवायफ़ मुन्नी बाई के साथ रहने लगे थे। जब तक विलायत ख़ान की माँ ज़िंदा थी, उनसे मिलने की सख्त मनाही थी। लेकिन संगीत का रिश्ता ज़मीनी नहीं, रूहानी होता है। विलायत ख़ान छुप कर उस्ताद अमीर ख़ान से मिलते और सीखते रहे। उनके सितार में जो सोच नज़र आती है, वह अमीर ख़ान से ही प्रभावित है। अगर इस सोच को और करीब से समझना है तो किसी गोधूलि बेला में उस्ताद अमीर ख़ान का राग मारवा सुना जाए। इसमें ख़्वाह-म-ख़्वाह की कलाबाज़ी या ऊँची तान नहीं, एक ठहराव है जो ढलते सूरज में दिखना चाहिए। मैं यह नहीं कह रहा कि तान न हो, बड़े ग़ुलाम अली ख़ान इसी मारवा को बुलंद तान लेकर गाते ही हैं। लेकिन हर व्यक्ति का संगीत उसके पूरे व्यक्तित्व का सार भी तो है। अब पंजाब के पहलवान सरीखे भारी-भरकम शरीर और तगड़ी मूँछों वाले बड़े ग़ुलाम ख़ान की तान तो बुलंद होगी ही। वहीं इंदौर की सौम्यता लिए, बिना मूँछों के, सधी नाक और ऐनक में उस्ताद अमीर ख़ान तो सहजता से ही गाएँगे।

पुरानी रिकॉर्डिंग जो साठ के दशक से पहले हुईं, उनमें उस्ताद की ऊँची तान सुनने को मिलती है। मैंने एक संगीत-सुधी से सुना कि वह बड़े ग़ुलाम अली ख़ान की तान के समकक्ष रहना चाहते थे, लेकिन बाद में उन्हें शायद यह एहसास हुआ कि यह अप्राकृतिक है। उन्होंने ऊँची कलाबाज़ी वाली तान लेना समय के साथ

कम कर दिया। किसी ने उनसे पूछा कि उनकी आवाज़ तो पहले शेर की दहाड़ जैसी थी? उन्होंने जवाब दिया, ''हज़ूर! तब तो मैं जानवर था। अब तो फिर भी आदमियों में शामिल हूँ।''

अमीर ख़ान जब गाने बैठते तो एक अलग ही शांति होती। धैर्य होता और ईर्ष्या का अभाव होता। वो योगी की तरह पालथी मार आँखें बंद किए बैठते। वह सारंगी का संग नहीं लेते, हमेशा तबले के साथ ही गाते। एक सारंगी घराने से शुरुआत करने वाले ने ऐसा क्यों किया होगा, यह रहस्य ही है। पर संभव है कि उनका 'झूमरा' और तान तबले के ठेके के साथ बेहतर जाता था। मेरुखण्ड की गिनती के लिए भी तबला ही बेहतर रहता होगा। हालाँकि अमीर ख़ान गंभीर राग ही चुनते, जैसे राग तोड़ी, मारवा, मालकौंस, दरबारी, ललित, पुरिया। इन रागों के साथ सारंगी का संग अच्छा ही होता, पर शायद वह अपनी आवाज़ से ही उन स्वरों को विस्तार देना चाहते थे। यह शायद कहा जा सकता है कि उस्ताद अमीर ख़ान और बड़े गुलाम अली ख़ान के द्वारा गाए राग मारवा का कोई सानी नहीं।

वह 'शॉर्टकट' वाले व्यक्ति नहीं थे, परंपरावादी और लंबे आलाप वाले थे। वह अपने दर्शकों से बहुत कम आँखें मिलाते, जैसे किसी को खुश करने को न गा रहे हों। अपने लिए गा रहे हों। वह कई मामलों में एक सूफ़ी संत थे। यही बात निखिल बनर्जी (मैहर घराना) में भी नज़र आती है। फिर भी उनमें कुछ बात थी कि युवाओं को भी खूब पसंद आते। उन दिनों कलकत्ता में ऐसा कोई संगीत सम्मेलन न होता, जिसमें अमीर ख़ान न हों।

मुझे कभी उस्ताद अमीर ख़ान की ठुमरी की रिकॉर्डिंग नहीं मिली। मुझे नहीं लगता है कि उन्होंने कभी गाया, जबकि उनके दौर में शास्त्रीय गायक ठुमरी गाने लगे थे। वह मंचों पर अपने गाए फ़िल्मी गाने भी नहीं दोहराते थे। वह कहते कि गाना भूल गए हैं। अमीर ख़ान एक पक्के ख़याल गायक ही थे। उपशास्त्रीय से उन्होंने दूरी ही बना कर रखी थी।

विलायत ख़ान कहते थे, ''फ़ैयाज़ ख़ान से मैंने शाही अंदाज़ सीखा, अब्दुल करीम ख़ान से माधुर्य सीखा, बड़े गुलाम ख़ान से मैंने सुर की आज़ादी सीखी, और अमीर ख़ान से मैंने सीखी—इबादत।''

यही वह वजह थी कि जब अमीर ख़ान की 1974 ई. में कार दुर्घटना में मृत्यु हुई तो बहन से तलाक के बावजूद उनका शरीर विलायत साहब कलकत्ता लेकर आए। और यह भी इत्तिफ़ाक है कि आज विलायत ख़ान और अमीर ख़ान

की कब्र कलकत्ता में एक ही जगह साथ-साथ हैं। जैसे फिर वही बिलासखानी तोड़ी बज रही हो, मेरु का खण्ड-खण्ड हो रहा हो, उस्ताद अमीर ख़ान गा रहे हों।[5]

उनके बाद इंदौर घराने से अमरनाथ, श्रीकांत बकरे, कंकना बनर्जी इत्यादि गायक रहे, पर यह घराना सबसे नया और छोटा घराना कहा जा सकता है। इंदौर का एक सितार घराना भी है, जिसमें उस्ताद हलीम जाफ़र ख़ान जैसे मशहूर सितारिए हुए।

देवास (म.प्र.) के एक तान के उस्ताद की चर्चा भी यहाँ करने की कई वजहें हैं। एक तो यह कि इनका प्रभाव उस्ताद अमीर ख़ान (इंदौर) पर है, और दूसरा कि इनकी ख़याल गायकी भी किसी एक घराने के खूँटे से नहीं बँधी।

रजब अली ख़ान साहब की कई कहानियाँ देवधर साहब की किताब में वर्णित हैं। वह भी उस्ताद फ़ैयाज़ ख़ान की तरह खूब कमाते, खूब उड़ाते। जब वे हज़ारों रूपए कमा कर देवास लौटते तो रईसी में सब उड़ा डालते, और फिर उधारी से घर चलाते। देवास की दुकानों में बस एक हलवाई की दुकान छोड़ बाकी सबने उधार देना बंद कर दिया। एक दफ़े उनके एक रिश्तेदार घोड़े पर सवार आए तो कहा कि घोड़े के लिए कहीं से चारा मँगवा दें। उन्होंने हलवाई से जलेबी मंगवा दी, तो मेहमान चौंक गए कि घोड़ा भला क्या जलेबी खाएगा? ख़ान साहब ने तन कर कहा कि मेरे दरबार में घोड़े भी जलेबी खाते हैं। सच तो यह था कि उनके पास चारा खरीदने के पैसे ही नहीं थे और उधार बस हलवाई ही देता था!

उस्ताद रजब अली ख़ान का व्यक्तित्व फ़ैयाज़ ख़ान से और भी कई मामलों में मिलता है। जैसे फ़ैयाज़ ख़ान निज़ाम-ए-हैदराबाद के पास तन कर गए थे, वैसे ही रजब अली ख़ान का एक दफ़े रामपुर के नवाब की हवेली जाना हुआ। वहाँ दरबान ने हिदायत दी कि दरबार के उस्ताद वज़ीर ख़ान को झुक कर सलाम करें। रजब अली ने कहा कि वह किसी के सामने झुकते नहीं। वह वज़ीर ख़ान के बगल में जाकर कुर्सी पर बैठ गए और हुक्का मुँह में लेकर पीने लग गए। उसमें तंबाकू नहीं था, तो हुक्के की नली ज़मीन पर पटक दी।

वज़ीर ख़ान ने खीज कर पूछा, ''आपकी तारीफ़?''

रजब अली ने तनकर कहा, ''यह नाचीज़ मशहूर बीनकार उस्ताद बन्दे अली ख़ान का शागिर्द है।''

''वही जो भौंडा बीन बजाता है?'' वज़ीर ख़ान ने कटाक्ष किया।

---

5. उस्ताद अमीर ख़ान पर मेरा लेख पहले *प्रजातंत्र* अख़बार, इंदौर में प्रकाशित।

रज़ब अली ने पलट कर कहा, ''हज़ूर! वह भौंडा बीन आपके ताशा बीन को मात दे दे।''

वज़ीर ख़ान दाँत पीस कर रह गए।

रामपुर के नवाब हामिद अली स्वयं बेहतरीन गायक थे, तो उन्होंने गाने के बाद सभी संगीतकारों से पूछा, ''है कोई मेरी टक्कर का ?'' सबने ''सुभान अल्लाह, माशा अल्लाह'' कर दिया, लेकिन रज़ब अली ख़ान चुप रहे।

जब नवाब ने उनकी तरफ़ मुख़ातिब होकर पूछा, ''इतना सुरीला पक्का उस्तादाना गाना कभी सुना है ? आप तो मराठा रियासतों से हैं। वहाँ है कोई जो ऐसा गाता हो ?''

रज़ब अली ख़ान ने कहा, ''आप कई राजकुमारों और नवाबों से बेहतर गाते हैं, लेकिन हमारे घरानों के तो बच्चे भी आपसे बेहतर गा दें।''

नवाब उखड़ गए और कहा, ''अगर तुम साहू महाराज की चिट्ठी लेकर नहीं आते, तो यहीं कोड़े मारता। इसे तीन सौ रुपए देकर दफ़ा करो, और ख़बरदार अगर यह रामपुर के सौ कोस में कहीं भी नज़र आए !''

उनके और फ़ैयाज़ ख़ान से कुछ मनमुटाव की कहानियाँ भी मिलती हैं। एक बार इंदौर के दरबार में दोनों पहुँचे। पहले दिन फ़ैयाज़ ख़ान ने राग देसी तोड़ी गाया। सुनते ही महाराज ने महफ़िल बंद कर दी। अगले दिन रज़ब अली ख़ान ने पहले लाजवाब तोड़ी गाया, और जब फ़ैयाज़ ख़ान आए तो महाराज ने फिर कहा, ''देसी गाइए''। गाते ही महफ़िल खत्म।

तीसरे दिन फिर से 'देसी' ही गवाया तो फ़ैयाज़ ख़ान ने कहा, ''सरकार! कुछ और सुनना चाहेंगे ?''

महाराज ने कहा, ''आपकी इस गायकी के बाद मैं कुछ और नहीं सुनना चाहता। इसके आगे संगीत है ही नहीं।''

उन्होंने जूनियर होते हुए भी फ़ैयाज़ ख़ान को ग्यारह हज़ार रुपए दिए, जबकि रज़ब अली ख़ान को बस ढाई हज़ार। रज़ब अली ख़ान ने उस पैसे से इंदौर की ही एक दुकान में इत्र खरीदा, और कहा, ''सारा इतर मेरी जूती में डाल दो।''

रज़ब अली ख़ान कोल्हापुर में अलादिया ख़ान की गायकी छुपकर सुनते थे। अलादिया ख़ान ने शिकायत की तो कोल्हापुर से देवास भेज दिए गए। यह एक

रंजिश थी जो ज़िन्दगी भर चली। लेकिन यह रंजिश भी क्या रंजिश थी!

अपने आख़िरी समय में अलादिया ख़ान इंदौर आए तो रज़ब अली ख़ान को चिट्ठी भिजवाई, ''भाई रज़ब अली! हम दोनों अपना आख़िरी वक़्त जी रहे हैं। मैं गाड़ी भिजवा रहा हूँ, तुम इंदौर आ जाओ। हम गले मिलकर अपनी यह रंजिश खत्म करें।''

रज़ब अली ख़ान ने वापस चिट्ठी भेजी, 'भाई अलादिया ख़ान! हमने इतने साल यह रंजिश संभाल कर रखी। अब बस इसलिए खत्म कर दें कि हम बूढ़े हो चले? अब अल्लाह-ताला के दरबार में ही हम गले मिलेंगे जब हम दोनों इस दुनिया से कूच कर चुके होंगे।'

जब अलादिया ख़ान की मृत्यु की खबर आई, रज़ब अली ख़ान फूट-फूट कर रो पड़े और कई दिनों तक उदास रहे। जो भी मिलता, उससे कहते, ''अब मैं किसे साबित करने के लिए गाऊँगा? अलादिया तो चला गया!''

वंशावली

भिंडी बाज़ार घराना

1. दिलावर हुसैन ख़ान
2. छज्जु ख़ान, नज़ीर ख़ान, ख़ादिम हुसैन ख़ान
3. अमान अली खान (छज्जु ख़ान के बेटे), अंजनीबाई मलपेकर (नज़ीर ख़ानन की शिष्या)
4. पंडित शिव कुमार शुक्ला, मास्टर नवरंग, पाण्डुरंग अंबेरकर, रमेश नादकर्नि, मोहम्मद हुसैन ख़ान, टी डी जनोरिकर (शिष्य)

इंदौर घराना (गायकी)

1. चंगे ख़ान
2. शाहमीर ख़ान
3. अमीर ख़ान
4. पंडित अमरनाथ, गोकुलोत्सवजी महाराज (शिष्य)

इटावा घराना
इमदादख़ानी बाज

''स्वरों के मध्य जो गैप है, जहाँ कोई स्वर नहीं, वह भी संगीत है।''
—शाहिद परवेज़

यह 2002 ई. की एक अर्बाना-शैम्पेन (अमरीका) की शाम थी जब शाहिद परवेज़ जी को पहली बार सुना। लाइव संगीत सुनने का मुझे जीवन में मौका कम ही मिला या यूँ कहिए कि अजीब से पेशे और जगह पर हूँ। जो भी देखा, विद्यार्थी काल में स्पिक-मकै में कुर्सियाँ ढोते देखा। उसमें भी आयोजन की दौड़-भाग ज्यादा और रसिक होकर सुनना कम। लेकिन उस शाम लगा कि आख़िर क्यों सितार इस ऊँचाई तक पहुँचा, जितना कोई और वाद्य-यंत्र नहीं पहुँच सका। सरोद भी भले जोड़ दें, लेकिन सितार एक ब्रैकेट यंत्र है, जिसमें ऐसे कई यंत्र डल सकते हैं।

सितार का अहम् मुझे इमदादखानी (इटावा) घराने में ही नज़र आता है, जो कुछ लहज़ों में यह भी मानते हैं कि उनकी तकनीक, उनकी तैयारी और उनकी शैली किसी और में नहीं। बाकी घरानों में गायन हुए या अन्य यंत्रों का वादन हुआ पर यह घराना मात्र सितार और सुरबहार पर केंद्रित रहा। इसलिए इनकी सत्ता मज़बूत है। इनकी तुलना मैहर से करना ठीक नहीं।

इस घराने की शुरुआत आगरा के पास इटावा नामक एक कस्बे में हुई जो राजनैतिक हलकों में मुलायम सिंह यादव जी की वजह से भी जाना जाता है। और यह घराना भी अन्य घरानों की तरह ग्वालियर से ही जुड़ा है। उस्ताद हद्दू ख़ान और हस्सू ख़ान के एक शिष्य उस्ताद साहबदाद ख़ान ने गायकी के साथ सितार बजाना शुरू किया। उनके बेटे इमदाद ख़ान ने कठिन 'चिल्ला' व्रत लेकर सितार और सुरबहार में दीक्षा पायी, और उन्हीं से इमदादख़ानी नाम पड़ा।

इमदाद ख़ान के कठिन रियाज़ का एक मार्मिक किस्सा विलायत हुसैन ख़ान

(आगरा घराना) लिखते हैं। वह अपने रियाज़ के मध्य कभी न उठते थे। एक बार उनकी बेटी गंभीर रूप से बीमार हुई, और वह रियाज़ कर रहे थे। उनके कमरे में आकर खबर दी गयी तो कहा, ''डॉक्टर को बुला लें'', और रियाज़ करते रहे। कुछ घंटे बाद खबर दी गयी कि बच्ची का इंतकाल हो गया। उन्होंने रियाज़ बिना रोके कहा, ''कफ़न का इंतज़ाम कर लें,'' और सितार बजाते रहे। आख़िर जनाज़ा उठने का वक़्त आया, तब उनका रियाज़ खत्म हुआ। और वह जनाज़े में गए। इस मार्मिक इंतहा तक रियाज़ी थे इमदाद ख़ान, जो सांसारिक मोह से विरक्त भी नज़र आता है।

अब कुछ सितार वादन की तकनीकी बात कहता हूँ। इमदाद ख़ान के समय सितार में दायाँ हाथ मुख्य था, और बायें हाथ से हरकतें कम थीं। उनके बेटे इनायत ख़ान के समय बायें की हरकत भी कुछ बढ़ी, और इनायत ख़ान के पुत्र विलायत ख़ान से बायाँ हाथ कहीं आगे निकल गया जो 'इमदादख़ानी बाज' कहलाया। इनायत ख़ान और विलायत ख़ान संगीत को कलकत्ता और देश-विदेश भी ले गए। ग्रामोफ़ोन पर पहली सितार इमदाद ख़ान की ही रिकॉर्ड हुई। उनके बेटे इनायत ख़ान तो कलकत्ता में जब सफ़ेद घोड़े पर सवार निकलते तो बंगाली महिलाएँ खिड़कियों से आहें भरतीं। इस घराने का वादन यूँ होता जैसे लगे कि कोई गीत गा रहा हो। तभी इसे सितार का 'गायकी अंग' कहते हैं। इसकी कहानी भी रोचक है। विलायत ख़ान के पिता की मृत्यु के बाद वह अपने ननिहाल में सीखते, लेकिन वहाँ सभी गवैये थे। तो विलायत ख़ान भी गाने लगे, और उनकी आवाज़ भी उच्च कोटि की थी। जिन्होंने विलायत ख़ान की प्रस्तुति सुनी हो, उनका गुनगुनाना सुना ही होगा। लेकिन उनकी माँ ने वचन लिया कि वह गायक नहीं बनेंगे और खानदानी सितार को ही आगे बढ़ाएँगे। बिचारे रोते हुए अपने मामू ज़िंदा हसन ख़ान के पास गए।

उन्होंने कहा, ''तुम्हारी अम्मा की ज़िद तो मैं समझता हूँ। वह नहीं मानने वालीं। अब तुम्हारे पास एक ही रास्ता है। सितार से गाओ!''

इनके तारों की झनकार में एक अजब-सी कोमलता है जो कानों को भाती है। ज़ोर-ज़ोर से तारों को गिटार की तरह झनकारना नहीं, प्रेम से उँगलियाँ फिराना। इस घराने की एक और विशेषता है कि यह पूर्णता लिए है। इनके आलाप में या गत में बढ़त है। एक विस्तार है। यानी पन्ने तेज़-तेज़ नहीं पलटे जाते। अध्याय पूरा कर ही अगले अध्याय में जाना होता है, जिसे 'आमद' भी कहते हैं। जहाँ दूसरे घरानों ने कई तरह से लयकारी की, इन्होंने अधिकतर तीन ताल में ही वादन किया[1]। इनकी तबले के साथ संगत बेतुकी या ज़बरदस्ती नहीं लगती। आप इनके

---

[1]. यह समय के साथ रूढ़ नहीं रहा और रूपक ताल में भी प्रस्तुतियाँ कई हैं। ख़ास कर शाहिद परवेज़ की।

संगीतकारों के सितार पकड़ने का अंदाज़ ही देख लें। ये सितार को पालथी के एक कोने पर टिकाए 45 डिग्री कोण पर रखते हैं। यह सबसे सहज तरीका है।

इस घराने ने सितार को कई अन्य तरीकों से सहज बनाया। पहले तो ऊपरी गोल तुम्बा हटा दिया, सात तारों से छह तार कर दिए। बाद में तबली मोटी कर बेहतर धातु के तार लगाए। सितार में परिवर्तन पं. रविशंकर ने भी किए जिसकी चर्चा आगे करूँगा।

पंडित रविशंकर और विलायत खान में वास्तव में कुछ रंजिश थी या लोगों ने ऐसी रंजिश बना दी? कई कहानियाँ हैं, और कई गढ़ी भी गईं।

1952 ई. में दिल्ली के कन्स्टीच्यूशन क्लब ग्राउंड में दोनों साथ बजाने बैठे। विलायत खान साब घराने से भी सीनियर थे और तालीम से भी[2]। पर पंडित रविशंकर अलाउद्दीन खान साहब के चेले थे और नेहरू जी का भी खास लगाव था। ज्यादा पॉपुलर थे, और सुभाषी भी। बजाने आते तो लोग अगुवाई करते। पं. रविशंकर सितार लेकर आए थे, तो अली अकबर ख़ान सरोद और साथ में तबले पर थे कंठे महाराज और किशन महाराज। इसे एक 'विनिंग टीम' कहना मुनासिब होगा।

सफ़ेद कुर्ते में मंच पर पं. रविशंकर की टीम अभी अपना सितार वगैरा ट्यून कर रही थी कि तभी काले कुर्ते में नवयुवक मंच पर आए और अदब से उर्दू में कहा, ''यह स्टेज तो पहले से इतना गुलशन है। मैं चाहता हूँ कि रोबू दा और आलू दा के साथ मैं भी कुछ ख़ुशबू डालूँ।''

उस्ताद अलाउद्दीन ख़ान ने पहचान लिया कि यह तो इनायत ख़ान के बेटे हैं। उन्होंने मंच पर आकर कहा, ''तुम सब मेरे ही बच्चे हो। साथ मिलकर कुछ अच्छा बजाओ।''

अब मंच पर एक तरफ़ सफ़ेद कुर्ते में पं. रविशंकर, दूसरी तरफ़ काले कुर्ते में विलायत ख़ान और बीच में सरोद लिए अली अकबर ख़ान। यह दृश्य सोच कर ही शरीर में झुरझुरी सी होती है। अब पं. रविशंकर ने 'मंज ख़माज' से शुरुआत की, और विलायत ख़ान को मौका दिया। यह दोनों एक घंटे तक आलाप ही बजाते रहे। ख़ास कर 'मंज ख़माज' के मध्यम (म) की मीड की चर्चा होती है, कि विलायत ख़ान ने मन मोह लिया। यह ज़ाहिर होने लगा कि अब यहाँ सितार-द्वंद्व शुरू हो चुका है। हालात यहाँ तक पहुँचे कि अली अकबर ख़ान को मौका ही न मिला,

---

2. उम्र में पं. रविशंकर कुछ बड़े थे। अंदाज़न 6-8 वर्ष। रविशंकर का जन्म 1920 ई. और विलायत ख़ान का 1926 या 1928 ई. में हुआ था।

और वह सरोद रख कर इन दोनों को बस बजाते देखते रहे। आख़िर विलायत ख़ान ने अपने घराने का झाला बजाया तो दर्शकों में बैठे हाफ़िज अली ख़ान (अमजद अली ख़ान के पिता) खड़े हो गए, ''अहा! मार डाला!''

दूसरी ओर उस्ताद अलाउद्दीन ख़ान बांग्ला में गाली देने लगे, ''सूअरेर बाचा! हमारी बेइज्जति करके रख दी।''

इस वाकये के कई भिन्न संदर्भ पढ़ने-सुनने को मिलते हैं। हर कोई अपना मसाला डालता है, मैंने भी इसे नाटकीय बना दिया। यह नमिता देवीदयाल की विलायत ख़ान पर पुस्तक के आधार पर अधिक है। मैंने यह भी सुना कि विलायत ख़ान के साथ कुछ ऊँच-नीच हो गयी थी, इसलिए खार खाए थे। पं. रविशंकर ने उन्हें बुलाकर कहा कि ऐसा दुबारा न हो। कुछ लोग यह भी कहते हैं कि रविशंकर ने उन्हें 'rematch' का चैलेंज दे दिया। दो वर्ष बाद, 1954 ई. के तानसेन सम्मेलन में दोनों ने फिर से साथ बजाया। यह तो कलकत्ता था, जहाँ विलायत ख़ान की आयोजकों से अच्छी ट्यूनिंग थी। वहाँ पहले विलायत ख़ान ने ढाई घंटे बजाया, तो पं. रविशंकर को बस पचास मिनट मिले। उसमें उन्होंने ऐसा बिलासखानी तोड़ी बजाया कि लगभग दस हज़ार लोग रविशंकर को बस देखने और छूने खड़े थे। इसका ज़िक्र सुनीता बुद्धिराजा की पुस्तक में भी है। तो यह कहा जा सकता है कि स्कोर '1–1' रहा। पं. शिवकुमार शर्मा की जीवनी के अनुसार 1955 ई. के मुंबई में आयोजित हरिदास सम्मेलन में भी दोनों ने सितार बजाया, और विलायत ख़ान के साथ तबले पर अल्लारक्खा ख़ान थे। उसके बाद संभव है कि वह साथ एक मंच पर नहीं बैठे। किशन महाराज ने एक बार कहा, ''अगर यह साथ बजाते रहते तो शायद इनमें से एक बजाना ही छोड़ देता।''

कुछ चकल्लसी चर्चा यह भी है कि दिल्ली में विलायत खान ने एक रुपया ज़्यादा फ़ीस माँगी थी क्योंकि वह सीनियर थे। रविशंकर को यह बात पता लग गयी। उन्होंने मसखरी की और पैसे लेने से मना कर दिया। अब विलायत ख़ान फ़ीस के लिए बैठे थे, तो उनके सामने चांदी की तश्तरी में एक सिक्का डाल कर पेश कर दिया गया। वह उखड़ गए तो आयोजक ने कहा, ''पंडित जी ने पैसे लिए ही नहीं, अब आपको एक रुपया अधिक...।'' तो संगीत में रंजिश दोस्ताना गप्प-मज़ाक ही है।

यह भी सुनी कहानी है कि विलायत ख़ान एक बार मंच पर एक ही स्वर लंबे समय तक बजाते रहे तो किसी श्रोता ने कहा, ''कुछ झाला वगैरा बजाइए, कहाँ एक सुर पर अटके हैं?'' (इशारा था कि पं. रविशंकर की तरह बजाइए।)

विलायत ख़ान साहब ने मुस्कुराकर कहा, ''जो सुर ढूँढ रहे होते हैं, वह उँगलियाँ यहाँ से वहाँ फिराते रहते हैं। मुझे तो सुर मिल गया है। अब इसे हाथ से जाने न दूँगा।''

ऐसी ही कहानी अलादिया ख़ान के बारे में भी पढ़ी। वह घंटों तानपुरा लेकर घर में बजाते रहे तो उनके फ़िल्म निर्देशक मित्र भालजी पेंढारकर चिंतित हुए कि इन्हें क्या हो गया, गा क्यों नहीं रहे? वह उनकी आँखों के सामने आकर खड़े हो गए और पूछा, ''आप घंटों से एक ही स्वर बजा रहे हैं। सब ठीक?''

अलादिया ख़ान ने हँस कर कहा, ''भालू! आज मुझे तानपुरा में शुद्ध स्वर मिल गया तो बस मन किया, वही सुनता रहूँ। यह हाथ से न जाने दूँ।'' तो ये लोग सुर के पुजारी थे और सुर एक बार मिल गया तो हाथ से न जाने देते।

पं. रविशंकर आगे बढ़ते गए और पूरे विश्व में भारत का नाम किया। वहीं दूसरी ओर विलायत ख़ान साहब अपनी शर्तों पर जीते रहे। उनकी फ़ीस इतनी ज्यादा थी कि ऑल इंडिया रेडियो उनकी कीमत नहीं दे पाती। फ़ीस तो रविशंकर की भी ज्यादा थी, पर रविशंकर आख़िर विदेश में थे। लोग दिल खोलकर पैसे देते थे। रविशंकर को भारत रत्न भी मिला, और विलायत खान साहब ने पद्म-विभूषण लेने से ग़ुस्से में मना कर दिया। किसी ने आग लगाई ब्राह्मण को प्राथमिकता मिली, मुस्लिम को नहीं। किसी ने कहा, रविशंकर अच्छी बंगाली बोलते हैं, और विलायत ख़ान कोलकाता में रहकर भी ठीक से नहीं बोल पाते। ये बातें संगीत की बाहरी राजनीति में चलती ही रहेंगी। जबकि एक असलियत यह भी है कि पं. रविशंकर पहले इनायत ख़ान से ही गंडा बँधाना चाहते थे कि उनको टायफ़ायड हो गया और गंडाबंधन हो न सका। और यह भी हुआ कि अलाउद्दीन ख़ान ने दिल्ली में एक बार विलायत ख़ान को शिष्य बनने का न्यौता दिया। अगर ऐसा होता तो दोनों एक ही गुरु से सीख रहे होते और शायद हमें सितार के दो अद्भुत रत्न न मिलते!

विलायत ख़ान में अगर गुरूर था, तो उनमें कला भी थी। या यूँ कहिए कि कला जब अपने चरम-बिंदु पर होती है तो गुरूर से अछूता रहना असंभव होता है? बॉबी फ़िशर कहते कि वह शतरंज में भगवान् को हरा देंगे। एरिक क्लैप्टन और मुहम्मद अली सरीखे कहते कि वही भगवान् हैं। विलायत ख़ान के विषय में तो अफ़वाह है कि जब यौवन में मुंबई के विक्रमादित्य सम्मेलन में झंडा गाड़ा, तो अपना सितार एक बंदूक की तरह हाथ में लेकर कहा, ''ढिशूम-ढिशूम धाड़-धाड़! आख़िर कौन करेगा मुकाबला मुझसे?''

मुकाबले की बात और है। मैं विलायत ख़ान साहब से कभी मिला नहीं, और जितना सुना है, उसमें हमेशा यही लगा कि यूँ आंकना किसी के बस की नहीं। एकाएक अंधेरे कमरे में जब विलायत ख़ान साहब की राग झिंझोटी सुनता हूँ तो कई बार चौंक कर बैठ जाता हूँ। वह एक स्केल में बजाते रहेंगे, आप झूम रहे होंगे कि अचानक वह एक स्केल नीचे आकर वही स्वर बजा देंगे और 'मींड' के साथ मसखरी करेंगे। यह 'एलिमेंट ऑफ़ सरप्राइज़' उनके स्वभाव को समझाने के लिए काफ़ी है। न कोई उनके व्यक्तित्व को आंक सकता है, न उनकी कला को। यह अनिश्चित, अकल्पनीय है।

जब विलायत ख़ान मरे, तो देश का बड़ा तबका उन्हें भूल चुका था। सिवाय वाजपेयी जी के जो उनके फ़ैन थे और प्रधानमंत्री भी। और वे सुनकार भी उन्हें नहीं भूले, जो आज भी विलायत ख़ान के 'बाज़' घंटों सुनते हैं कि वहाँ सुर मिल जाता है।

मेरे लिए उनका बनाया राग 'साँझ सरावली' एक ऐसी चीज़ है, जो मैं खुद को किस्मतवाला समझता हूँ कि इस जीवन में सुन लिया। सितार पर उससे बेहतर न कभी सुना, न शायद आगे सुनूँ। यमन कल्यान में बिहाग की छौंक डाल कर विलायत ख़ान ने क्या रच दिया है!

एक सख्त और परफ़ेक्शनिस्ट पिता विलायत ख़ान के मस्तमौला और अपनी धुन में जीने वाले पुत्र। विलायत ख़ान और शुजात ख़ान को साथ बजाते देखने का अलग ही आनंद है। कभी-कभार इन दोनों में वही अंतर दिखता है जो अलाउद्दीन ख़ान और अली अकबर ख़ान में रहा होगा। एक जितने ही तारों पर सशक्त मिज़राबी ध्वनि निकालते हैं, दूसरे सहज और कोमल। उनकी मींड (एक तरह का 'ग्लाइड' या दो स्वरों के बीच खींचना) भी जुदा है। पिता, पुत्र को सुनते हैं तो सोचते हैं कि यह तो मैंने नहीं सिखाया, और वाह निकल आती है। आज उनके परिवार में विलायतख़ानी बाज़ के सबसे करीब कोई है तो वह हैं इमरत ख़ान के बेटे निशात ख़ान। शुजात ख़ान का अंदाज़ ही अलहदा है।

शुजात ख़ान साहब गर संगीतकार न होते, तो भी शायद बहुत कुछ होते। गर सितार हाथ में न होता, तो कुछ और होता। आज भी जो सितार हाथ है, वह अपने महान् पिता से अलहदा। उसका स्केल अलग, डाइमेंशन अलग, और ध्वनि अलग। अपने गुरु और अपने पिता को छोड़ अलग पहचान बनाने की धुन हो न हो, पर वह कई साल सब छोड़-छाड़ पाश्चात्य संगीत, ग़ज़ल इत्यादि की दुनिया में ज़रूर गए। और जब लौटे तो एक नयी दुनिया लेकर लौटे। बरबाद नहीं, आबाद होकर लौटे।

आज से पच्चीस साल पुरानी एक रिकॉर्डिंग (राग शहाना) देख रहा था। विलायत ख़ान और शुजात ख़ान साहब की आँखों में जैसे घरानों की 'रिजिड' ख़ानदानी संरचना और व्यक्ति के अपने अस्तित्व, अपने ख़्वाब के बीच साम्य दिखा। यह भी एक तरह की मुक्ति ही है, जब पुत्र पिता के 'परफ़ेक्शन' पर अपनी 'इम्प्रोवाइज़ेशन' कर ले। अपनी अलग मिसाल, अलग दुनिया बना ले।

उस्ताद इनायत ख़ान के छोटे भाई उस्ताद वाहिद ख़ान गुमसुम से अपनी धुन में रहने वाले संगीतकारों में थे। उनकी रिकॉर्डिंग भी कम मिलती है। सत्यजीत रे की फ़िल्म 'जलसाघर' में वह सुरबहार बजाते ज़रूर नज़र आते हैं। लेकिन वहाँ भी उन्हें देख कर एक चकाचौंध से दूर संगीतकार ही नज़र आता है। यहाँ तक कि उन्होंने अपने बेटों को भी ख़ुद प्रशिक्षण न देकर इनायत ख़ान के पास ही भेजा, लेकिन वे सितार बजाना त्याग फ़िल्मी दुनिया में चले गए। एक बेटे मस्तान ख़ान तो शराब और नशे की लत में फक्कड़ हो गए। दूसरे बेटे अज़ीज़ ख़ान से वाहिद ख़ान साहब ने वादा लिया कि उनके पोते शाहिद को ज़रूर संगीत सिखाएँ। यह बात उन्होंने मान ली और शाहिद परवेज़ एक शीर्षस्थ संगीतकार बने। शाहिद परवेज़ भी पूर्णता लिए हुए सितारवादक हैं।

इमरत ख़ान की चर्चा में देर हो गयी। कई घरानों में ऐसा हुआ कि दो रास्ते बने। एक में रंगीनियाँ थीं, शोहरत थी, नाम था, लेकिन परिवार की ख़ुशियाँ न थीं। दूसरे रास्ते में यह सब उल्टा था। इमदादख़ानी घराने में जो इनायत ख़ान और वाहिद ख़ान में अंतर रहा, वह विलायत ख़ान और इमरत ख़ान में भी रहा। और यंत्र भी उसी हिसाब से चुने गए थे। एक ने जहाँ महफ़िलों की शान सितार चुना, तो दूजे ने भारी-भरकम ईश्वरीय वाद्य सुरबहार चुना। अलाउद्दीन ख़ान ने भी जब बेटी अन्नपूर्णा देवी को सुरबहार पकड़ाया था तो यही कहा था कि इससे तुम्हें यश भले न मिले, यह यंत्र तुम्हें ईश्वर के करीब ज़रूर ले जाएगा।

इमरत ख़ान काफ़ी समय तक अपने यशस्वी भ्राता विलायत ख़ान के साये में रहे। यह राम-लक्ष्मण की जोड़ी थी कि इमरत ख़ान सदा अपने मंच पर भाई साहब के पीछे ही रहे। इमरत ख़ान कहते हैं कि वह भाईसाहब की डायरी की तरह थे। कहीं कोई बंदिश सुनी तो कहते कि इमरत, इसे याद कर लो! फिर महीनों बाद उन्हें याद आता तो बुलाते, ''इमरत! वह बंदिश याद है?'' और इमरत ख़ान की याददाश्त भी ऐसी कि हू-ब-हू बंदिश उतार कर रख देते। वह अपने भाई के पक्के संगतिया थे।

लेकिन सुरबहार कोई सारंगी तो है नहीं कि बस संगत देने के काम आए।

एक मंच पर जब सितार के साथ सुरबहार आता है तो आँखें सुरबहार की ओर टंग ही जाती हैं। जब पं. रविशंकर और अन्नपूर्णा देवी, तब भी यही विसंगति होती। उनके साथ समस्या यह भी थी कि अन्नपूर्णा देवी पंडित जी से दबने वाली न थीं, जबकि इमरत ख़ान अपने भाई का बहुत आदर करते। ऐसा भी होता कि जब इमरत ख़ान को अधिक वाहवाही मिलने लगती तो विलायत ख़ान उन्हें मौका ही नहीं देते। वह सितार ही लगातार बजाते रह जाते, इमरत ख़ान मुँह ताकते रहते।

मशहूर 'अ नाइट ऐट ताज' की रिकॉर्डिंग में शाहजहाँ का संगीत सुरबहार से इमरत ख़ान ने निकाला, और मुमताज का संगीत विलायत ख़ान के सितार ने। यह एक अद्भुत संगीत की धरोहर है। उसके बाद न जाने ऐसा क्या हुआ कि एक दिन विलायत ख़ान ने इमरत ख़ान को एक छोटी-सी बात पर गाड़ी से उतार दिया। बात बस इतनी थी कि अमुक मौके पर इमरत ख़ान टाई पहनने को तैयार न थे। गाड़ी से उतर कर इमरत ख़ान ने अपनी जेब टटोली तो फूटी कौड़ी नहीं। वह अब तक भाई साहब के सहारे ही रहते थे। उसके बाद इमरत ख़ान ने मन में ठान लिया कि वह अपना अलग मुकाम बनाएँगे।

इमरत ख़ान ने एक अमरीकी शिष्या से निकाह कर लिया और सेंट लुइस शहर चले गए। वहाँ उनके तमाम शिष्य बनते चले गए। एक सेंट लुइस के मित्र ने बताया कि उनके घर के दरवाज़े हर शनिवार सबके लिए खुले थे, जहाँ रियाज़ देखा जा सकता था[3]। इमरत ख़ान ने कमाल का कार्य यह किया कि अपने चारों बेटों को चार यंत्र सिखाए—निशात ख़ान को सितार, इरशाद को सुरबहार, शफ़तुल्लाह को तबला और वजाहत को सरोद। जब पाँचों मंच पर बैठते तो इमरत ख़ान शान से कहते कि मेरी पचास उँगलियाँ साथ बजा रही हैं!

अब बात करता हूँ सितार के तकनीकी पक्ष की।

मुंबई में जब युवा विलायत ख़ान ने धमाकेदार एंट्री की, तो लोगों को समझ आया कि सितार मंच पर अकेले भी बजाया जा सकता है। पहले सितार अमूमन गायकी का साथ देने के लिए थे और 'मिज़राब' (प्लेक्ट्रम) का प्रयोग कम होता था। जैसे ही सितार ने स्टेज पर मुख्य जगह पायी तो इसका 'गायकी अंग' और मिज़राब का उपयोग बढ़ गया। लेकिन अगर पुराने और पारंपरिक अमीरख़ानी, मसीतख़ानी और रजाख़ानी गत को सुनें, तो उसमें आलाप बिलकुल खोल कर धीरे-धीरे ताल के साथ बिठा कर बजाए जाते हैं। जैसे तबले को संगत दे रहे हों। सितार सीखने वाले इन गतों से ही शुरू करते हैं। बाज़ के तार का उपयोग देर से

---

3. सुशील जे. से मिली जानकारी।

शुरू होता है जब सहज आलापों पर पकड़ बन जाए।

सितार का स्वरूप भी बदला है। तानसेन के ज़माने में तो तीन तार की त्रितंत्री वीणा होती थी। उनके वंशजों में निहालसेन के समय बढ़ाकर पाँच तार किए गए। अब तो सितार में भिन्न-भिन्न तारों को मिलाकर 18-20 तार होते हैं। सितार अब विश्व भर में सबसे प्रचलित भारतीय वाद्य-यंत्र है तो इसकी संरचना का एक अंदाज़ा तो भारतीयों को होना ही चाहिए। सबने सितार देखा होगा, और यह जानते ही होंगे कि इसमें एक गोल 'तुम्बा' होता है जो लौकी की तरह काट कर बनता है। इसके साथ लगी होती है एक लंबी 'डाँड' जो तुन की लकड़ी की बनती है। डाँड और तुम्बे के बीच होती है—तबली और गुलु। तबली के किनारों पर खूबसूरत रंगोली की तरह डिज़ाइन बने होते हैं और उसी पर घुड़च (ब्रिज) रखी जाती है जिस पर तार तन कर गुज़रते हैं। डाँड के ऊपर धातु या रेशम के पर्दे (फ़्रेट) बने होते हैं, जैसे आपने गिटार या किसी तार-यंत्र में देखा होगा।

मुख्य तारों की संख्या तो अलग-अलग घरानों में अलग-अलग है। लेकिन 6-7 मुख्य तार होते हैं। इन मुख्य तारों के नीचे सहायक तार (सिम्पैथेटिक स्ट्रिंग) होते हैं जो एक तरह से झंकार लाते हैं। इन महीन तारों की संख्या अब बढ़ कर पंद्रह तक पहुँच गयी है। इन्हें कहते हैं 'तरब' के तार। यह संभवत: 'इलेक्ट्रिक सितार' आने के पहले की कड़ी है। पिछले छह-आठ दशक से तरब के तार चल रहे हैं। इससे सितार की गूँज मंच से आख़िरी पांती में बैठे दर्शक तक पहुँच जाती है। मुख्य तारों में पं. रविशंकर के छह तार थे—बाज़, जोड़ी, लरज, खरज, पंचम, चिकारी। चिकारी भी तरब की तरह पतले तार ही हैं, लेकिन इन्हें उँगलियों से बजा कर झाला दिया जाता है। विलायत ख़ान के तार थे—बाज़, जोड़ी, गंधार, पंचम, और दो चिकारी।

वंशावली

1. साहबदाद ख़ान (ग्वालियर के हद्दू ख़ान के शिष्य)
2. इमदाद ख़ान
3. इनायत ख़ान और वाहिद ख़ान
4. विलायत ख़ान और इमरत ख़ान (इनायत के बेटे); मस्ताना और अज़ीज़ (वाहिद के बेटे)
5. शुजात ख़ान (विलायत के बेटे), शाहिद परवेज़ (अज़ीज़ के बेटे), निशात, इरशाद, शफ़तुल्लाह, वज़ाहत (इमरत ख़ान के बेटे)

पटियाला घराना
तान जैसे अर्जुन का बाण

''अगर हर घर में एक बच्चा हिन्दुस्तानी शास्त्रीय संगीत सीखता, तो हिन्दुस्तान का कभी बँटवारा नहीं होता।''

—बड़े ग़ुलाम अली ख़ान

पटियाला दरबार में ऐसे जलसे तो हर हफ़्ते ही होते, लेकिन उस दिन कुछ ख़ास बात थी। महाराज अपनी प्रेमिका गोरखी बाई के साथ बैठे थे और रियासत के कई गायक आए थे। शाम चौरासी के गायकों का ख़ास नाम था कि उनके ख़ानदान को बैजू बावरा ने सिखाया था। कश्मीर से गायक आए थे।

''जलसा शुरू किया जाए,'' महाराज ने आदेश दिया, और एक-एक कर सबने गाना शुरू किया। न जाने कब रात बीत गयी और सूर्योदय हो गया। अब एक पंजाबी नौजवान की बारी थी।

''क्या नाम है तुम्हारा?'' महाराज ने पूछा।

''हजूर! कालू ख़ान।''

''तुम क्या गाओगे कालू ख़ान?''

''आप जो हुकुम करें।''

''महाराज! मुझे तो इस वक़्त कोई बिलासखानी तोड़ी सुना दे, बस जी भर जाए।'' गोरखी बाई ने बीच में टोककर कहा। गोरखी बाई तो खुद कमाल की गायिका थीं। अगर वह सिख बनने को तैयार होतीं तो महारानी भी बन जातीं।

कालू ख़ान ने जैसे बिलासखानी तोड़ी गाना शुरू किया, गोरखी बाई उस हट्टे-कट्टे नौजवान की बुलंद तानों पर फ़िदा हो गयीं। अब उन्हें महाराज की तमाम दौलत-शोहरत छोड़ कर इस गवैये को जीवन समर्पित करने की इच्छा थी।

''अब बहुत हुआ। यह महफ़िल अब बंद की जाए,'' महाराज ने कहा, और अपने आरामख़ाने की ओर चल दिए।

गोरखी बाई ने कालू ख़ान को बुलवाया और कहा, ''मुझे आपसे और आपकी आवाज़ से इश्क हो गया है। मैं आपके साथ कहीं भी चलने को तैयार हूँ।''

''यह क्या कह रही हैं आप ? महाराज तो मेरा सर कलम कर देंगे। और मेरे बीवी-बच्चे भी यहीं हैं।''

''हम ग्वालियर चले जाएँगे। वहाँ मेरी पहचान है। बच्चे आप बाद में बुलवा लें।''

कालू ख़ान अपने बेटे अली बख़्श को पटियाला में छोड़ कर ग्वालियर भाग गए। कई वर्ष ग्वालियर में बीते, और इस बीच उनकी एक संतान गोरखी बाई से हुई—अब्दुल्लाह ख़ान। ग्वालियर में उस वक़्त हद्दू ख़ान-हस्सू ख़ान का बड़ा रुतबा था। कालू ख़ान ने सोचा कि यह सही वक़्त है जब अपने बेटे को पटियाला से बुलवा कर हद्दू-हस्सू ख़ान से तालीम दिलवाई जाए। लेकिन अब्दुल्लाह ख़ान अपने सौतेले भाई से ईर्ष्या करते थे।

''अब्दुल्लाह! तुम्हारी अपने भाई से नफ़रत ठीक नहीं। और यूँ भी वह सीख कर पटियाला लौट जाएँगे,'' गोरखी बाई ने समझाया।

अली बख़्श के साथ उनके ममेरे भाई फ़तेह अली भी आए, और इनकी जोड़ी ही आगे आलिया-फत्तू कहलायी। अब इनकी असल तैयारी शुरू हुई। पिता कालू ख़ान, और माता गोरखी बाई तो सिखाते ही, उन्होंने हद्दू और हस्सू ख़ान से भी सीखना शुरू किया। इन दोनों भाइयों में ऐसी ललक थी कि जहाँ गुरु मिले, वहीं से सीख लें। रीवा के मुबारक अली ख़ान से भी सीख आते। लेकिन समस्या यह थी कि एक बाई के बेटे को गंडा बाँधने को कोई तैयार न था। और बिन गंडा बँधाए वे उस्ताद कैसे बनते ? हद्दू ख़ान ने आख़िर इसका हल निकाल लिया। वह अपने पुराने मित्र बहराम ख़ान के पास ले गए।

''हद्दू! मैं तो ध्रुपद सिखाता हूँ। भला इस ख़यालिए को मैं क्या सिखाऊँगा ?''

''अमाँ यार बहराम! सिखा इसे हम देंगे, गंडा तुम बाँध दो।''

यह तमगा मिलते ही आलिया-फत्तू छा गए। वह अब एक रियासत से दूसरी रियासत जाते और अपना झंडा गाड़ कर आते। पंजाब की इस जोड़ी को हराना

नामुमकिन हो रहा था। ये जिस रियासत में जाते, वहाँ के गायक कुछ-न-कुछ बीमारी का बहाना बना कर खिसक लेते। उनके खुले गले की तानों और बुलंद आवाज़ का मुक़ाबला न था। टोंक रियासत के राजा ने इनका नाम ही 'जरनैल' और 'करनैल' रख दिया।

उसी समय बहादुरशाह ज़फ़र के दरबारी गायक तानरस ख़ान ने अपनी 'बरसी' मनायी। यह भी अजीब ही बात थी कि कोई अपने मरने से पहले बरसी मनाए। लेकिन तानरस ख़ान ने सोचा कि मरने के बाद न जाने क्या हो, मरने से पहले तो धूमधाम से मना लें। तो उन्होंने हिन्दुस्तान के सभी शीर्ष गायकों को बुलवाया। जब आलिया-फत्तू वहाँ पहुँचे, तो महफ़िल में तानरस ख़ान को भी गाते सुना।[1] तानरस ख़ान की विलंबित लय में जितनी कशिश थी, उतनी ही उनकी लयकारी में जादू। आलिया-फत्तू ने ठान लिया कि अब गंडा तो उनसे भी बंधवाएँगे। तानरस ख़ान नामी बंदिशकार भी थे, और आलिया-फत्तू ने उनसे लगभग पाँच हज़ार बंदिशें पायीं। तो ध्रुपद के शीर्ष बहराम ख़ान और ख़याल के उस्ताद तानरस ख़ान से गंडा बँधवा कर अब आलिया-फत्तू की डिग्री अजेय थी। बाद में अली बख़्श तो पटियाला में रहे, फ़तेह अली कश्मीर चले गए। उनकी तारीफ़ इस राग अडाना की बंदिश में उनके पोते फ़तेह अली[2] के अलावा राजन-साजन मिश्र ने भी गायी है। बंदिश है—

''तान कप्तान कहा गयो, जगत में फ़तेह अली ख़ान/ तान जब गावे, मुनी रिझावे

तान बलवंत की ऐसी फिरत है, जैसे अर्जुन की बाण''

आज़ादी के समय पंजाब का यह घराना इस ऊहापोह में था कि आख़िर कहाँ जाएँ? अचानक सब कुछ बदल गया था, और मुसलमान पाकिस्तान जा रहे थे। अली बख़्श के पोते फ़तेह अली और अमानत अली तो ट्रेन की छत पर बैठ कर पाकिस्तान चले गए, और कभी न लौटे। लेकिन फ़तेह अली के कसूर गाँव से एक शिष्य बने, जिनके बेटे हिन्दुस्तान में पटियाला का ऐसा झंडा बुलंद करने वाले थे जो सदा के लिए अमर हो गया।

बड़े ग़ुलाम अली ख़ान की आवाज़ यूँ ही बुलंद नहीं हुई, इसके पीछे कई कारण हैं। जब वह छोटे थे तो उनके चचा काले ख़ान मस्जिद ले जाते और उसकी दीवाल के सामने गवाते।

---

1. विलायत हुसैन ख़ान एक अलग संदर्भ देते हैं कि रजब अली ख़ान (सेनिया घराना) के घर दावत में तानरस ख़ान ने आलिया-फत्तू को गंडा बाँधा।

2. इन फ़तेह अली ख़ान का मशहूर कव्वाल नुसरत फ़तेह अली ख़ान परिवार से कोई रिश्ता नहीं।

''गुलाम! तुम ऐसी तान गाओ कि आवाज़ दीवाल से टकरा कर वापस लौटे।''

गुलाम अली तान लगाकर कहते, ''चचाजान! आवाज़ तो लौटी।''

''अभी उस दम से नहीं लौटी, जैसी तुमने भेजी थी। और बुलंद गाओ।''

यह रियाज़ रोज़ होता और आख़िर आवाज़ इतनी बुलंद हो गयी कि दीवाल से टकरा कर लौटती तो उसी ताकत से!

बँटवारे के समय बड़े ग़ुलाम अली ख़ान भी पाकिस्तान चले गए, लेकिन उनका मन टूट गया। उनकी काया पहलवान सरीखी थी, लेकिन हृदय कोमल। वह देसी घी में डुबोई दो दर्जन चपाती, एक पूरा मुर्गा, और किलो भर मिठाई खाकर ही गाने बैठते। एक बार देसी घी नहीं मिल रहा था तो बाकायदा आयोजकों को पंजाब भेजा गया कि पहले घी लेकर आओ, फिर उस्ताद गाएँगे! वह गवैयों में भी अलहदा थे। हाफ़िज़ अली ख़ान लाहौर गए तो उनको देखकर डर गए कि यह कौन पहलवान गाने आ गया? लेकिन बँटवारे ने उन्हें तोड़ कर रख दिया। उनका गाँव पाकिस्तान के हिस्से गया, तो उन्होंने कहा, ''गाने वाला न तो पंजाब का होता है, न हिन्दुस्तान का, वह तो इंसान होता है।''

दस वर्ष जैसे-तैसे गुज़ार कर उन्होंने अर्ज़ी दी कि उन्हें भारत भेज दिया जाए। एक वजह यह भी थी कि संगीत का गाहौल भारत में बेहतर था, और बड़े ग़ुलाम अली ख़ान के चाहने वाले भी। आज़ादी के कुछ ही वर्ष पहले मुंबई में 1944 ई. में सात दिनों तक ऐसा संगीत सम्मेलन हुआ, जो एक नए युग का उदय था। मुंबई उस वक्त उस्तादों का गढ़ बन चुका था। आयोजन के पाँचवें दिन तो यह कौतूहल था कि आफ़ताब-ए-मौसिक़ी फ़ैयाज़ ख़ान अंत में गाएँगे या कांग्रेस के चहेते ओंकारनाथ ठाकुर। जो अंत में गाता, वह श्रेष्ठ कहलाता। यह बाज़ी तो ओंकारनाथ ठाकुर के हाथ आई। अगले दिन शुरुआत जब पटियाला के इस कड़क मूँछें वाले मोटे-ताज़े बड़े ग़ुलाम अली ख़ान ने राग मारवा से की, सभी स्थापित स्तंभ हिल गए। ऐसी तान कि हज़ारों दर्शक उस आवाज़ में डूब गए। बड़े ग़ुलाम अली ख़ान जिस धूम-धड़ाके से आए, वैसे ही उस शाम एक और युवा भी सितार बजा कर छा गए। विलायत ख़ान नामक इस युवक ने पहली बार सितार को मंच पर गायकों के बराबर ला खड़ा किया। अगले कई दशक तक ये दोनों हिन्दुस्तानी संगीत में छाए रहेंगे। इसी सम्मेलन के आख़िरी दिन वयोवृद्ध उस्ताद अलादिया ख़ान ने भी अपनी अंतिम प्रस्तुति दी।

बड़े ग़ुलाम अली ख़ान जब पाकिस्तान से मुंबई लौटे तो मालाबार हिल्स

पर अपने मकान में रहने लगे। वहाँ समंदर की लहरों के साथ ही खूब जुगलबंदी करते। जब तूफ़ानी लहरें पत्थरों से टकरातीं, वह अपनी ज़ोरदार गमक छेड़ते। और जब घनघोर बारिश होती, वो उसके साथ ही तीसरे सप्तक में तान छेड़ते। एक दफ़े तो मरीन ड्राइव पर घूमते हुए ही पत्थरों पर बैठ गए और लहरों के साथ जुगलबंदी करते घंटों बिता दिए। ऐसा प्रकृति के साथ अपनी तान छेड़ने वाला गायक भी शायद ही फिर कभी आया। ऐसे ही एक बार दिल्ली में सुबह-सुबह भैरवी गा रहे थे और जैसे ही लगभग खत्म करने वाले थे कि एक ट्रेन के इंजिन की आवाज़ ज़ोर से आने लगी। बड़े ग़ुलाम अली ख़ान ने ऐसी ऊँची तान लगाई कि वह इंजिन की आवाज़ में मिल गयी, और श्रोताओं को पता ही न लगा कि बगल से ट्रेन गुज़र गयी!

उनकी आवाज़ ही इतनी बुलंद थी कि आस-पड़ोस वाले जाग जाते। वह अपना तानपुरा उठाकर शमशान चले जाते और वहीं रियाज़ करते। यह तानपुरा उठाना भारी लगने लगा तो उन्होंने स्वरमंडल अपना लिया, और लैपटॉप की तरह छाती से लगाए निकल जाते। उनके हाथ में सोते-जागते स्वरमंडल रहा करता। एक उनकी मशहूर तस्वीर है कि अस्पताल में लकवाग्रस्त लेटे हुए हैं, आँखें बंद हैं और स्वरमंडल हाथ में है। लकवे के बाद भी वह रियाज़ करते रहे, बल्कि उनकी आवाज़ और खुल गयी। एक ज़िक्र आता है कि उनकी अस्पताल में मसाज चल रही होती, तो वह उस मसाज की थाप और मालिश के साथ तान मिला कर गा रहे होते। आस-पास के मरीज़ भी हतप्रभ रह जाते कि दर्द में भी क्या सुर है!

बड़े ग़ुलाम अली ख़ान महफ़िलों के राजा थे। उस्ताद अमीर ख़ान का एक कथन कुमार प्रसाद मुखर्जी लिखते हैं, 'बड़े ग़ुलाम अली ख़ान का जब मुँह खुलता, सौ में नब्बे अंक तो दर्शक वहीं दे देते। बाकियों के साठ-सत्तर बनते। दिमाग के सहारे उनसे मुक़ाबला करना पड़ता है।' इस मामले में उन पर यह इल्ज़ाम ज़रूर रहा कि उन्होंने दर्शकों के मनोरंजन के लिए गायकी का पारंपरिक रूप बदल दिया। तान छेड़ने और सरगम की कलाबाज़ी करने में अधिक ध्यान दिया। ऐसा नहीं कि वह पारंपरिक गायकी और लंबे आलाप नहीं कर सकते थे बल्कि देवधर साहब और कुमार प्रसाद मुखर्जी दोनों ने लिखा है कि वह लंबे आलाप अपने कमरे में गाते समय लेते थे। जब उनसे पूछा कि क्यों नहीं मंच पर ऐसे गाते तो कहा, ''कहाँ शिकारबाज़ को कबूतर बना रहे हो?''

'मुग़ल-ए-आज़म' फ़िल्म के लिए वह गाने को राज़ी न थे। जब लता जी को 500 रुपए मिलते थे, उन्होंने 25000 रुपए की फ़ीस माँग ली कि निर्देशक के. आसिफ़ मना कर दें। पर वह पैसे देने को मान गए। आख़िर उन्होंने दो गीत

गाए। राग मारवा में 'प्रेम जोगन बन के' बड़े गुलाम अली ख़ान गा रहे हैं और सलीम-अनारकली की रूमानी चाहत पर्दे पर दिख रही है। जैसे मारवा का भाव जीवंत आँखों के सामने हो। बड़े गुलाम अली ख़ान ही पहले मुस्लिम गायकों में रहे जिन्होंने आकाशवाणी के लिए भजन रिकॉर्ड किया, 'हरि ओम् तत्सत्'!

बड़े गुलाम अली ख़ान और बिस्मिल्लाह ख़ान से एक शिकायत रही कि उन्होंने अपने बेटे या भाइयों को अलग से बढ़ने का ज़्यादा मौका नहीं दिया। वजह जो भी रही हो, पर बड़े गुलाम अली ख़ान के भाई बरकत अली ख़ान और बेटे मुनव्वर अली ख़ान उनके साथ ही गाते रह गए, और अलग से वह नाम नहीं कर पाए जो बड़े गुलाम अली ख़ान का था। ख़ास कर बरकत अली ख़ान की गायकी उम्दा थी, पर बड़े भाई से ऊपर उठने की हिम्मत नहीं हुई और आवाज़ में वो बुलंदी भी नहीं थी। वह आख़िर पाकिस्तान लौट गए, और वहीं उनकी मृत्यु हो गयी। उसी तरह, उस्ताद बिस्मिल्लाह ख़ान स्वयं अपने बड़े भाई से अधिक लोकप्रिय हुए, लेकिन अपने बेटों को कभी स्वतंत्र ख्याति नहीं पाने दी। उनके भी बेटे ज़मीन हुसैन ख़ान लगभग गुमनामी में ही चल बसे।

आज एक मशहूर नाम है जो पटियाला और बड़े गुलाम अली ख़ान से जुड़ा है—बेगम परवीन सुल्ताना!

वंशावली

1. कालू खान
2. अली बख़्श (पुत्र), फ़तेह अली ख़ान (भांजे)
3. अख़्तर हुसैन ख़ान (अली बख़्श के पुत्र), आशिक अली ख़ान (फ़तेह अली ख़ान के पुत्र), अली बख़्श 'कसूर वाले' और मीरां बख़्श 'काले ख़ान' (फ़तेह अली के शिष्य)
4. अमानत अली, फ़तेह अली, हामिद अली (अख़्तर हुसैन के पुत्र), बड़े गुलाम अली ख़ान, बरकत अली ख़ान और मुबारक अली ख़ान (अली बख़्श कसूर वाले के बेटे)
5. मुनव्वर अली ख़ान (बड़े गुलाम अली ख़ान के बेटे), असद अमानत अली, अमजद अमानत अली और शफ़कत अमानत अली (अमानत अली के बेटे)
6. रज़ा अली ख़ान (मुनव्वर अली ख़ान के बेटे)

मेवात घराना
मेरो अल्लाह मेहरबान

आलिया-फत्तू जब एक रियासत से दूसरी रियासत अपनी जीत दर्ज करते जा रहे थे, तो वह मेवात भी आए। यहाँ उन दिनों नज़ीर ख़ान[1] गायक और उनके बड़े भाई वाहिद ख़ान बीनकार थे। जिस दिन आलिया-फत्तू आए, नज़ीर ख़ान को तेज़ बुखार था।

अली बख़्श (आलिया-फत्तू) ने दरबार में तलब की, ''रियासत के उस्ताद कहाँ हैं? वह आएँ, तो हमें भी गाने का मज़ा आए।''

''उस्ताद! उन्हें बहुत तेज़ बुखार है। इसलिए तशरीफ़ नहीं ला पाए।''

आलिया-फत्तू ने टॉन्ट किया, ''हमारे बारे में सुनकर तो बड़े-बड़े उस्तादों को बुखार आ जाए। ख़ैर, हम गाते हैं।''

यह बात महाराज को चुभ गयी। उन्होंने नज़ीर ख़ान को संदेशा भिजवाया। आख़िर इज़्ज़त का सवाल था।

नज़ीर ख़ान दरबार में पहुँचे, आलिया-फत्तू के सामने बैठ गए और कहा, ''मुझे बुखार है। आप तार सप्तक में गाइए और मैं खरज के साथ मंद्र सप्तक में गाऊँगा।''

मंद्र-सप्तक से तार-सप्तक को टक्कर देना तो कठिन है ही, गाना भी कठिन है। लेकिन जब उन्होंने इस बुखार में भी खरज के साथ लाजवाब गायकी की, तो आलिया-फत्तू ने कहा, ''उस्ताद! हमसे ग़लती हुई कि आपकी मौसिक़ी पर उँगली उठाई। आप नज़ीर ख़ान नहीं, घघ्घे नज़ीर ख़ान हैं!''

---

1. बड़े मुहम्मद ख़ान (ग्वालियर) के बेटे वारिस अली ख़ान के शिष्य।

तो जैसा मैंने पहले लिखा है कि संगीत के दो बड़े घराने घघ्घे ने दिए। घघ्घे ख़ुदा बख़्श ने आगरा और घघ्घे नज़ीर ने मेवाती। गले की खराश इनकी गायकी में रुकावट नहीं बनी।

जैसे ग्वालियर को हिन्दू मराठी पंडितों ने आगे संभाला, वैसे ही मेवात को भी पंडितों ने ही आगे बढ़ाया। घघ्घे नज़ीर ख़ान का ख़ानदान आगे न बढ़ सका, हालाँकि उनके भाई उस्ताद वाहिद ख़ान के परिवार में आगे जाकर मशहूर सितारवादक रईस ख़ान साहब हुए। वह उस्ताद विलायत ख़ान के सगे भांजे थे, लेकिन एक बाई के फेर में मामा-भांजे की ऐसी ठनी कि जीवनभर कसैलापन रह गया। ख़ैर, मेवात के उस पंडित की बात की जाए, जो आधुनिक भारत में गायकी के शिखर पर रहे। भला पं. जसराज को कौन नहीं जानता?

आज भी हैदराबाद में एक पं. मोतीराम-मणिराम संगीत सम्मेलन होता है। पं. मोतीराम पिता, और पं. मणिराम भाई, पं. जसराज के गुरु थे। मोतीराम जी जब हैदराबाद में थे, तो वहाँ के निज़ाम ने महफ़िल जमायी। निज़ाम का शौक था कि बैठक सिनेमा-हॉल में जमायी जाए। अब नीचे मंच पर मोतीराम जी को बिठा दिया, और निज़ाम सीढ़ियों से चढ़ कर सिनेमाहॉल की बाल्कनी में बैठ गए।

मोतीराम जी ने कहा, ''यह कैसा अजीब मंच है? भला संगीतकार नीचे, और श्रोता कहीं दूर ऊपर? मंच कुछ उठाया जाए हजूर!''

''मंच उठाना तो मुश्किल है। और अगर उठ भी जाए तो निज़ाम से नीचे ही रहेगा,'' एक अधिकारी ने कहा।

मोतीराम जी ने कहा, ''ठीक है। फिर मैं ऐसा गाऊँगा कि निज़ाम खुद नीचे आ जाएँगे।''

वह गाते गए और निज़ाम भाव-विभोर होते गए। कुछ देर में निज़ाम खुद ही सीढ़ियों से नीचे उतर कर पास बैठ गए और 'वाह-वाह' करने लगे। इस घटना का ज़िक्र सुनीता बुद्धिराजा जी ने पं. जसराज की जीवनी में किया है।

पंडित जसराज के बड़े भाई मणिराम जी भी चोटी के गायक थे, और उस्ताद फ़ैयाज़ ख़ान की टक्कर के कहे जाते हैं। लेकिन उससे भी बड़ी बात कि उन्होंने एक भाई को बचपन से सँवारा और अपने बराबर बिठाया। उनके भाई प्रताप नारायण जी[2] तबला बजाते थे, और बाद में जसराज भी साथ बजाने लगे। बल्कि युवावस्था

---

2. संगीतकार जतिन-ललित और अदाकारा सुलक्षणा, विजयेता पंडित के पिता।

तक जसराज तबला ही बजाते रहे। मणिराम जी के साथ ही नहीं, पं. जसराज ने शुरुआती दिनों में पं. रविशंकर के साथ भी तबला ही बजाया। यह तो लाहौर में कुछ ऐसा हुआ कि उनका जीवन बदल गया।

पं. जसराज उस दिन लाहौर में कुमार गंधर्व के लिए राग भीमपलासी पर तबला बजा रहे थे। वहाँ पं. अमरनाथ[3] ने कुछ कुमार गंधर्व की आलोचना की तो पं. जसराज ने कुमार गंधर्व का पक्ष लिया। इस पर अमरनाथ जी भड़क गए और कहा, ''जसराज! तुम मरा हुआ चमड़ा पीटते हो। तुमको राग के बारे में क्या मालूम?''

यहाँ तक तो फिर भी ठीक था। अगले मंच पर उनको तबला लेकर नीचे बिठा दिया और गायकों को ऊपर। उन्होंने पूछा कि तबलावादक तो गायक के साथ ही बैठते हैं। उन्हें कहा गया, ''ओए तबले वाले दी मजाल है कि गाने वाले के साथ बैठे।''

बस उसी दिन उन्होंने यह प्रण लिया कि जब तक गायन सीख नहीं लेते, बाल नहीं कटवाएँगे। छह साल तक अपने बड़े भाई के साथ कठिन तपस्या के बाद आख़िर उन्होंने अपने बाल काटे।

हालाँकि शुरुआत में जब तबलावादक गायक बन जाता है तो मुश्किलें भी आती हैं। यह ऊँच-नीच की बात न जाने क्यों है? पं. जसराज की गायकी की आलोचना खूब हुई। एक बार तो कलकत्ता में पं. जसराज का स्वरमंडल ही छीन कर रख लिया गया और गाने न दिया गया। मोहन नाडकर्णी जैसे आलोचक से लेकर हिन्दुस्तानी संगीत ब्लॉगिंग के प्रणेता राजन परिकर तक पंडित जी की कमियाँ निकालते रहे हैं। ख़ास कर पंडित भीमसेन जोशी जी से तुलना ख़्वाह-म-ख़्वाह हुई। शुरुआत में तो पं. भीमसेन जोशी के जीवन में भी संघर्ष था और स्वयं को गायक स्थापित करने में उन्हें भी वक़्त लगा। पं. जसराज के उच्चारण, चाहे वह संस्कृत के श्लोक हों या सूरदास के पद, बिलकुल स्पष्ट रहे। उन्होंने जब भी तान ली या गमक गाए, स्वरमंडल हाथ में लिए हाथों की हरकत ज़रूर की, लेकिन चेहरे में विकृति कम नज़र आती। पं. जसराज एक सहज गायक हैं।

सुनीता जी एक वाकया लिखती हैं कि एक बार पंडित जी अमेरिका गए तो पं. रविशंकर ने पूछा, ''आजकल तुम राजस्थानी गीत गाने लगे हो?''

पं. जसराज ने एक विलुप्त 'हवेली संगीत' को जीवित किया। मुग़लों के काल में कृष्ण की मूर्तियों को मन्दिरों से हटा कर हवेली में रखते कि कोई आकर

---

3.   उस्ताद अमीर ख़ान (इंदौर घराना) के शिष्य।

तोड़ न दे। हवेलियों में अष्टछाप कवियों (सूरदास आदि) के पद गाए जाते। पं. जसराज ने ऐसे कई पद गाए। हालाँकि इसकी शुरुआत अलादिया ख़ान (जयपुर अतरौली घराना) ने की थी और उनकी तो कई बंदिशें अष्टछाप कवियों की थीं।

पंडित जी के तो शिष्य भी एक से एक हैं। चाहे वह पं. संजीव अभ्यंकर हों, या वायलिन में विदुषी कला रामनाथ। इसमें भी पंडित जी की ख़ास बात थी कि वह शिष्यों को खुद से बाँध कर नहीं रखते, उनको मुक्त मंच देने का प्रयास करते। एक बार संजीव अभ्यंकर गा रहे थे, तो जब गाना खत्म हुआ, पंडित जसराज ने मंच के पीछे जाकर प्रशंसा की। उन्होंने पूछा, ''गुरु जी! आप कब आए?'' पंडित जी ने कहा कि मैं झाड़ियों के पीछे से देख रहा था, सामने होता तो तुम घबरा जाते![4]

वंशावली

शाखा 1

1. घग्घे नज़ीर ख़ान (गायकी)
2. नत्थूलाल और चिमनलाल (शिष्य)
3. मोतीराम और ज्योतिराम (नत्थूलाल के भतीजे और शिष्य), गुलाम कादिर ख़ान (वाहिद ख़ान के बेटे)
4. मणिराम और प्रताप नारायण (मोतीराम के बेटे और शिष्य)
5. पं. जसराज (मणिराम के सबसे छोटे भाई)

शाखा 2

1. उस्ताद वहीद ख़ान (बीनकार) – घग्घे नज़ीर ख़ान के अग्रज
2. माजिद ख़ान, लतीफ़ ख़ान, सद्गन ख़ान, हामिद ख़ान (बेटे और शिष्य)
3. मुहम्मद ख़ान और मुहम्मद शफ़ी
4. रईस ख़ान (मुहम्मद ख़ान के बेटे)[5]
5. फ़रहान ख़ान

---

4. सुनीता बुद्धिराजा की पुस्तक *रसराज : पं. जसराज* में यह संदर्भ है।
5. विलायत ख़ान (इटावा) के भांजे

रामपुर सहसवान घराना
घरानों में घराना

एक फ़िल्मी गीत है—'आओगे जब तुम ओ साजना'। यह गीत राशिद ख़ान साहब ने गाया है। और उनकी जड़ें उत्तर प्रदेश के रामपुर-सहसवान घराने में ही हैं। मेरी नज़र में आज के समय के सबसे 'परफ़ेक्शनिस्ट' गायकों में एक हैं राशिद ख़ान। और इसलिए भी रामपुर को समझना ज़रूरी है। आख़िर इसने अपनी शैली कैसे बचाकर रखी?

रामपुर घराने की शुरुआत तो रामपुर के नवाबों के दरबार में ही हुई। अब यहाँ के खानदानी गायक और बीनकार सहसवान गाँव से आए थे, तो घराने का नाम पड़ गया—रामपुर सहसवान घराना। इसको एक घराने की तरह मानना या यूँ कहिए नाम देकर रामपुर-सहसवान कहना मुश्ताक हुसैन और इनायत हुसैन ख़ान के समय से शुरू हुआ।

उस्ताद इनायत हुसैन ख़ान के पिता महबूब ख़ान साहब ख़याल गायक भी थे और बीनकार (वीणावादक) भी। उनकी शैली ग्वालियर सरीखी ही थी। इनायत साहब के भाई मुहम्मद हुसैन और अली हुसैन पहले से रामपुर में वीणा बजाते थे। जब इनायत साहब रामपुर पहुँचे, तो उनके उस्ताद बने बहादुर हुसैन ख़ान। वह उनसे पहले तो वर्षों तक बस राग भैरव और राग गौर सारंग का 'पल्टा' गवाते रहे। 'पल्टा' यानी आरोह-अवरोह के स्वरों को अलट-पलट कर 'पम्र्यूटेशन-कॉम्बिनेशन' में गाना। लोग पूछते कि क्या चल रहा है? तो कहते कि अभी बच्चे की आवाज़ की तैयारी चल रही है। लोग धैर्य खोने लगे। आख़िर जब ज़िद पर इनायत हुसैन ख़ान को गाने के लिए कहा गया, तो उस्ताद ने राग यमन में प्रस्तुति दी और सब हैरान रह गए। यह अद्भुत था।

उस्ताद राशिद ख़ान जो मारू बिहाग में 'तरपत रैन बिना' गाते हैं, वह इनायत ख़ान साहब का बुना ख़याल ही है। वह तो ख़ैर उसी घराने से हैं, पर पटियाला

घराने से जुड़े अजॉय चक्रबर्ती भी यह बंदिश खूब गाते हैं। इनायत ख़ान ने बंदिशों की रचना इनायत पिया के नाम से की। छायानट की बंदिश—'झनन झनन बिछुआ बाजे!' न जाने कितने लोगों ने गाया बाद में।[1] बल्कि यह कहा जाता है कि छायानट की शुरुआत रामपुर-सहसवान से ही हुई। वही राग छायानट जो ओंकारनाथ ठाकुर ने मुसोलिनी को गाकर सुनाया था।

आपको हद्दू ख़ान-हस्सू ख़ान याद होंगे ग्वालियर के उस्ताद। अब देखिए ज़िन्दगी क्या मोड़ लेती है और रिश्तों से कैसे संगीत की दशा-दिशा बदलती है। इनायत ख़ान साहब ग्वालियर में एक बार गाने पहुँचे। वहाँ हद्दू ख़ान साहब के बेटे रहमत ख़ान और छोटे मुहम्मद ख़ान ने जब देखा कि यह हट्टा-कट्टा गायक गज़ब की रेंज़ में गाता है, तो अपनी बहन के निकाह की बात मन में आ गई। रहमत ख़ान की ज़िद थी कि बहन की शादी उस गायक से ही करेंगे जो उनसे भी अच्छा गाता हो। और उन्हें वह इनायत ख़ान के रूप में मिल गए। वे उनको अपने पिता हद्दू ख़ान के पास ले आए। अब इनायत ख़ान की कहाँ हिम्मत कि हद्दू ख़ान जैसे उस्ताद के समक्ष गाएँ? पर ज़ोर देने पर गा उठे। वहाँ जब उनकी तानकारी हद्दू ख़ान साहब ने सुनी, बस बेटी का हाथ उन्हें दे दिया। यहाँ से ही ससुर रूप में उन्हें एक और गुरु मिल गए। बल्कि दहेज़ में उन्हें बंदिशें ही दी गयीं। उस समय बंदिश की ऐसी कीमत होती थी कि दहेज़ में बंदिश भी दी जाती। और इनायत ख़ान की गायकी में ग्वालियर की शैली और पक्की हो गयी। इनायत हुसैन ख़ान साहब ने एक राग महकनी भी ईजाद किया। उसकी एक बंदिश 'हमसे तुमसे बैरी बात' मैंने दूरदर्शन की एक बैठक में उनके घराने के लोगों से सुनी पर यह राग अब लुप्त हो गया।

कुमार प्रसाद मुखर्जी एक वाकये का ज़िक्र करते हैं कि कलकत्ता के सीनेट हॉल में इनायत हुसैन ख़ान साहब गा रहे थे, तो रवींद्रनाथ टैगोर भी बैठे हुए थे। इनायत साहब के गायन के बाद छात्र 'रोबिबाबू रोबिबाबू!' हल्ला करने लगे। रवींद्रनाथ टैगोर ने सबको डाँटा और इनायत साहब की ओर मुखातिब होकर कहा, ''आप क्या गज़ब का गा रहे हैं! मैं अवाक् होकर सुन रहा था।''[2]

मुश्ताक हुसैन ख़ान जैसे आला संगीतकार भी इनायत साहब के बारे में कहते, ''वह तो ख़ानदान के शेर थे। हम कुत्ते हैं, कुत्ते।'' शायद उनका इशारा इस बात से हो कि नवाबों ने उनकी शैली को बाँध दिया, और इनायत साहब ने खुद को बँधने न दिया।

---

1. यह बंदिश राग मियाँ मल्हार के लिए भी गायी जाती है।

2. ''तुमि केमोन कोरे गान हे गुणी! आमि अबाक होय शूनी।''

इस घराने की साख में बेटियों का बड़ा महत्त्व है। तभी मैं कभी-कभी इसे 'दामादों का घराना' कहता हूँ। हद्दू ख़ान के दामाद इनायत ख़ान। इनायत ख़ान के दामाद मुश्ताक हुसैन ख़ान। और उन्हीं बेटियों की पैदाइश आज के राशिद ख़ान। राशिद ख़ान के गुरु रहे उसी घराने के उस्ताद निसार हुसैन ख़ान। निसार हुसैन ख़ान के दामाद हफ़ीज अहमद ख़ान की गायकी भी अव्वल थी।

रामपुर-सहसवान की एक ख़ासियत रही है कि वे आलाप की शुरुआत बंदिश से करते हैं। यानी एक ख़ास कम्पोज़िशन गाकर। हालाँकि आप उस्ताद राशिद ख़ान को सुनेंगे तो आलाप में स्वर ही सुनेंगे, बंदिश देर से आएगी। पर रामपुर की बैठकी में जो लोग गाते हैं, वहाँ बंदिश पर ज़ोर मिलेगा। यह तकनीक सीधे इनके संगीत को लोकप्रिय बना देती है। बंदिश लोगों को अधिक समझ आती है। दूसरी चीज़ जो इन्होंने की, वह थी तराना और द्रुत का बेहतर उपयोग। फ़ास्ट-पेस में 'ता ना दे रे ना' गाना। उस्ताद निसार हुसैन ख़ान के द्रुत और तराने सुन लें, तो मन मोह लेंगे। हालाँकि मैं इसे पॉपुलिस्ट ट्रेंड कहूँगा, जो अब संगीत के हर घराने में मौजूद है। पर रामपुर में यह बहुत पहले आ गया, और बड़ी नफ़ासत से आया।

रामपुर का दरबार मेरे विचार से संगीत प्रश्रय में दरभंगा के तुल्य या बेहतर ही कहा जाएगा। लखनऊ से भी आगे। रामपुर के नवाबों ने एक ऐसा माहौल दिया कि सेनिया (तानसेन वंशज) घराने के रबाबी और बीनकर से लेकर सहसवान (बदायूँ) से आए गायक तक जम गए। नवाब रज़ा अली ख़ान तो अख़्तरी बाई फ़ैज़ाबादी पर फ़िदा थे और उनको गहनों से लाद कर लगभग नज़रबंद कर रखा था। जब वह उस चंगुल से निकलने में कामयाब हुई तो आख़िर बेग़म अख़्तर बन कर ही लौटी। न जाने रामपुर ने जाने-अनजाने कितने नज़ीर दिए। जब भी रामपुर के उन महलों का सोचता हूँ, लगता है कि ये महल संगीत के लिए ही बने हैं।

रामपुर की एक और ख़ासियत रही है, वहाँ की आध्यात्मिकता। इसमें ख़ास कर मुहर्रम का ज़िक्र ज़रूरी है। मुहर्रम के समय सुन्नी मुसलमानों में गीत-संगीत की मनाही है। यह शोक का समय है तो लगभग दो हफ़्ते गाना-बजाना न होता। पर संगीतकार तो एक दिन बिना रियाज़ के नहीं रह सकते। ऐसे में कुछ-न-कुछ 'लूपहोल' निकालना तो आवश्यक है। उत्तर प्रदेश और बिहार में मर्सिया पद्य या फकड़े पढ़े जाते हैं। इनका उल्लेख यतींद्र मिश्र जी ने फ़ैज़ाबाद पर अपनी किताब *शहरनामा फ़ैज़ाबाद* में भी किया है। राही मासूम रज़ा भी *आधा गाँव* में कर चुके हैं। मिथिला के मर्सिया मैंने भी सुने हैं। लेकिन मर्सिया से अलग एक 'सोज़' भी गाया जाता है। यह 'सोज़' की शायरी या पद्य को रामपुर घराने के लोग शास्त्रीय

रंग देकर राग रूप में गाते हैं। इस तरह मुहर्रम में भी गायन और रियाज़ नहीं रुकता। यह एक ऐसा उदाहरण है जहाँ धर्म और मौसिक़ी में एक खूबसूरत तालमेल बैठा है।

एक आख़िरी सवाल जो अक्सर संगीत के अध्येता पूछते रहे हैं, मैं भी रख देता हूँ। रामपुर सहसवान को एक घराना माना भी जाए या नहीं ? यहाँ हर गायक एक-दूसरे से अलग है। मुश्ताक हुसैन ख़ान की गायकी में ग्वालियर नज़र आता है, तो निसार हुसैन ख़ान में आगरा, और आज के राशिद ख़ान में किराना। यह घराना कई घरानों का घाल-मेल है। इसकी वजह यह भी है कि रामपुर के नवाबों के पास कई घरानों का संगम होता। सबकी महफ़िलें जमतीं, लोग बाहर से चीज़ सीख कर आते। और सबसे बड़ी बात कि हर गायक अपनी शैली भी तैयार करता। तो यह सबसे वैज्ञानिक खानदानों में एक कहा जा सकता है, जो किसी एक शैली या एक घराने से बँध कर नहीं रहा।

वंशावली

1. करीम बख़्श और रहीम बख़्श[3]
2. अली बख़्श और महबूब बख़्श (रहीम बख़्श के बेटे)
3. हैदर ख़ान (अली बख़्श के बेटे), मुहम्मद हुसैन, अली हुसैन और इनायत हुसैन ख़ान (महबूब बख़्श के बेटे)
4. निसार हुसैन ख़ान (हैदर ख़ान के पोते और इनायत हुसैन ख़ान के छोटे दामाद), मुश्ताक हुसैन ख़ान (हैदर ख़ान और इनायत हुसैन ख़ान के दामाद[4])
5. हफ़ीज अहमद ख़ान (निसार हुसैन के दामाद)
6. ग़ुलाम मुस्तफ़ा ख़ान (मुश्ताक हुसैन ख़ान के नाती)
7. राशिद ख़ान (मुश्ताक हुसैन ख़ान की नातिन शोख़री बेग़म के बेटे)

---

3. ये संभवत: नाथन पीर बख़्श से जुड़े थे

4. एक पत्नी हैदर ख़ान की बेटी, और एक इनायत हुसैन ख़ान की बेटी

किराना घराना
सुर लग गया

"ताल गया तो बाल गया, सुर गया तो सर गया"
—किराना घराना की लोकप्रिय कहावत

किराना कहिए या 'कैराना'। उत्तर प्रदेश के कैराना से ही इस घराने का नाम पड़ा, और इसका गढ़ बना धाड़वाड़ और पुणे। पंडित भीमसेन जोशी, सवाई गंधर्व, गंगूबाई हंगल सभी इसी घराने से हैं।

यह घराना इस मामले में भी विचित्र था कि बाकी घराने तानपुरा को 'पंचम' से ट्यून करते थे जो स्टैंडर्ड (मानक) तरीका है। पर किराना वाले 'निषाद' (नि) से। अब इतने ऊँचे स्वर को जब बेसलाइन बनाएँगे, तो आवाज़ में अलग टंकार आनी ही है।

बड़ोदा के गायकवाड़ महाराज एक दफ़ा राजा विक्रमादित्य की तरह भेष बदलकर नगर में फेरी ले रहे थे, तो अब्दुल करीम ख़ान को गाते सुना। उस वक़्त वह कैराना में अपनी शादी से भाग कर जूनागढ़ के रास्ते बड़ौदा आए थे। महाराज इस गायन से इतने मंत्रमुग्ध हुए कि उनको अपने दरबार ले आए।

बड़ौदा के दरबार में उन दिनों पटियाला से आलिया बख़्श और फ़तेह अली (आलिया-फत्तू) की अजेय जोड़ी आई। जब वे गाते तो किसी और की गाने की हिम्मत ही न होती। उनको संगीत में पराजित करना लगभग असंभव था। और यहीं से किराना की फ़िल्मी कहानी शुरू होती है।

आलिया-फत्तू ने राग बसंत में 'तोरी गली गली ऐन्दी' गाया तो दरबार सन्न रह गया। गायकवाड़ महाराज ने अपने दरबारी गायकों को गाने को कहा, तो सबने मना कर दिया। महाराज भड़क उठे और फिर युवा अब्दुल करीम ख़ान से पूछा। अब्दुल करीम ख़ान ने तानपुरा हाथ में लिया और राग बसंत में वही बंदिश गाना

शुरू किया। यह एक बड़े गायक की बेइज्ज़ती थी कि उसी की बंदिश से करारा जवाब दिया जाए।[1]

उस गायन से जैसे हिन्दुस्तान हिल गया। आलिया-फत्तू की जोड़ी आख़िर पराजित हुई, और उस लड़के ने अपना लोहा मनवा लिया। उसका गायन सुन राज परिवार की बेटी राजकुमारी ताराबाई उस युवक के साथ भाग गयी[2]। ऐसा क्या गायन होगा कि सुन कर ही कोई पीछे भाग पड़े।[3]

कुमार प्रसाद मुखर्जी एक अद्भुत किस्सा कहते हैं कि एक बार अब्दुल करीम ख़ान गा रहे थे, तो अचानक मुँह खुला रह गया। तानपुरा बज रहा है, तबला बज रहा है, लेकिन उनकी आवाज़ ही चली गयी। बाद में पता लगा कि यह एक भ्रम था। दरअसल उस्ताद बसंत गा रहे थे, और उनका षडज (सा) तानपुरा के साथ इस तरह मिल गया था कि यह कहना कठिन था कि आवाज़ तानपुरे से आ रही है, या मुख से! यह स्वर पकड़ने की परिणति है, जब ऐसा भ्रम संभव है। तो ऐसे थे अब्दुल करीम ख़ान। उनका तो पालतू कुत्ता भी राग में ही भूँकता था जिसका ज़िक्र मैं आगे करूँगा।

पुणे की धरती पर उस वक़्त हिन्दू-मुस्लिम विवाद शुरू हो चुके थे। अब्दुल करीम ख़ान के लिए भी यह आसान न था। पर संगीत में धर्म की दीवारें नहीं होतीं। अब्दुल करीम ख़ान रोज़ गायत्री मंत्र का जाप करते थे, और उनके अधिकतर शिष्य हिन्दू थे। इनमें ख़ास कर रामभाऊ कुंडगोलकर उनके प्रिय थे, जो बाद में 'सवाई गंधर्व' नाम से मशहूर हुए। एक दफ़ा तो बाल गंगाधर तिलक के सामने अब्दुल करीम ख़ान साहब ने 'हरि ओम तत्सत्' भजन सुनाया और तिलक मंत्र-मुग्ध हो गए। बाद में वह भजन बड़े ग़ुलाम अली ख़ान ने भी गाया।

यह सब लिखते वक़्त एक प्रश्न ज़ेहन में आया कि हिन्दुस्तानी संगीत में महिलाओं को लाने का क्रेडिट किन्हें दिया जाए? महिलाओं को स्टेज पर शास्त्रीय गायन की छूट उस ज़माने में किस गुरु ने दी?

---

1. संभव है कि यह किराना की मशहूर बसंत की बंदिश 'गली गली ऐसी तोरी' हो। लेकिन कुमार प्रसाद मुखर्जी की पुस्तक में यह 'तोरी गली गली ऐन्दी' वर्णित है।

2. ताराबाई अपने पिता मारुतिराव माने की शराब और मारपीट से परेशान थी। उस वक़्त वह अब्दुल करीम ख़ान के साथ एक संगीत की किताब तैयार करने में मदद कर रही थी और प्रेम हो गया। एक दिन वे मुंबई की ट्रेन पकड़ कर भाग गए। हालाँकि उन्होंने अपने बच्चों का हिन्दू नाम भी रखा और बरोदेकर (बड़ौदा से) या माने उपनाम ही रहा, ख़ास कर जब ताराबाई करीम ख़ान को त्याग कर मुंबई जा बसी।

3. हालाँकि इस वजह से उनकी पहली पत्नी ग़फ़ूरन बाई के भाई और मशहूर गायक अब्दुल वाहिद ख़ान नाराज़ हो गए। कभी इन दोनों ने ही मिलकर किराना घराना की नींव रखी थी, लेकिन ताराबाई के कारण इनके रास्ते अलग हो गए।

यह प्रश्न एक गुणी मित्र से पूछा, तो उन्होंने कहा कि अलादिया ख़ान (जयपुर) ने यह परंपरा शुरू की होगी। केसरबाई केरकर, मोगूबाई कुर्दीकर और ढोंढूताई कुलकर्णी की चर्चा की। मुझे लगता है यह बात ठीक है, पर यह शुरुआत अब्दुल करीम ख़ान साहब ने की होगी। एक तो ख़ान साहब की पत्नी ताराबाई माने जी, उनकी बेटियाँ हीराबाई (बरोदेकर) और सरस्वती जी। रोशन आरा बेग़म, गंगूबाई हंगल। कितने नाम हैं, जो उस वक़्त की स्टेज गायिका थीं। और वे तवायफ़ परंपराओं से अलग स्थापित हुईं, एक शास्त्रीय गायक के रूप में। तो अब्दुल करीम ख़ान को मेरे ख़याल से हिन्दुस्तानी शास्त्रीय संगीत में महिलाओं के प्रवेश का क्रेडिट देना चाहिए। घरों में शिक्षा दी जाती रही होगी, लेकिन स्टेज पर तो वही लाए।

नवाबों को जब नींद नहीं आती तो किसी गवैये से कहते कि गाओ! और फिर वह गाते रहते तो धीरे-धीरे नींद आ जाती। कई अफ़ीम खाकर भी लेटते थे। जूनागढ़ के नवाब को ख़ास कर नींद न आने की बीमारी थी। उस वक़्त कैराना से अपनी ही शादी से भाग कर अब्दुल करीम ख़ान इधर-उधर भटक रहे थे। वह जब जूनागढ़ पहुँचे तो नवाब को सुलाने की बारी उनकी भी आयी। अब्दुल करीम ख़ान रोज़ राग दरबारी कन्हड़ा गाते, नवाब सो जाते।

अपने जीवन के आख़िरी वक़्त में अब्दुल करीम ख़ान ट्रेन से पांडीचेरी (अब पुडुचेरी) जा रहे थे कि ऑरबिन्दो घोष को मिलेंगे। अचानक पेट में दर्द उठा। यह कोई वीराने जंगल में हॉल्ट था, तो सबने कहा कि कोई बड़ा स्टेशन आएगा तो उतर कर किसी अस्पताल जाएँगे। अब्दुल करीम ख़ान अपना तानपुरा लेकर उसी जंगल में उतर गए और मक्का की तरफ़ मुँह कर राग दरबारी कन्हड़ा गाने लगे। सबने कहा कि हज़ूर चलिए! ट्रेन छूट जाएगी। उन्होंने कहा, ''अब मेरे सोने का वक़्त आ गया है। मरूँ तो सुर के साथ ही मरूँ।''

यूँ तो अब्दुल करीम ख़ान ने अपने घराने का ख़लीफ़ा बालकृष्णबुवा कपिलेश्वरी को चुना था, लेकिन उनके घराने को आगे बढ़ाया रामभाऊ कुंडगोलकर (सवाई गंधर्व) ने। पं. भीमसेन जोशी के गुरु।

सवाई गंधर्व के विषय में कुमार प्रसाद मुखर्जी लिखते हैं कि वह किसी भी गायन प्रोग्राम के पहले घंटों रियाज़ करते। आयोजक चिंतित हो जाते कि कहाँ हैं? अब तक आए क्यों नहीं? मोबाइल वगैरा का समय तो वह था नहीं। प्रोग्राम से ठीक पहले सवाई गंधर्व साइकिल पर घंटी बजाते ख़ुशी से चिल्लाते आते, ''लग गया! सुर लग गया।'' और वाकई उसके बाद जो गायकी होती, वह कमाल की होती।

एक महान् संगीतकार सुर पर फ़तह पाकर ही आख़िर गाता है। और इन्हीं के शिष्य बने भीमसेन जोशी जी।

भीमसेन जोशी जी पर भी कई किंवदंतियाँ हैं। लोग कहते हैं कि वह एक चम्मच घी पर झगड़े के बहाने घर छोड़ कर निकल पड़े। सब मोह त्याग कर प्रबोधन के लिए, ज्ञान के लिए। कभी ट्रेन से बेटिकट ग्वालियर हाफ़िज अली खान साहब के पास। फिर कभी कलकत्ता में फ़िल्मी ऐक्टर पहाड़ी सान्याल के नौकर बन जाते हैं। कभी इलाहाबाद से कुछ चीज़ सीख आते हैं। कभी जयपुर में। कभी दिल्ली में। कभी जलंधर में। जहाँ जो ज्ञान मिल जाए।

भीमसेन जोशी और पहाड़ी सान्याल का एक वाकया मशहूर है। भीमसेन जोशी गा रहे थे और दर्शक दीर्घा में बैठे पहाड़ी सान्याल झूम रहे थे। आख़िर उन्होंने साथ बैठे मुखर्जी बाबू से पूछा, ''यह कौन-सा राग गाया?''

भीमसेन जोशी मंच से नीचे उतर कर उनके पैर छूते हैं, और राग बताते हैं। फिर वह कहते हैं, ''आप शायद भूल गए। मैं आपके पास काम करता था।''

पहाड़ी सान्याल भौंचक्के रह जाते हैं कि जिस लड़के को बेसुरा कहकर कभी खारिज कर दिया था, आज सुर का सम्राट बन चुका है और पहचान में नहीं आ रहा!

कहने के लिए तो जोशी जी कैराना (किराना) घराना के थे, पर उनका रेंज शायद उस घराने में न मिले। मिलेगा कैसे? इतनी घुमक्कड़ी किसी ने की ही नहीं। केसरबाई केरकर एक बार उन्हें सुनने आईं तो मज़ाक में कहा, ''देखने आई हूँ कि मेरा क्या चुराया है तुमने?''

भीमसेन जी को सुनकर आप एक आवाज़ नहीं सुन रहे, पूरे हिन्दुस्तान का संगीत एक ही गले से सुन रहे हैं। किराना भी, ग्वालियर भी, जयपुर भी। और वह भी सशक्त स्वर में, पूरे न्याय के साथ। पंडित जी पर लिखने के लिए यह किताब कम है। जब-जब धारवाड़ की बात इस किताब में होगी, पंडित जी आएँगे ही।

धारवाड़ को दक्खिन का काशी कहना अतिशयोक्ति नहीं। मात्र संगीत ही लें तो मल्लिकार्जुन मंसूर, सवाई गंधर्व, भीमसेन जोशी और गंगूबाई हंगल सरीखे नाम सामने आते हैं। उसमें भी ख़ास है कि यह वह जगह है जहाँ कर्नाटक संगीत और हिन्दुस्तानी संगीत का संगम होता है। गंगूबाई हंगल की माँ कर्नाटक संगीत की गायिका थीं और गंगूबाई जी ने हिन्दुस्तानी संगीत सीखा। संगम तो एक ही घर में मौजूद था।

अब्दुल करीम ख़ान साहब एक बार गंगूबाई हंगल की माँ को सुनने धारवाड़ आए। उस वक़्त गंगूबाई आठ ही वर्ष की थीं तो गा कर सुनाया, 'बिनती करत कृष्ण मुरारी'। अब्दुल करीम ख़ान साहब ने आशीर्वाद दिया, ''बेटी! खूब गाना और खूब खाना।''

जब सवाई गंधर्व हुबली के पास अपने गाँव कुंडगोल आकर रहने लगे, तो गंगूबाई रोज़ ट्रेन से जाकर उनसे दीक्षा लेती थीं। और वह जीवन भर गाती रहीं। इसमें डॉक्टरी वाली एक बात भी बता दूँ कि गंगूबाई हंगल की आवाज़ एक टॉन्सिल की थैरेपी के दौरान पूरी बदल गयी। उनकी आवाज़ में पुरुषों सरीखा भारीपन और खराश आ गयी। यह उनकी रिकॉर्डिंग में भी सुनकर स्पष्ट है। लेकिन इस कमज़ोरी को ही उन्होंने अपनी शक्ति बना लिया और बुलंद आवाज़ में गायन करती रहीं। इस पौरुष आवाज़ का साम्य केसरबाई केरकर से भी है, लेकिन गंगूबाई हंगल की शैली अपने आप में जुदा है।

किराना घराने का सफ़र लंबा ज़रूर रहा, पर इस घराने की शैली सबने अपनी-अपनी चुन ली। ख़ास कर सफ़ेद साड़ी में बड़ी बिंदी लगाए एक सुखद मुस्कान से गाती प्रभा अत्रे जी को सुनना एक अलग ही एहसास है। वह पारंपरिक गुरु-शिष्य गायकी से अलग अपनी विज्ञान और कानून की ग्रैजुएशन करते हुए ही गाती रहीं। जीवन भर अविवाहित रहीं ही, रेडियो स्टेशन के सहारे अपनी राह बनायी। कई किताबें लिखीं, और कई संगीत छात्रों को पढ़ाया। उन्होंने कई बार कहा है कि उनमें उस्ताद अमीर ख़ान और बड़े गुलाम अली ख़ान की छाप है। पर मुझ जैसे श्रोता के लिए यह छाप समझना कठिन है। प्रभा जी के गायन में सरगम पर बल है, यानी स्वरों को बोलकर गाने का। यह उन उस्तादों में कम नज़र आता है। यहाँ अगर छाप होगी तो अब्दुल करीम ख़ान की ही, जो प्रभा जी ने अपने गुरु सुरेश बाबू माने[4] से सीखी।

अब्दुल करीम ख़ान के एक ख़ास पशु शिष्य का ज़िक्र ज़रूरी है। कुत्तों के संगीत से संबंध के कई किस्से हैं। 'हिज़ मास्टर्स वॉयस' (HMV) के लोगो को ग़ौर से देखिए। ग्रामोफ़ोन बज रहा है, और एक कुत्ता सुन रहा है। यह कुत्ता 'निपर' है जिसके मालिक की मृत्यु हो गयी, लेकिन उसकी आवाज़ ग्रामोफ़ोन में रिकॉर्ड है। वह जब भी ग्रामोफ़ोन सुनता है, अपने 'मास्टर' (मालिक) को ढूँढता है। तो अब्दुल करीम ख़ान के प्रिय कुत्ते थे—टीपू मियाँ। वह एक अलौकिक कथा बनकर रह गए। अब्दुल करीम ख़ान ने टीपू मियाँ को जिप्सियों से खरीदा था। संभव है,

---

4. सुरेश बाबू माने, अब्दुल करीम ख़ान के बड़े बेटे थे।

संगीत से मोह जिप्सियों के रोमाँ संगीत सुन कर ही हो गया हो। और जब अब्दुल करीम ख़ान का साथ मिला, टीपू मियाँ गाने भी लगे। यह मज़ाक नहीं है। अब्दुल करीम ख़ान के साथ बाकायदा टीपू मियाँ ने अलग-अलग शहरों में सरगम गाए। जब पहली बार सतारा के राजदरबार में इस कुत्ते की आवाज़ और अब्दुल करीम ख़ान से जुगलबंदी लोगों ने सुनी, वे हैरान रह गए। बाद में सरोजिनी नायडू की उपस्थिति में एक कार्यक्रम में भी टीपू मियाँ ने उस्ताद के साथ जुगलबंदी की। संगीत से तो पशु भी आकर्षित हो जाते हैं, तो मनुष्य क्यों नहीं?

इस घराने की आख़िर में बात करता हूँ पाकिस्तान की एक गायिका की।

रोशनआरा बेग़म, चंदा बाई नामक कलकत्ता की एक तवायफ़[5] की बेटी तो थीं। उनके असल पिता (या चंदा बाई के गुरु) अब्दुल हक़ ख़ान, अब्दुल करीम ख़ान के भाई भी थे। वही उन्हें अब्दुल करीम ख़ान से सिखाने मुंबई ले आए। उनकी किशोरावस्था में पहली महफ़िल कोल्हापुर में थी, जहाँ उन्होंने राग पुरिया में गाया, 'ऐ पिया गुणवंत, कल ना पड़े'। इसके बाद सब हल्ला करने लगे कि एक ठुमरी सुनेंगे। ठुमरी तो उन्होंने सीखी नहीं थी। अब्दुल करीम ख़ान उनको मंच के पीछे ले गए और जल्दी-जल्दी में सिखाया। कमाल की बात यह कि पहली बार सीख कर ही उन्होंने एक घंटे तक उस महफ़िल में ठुमरी गाई।

जब वह लाहौर के ऑल इंडिया रेडियो में गाने जातीं तो अनाउंस किया जाता—बॉम्बेवाली रोशनआरा बेग़म आई हैं। वह तो फ़िल्मों में भी गाती थीं। मुंबई में वह शान-ओ-शौकत से रहतीं और आलम यह था कि वह जब गातीं तो लोग रेडियो को फूलों की माला पहना देते। उनके घर के आस-पास का भाड़ा बढ़ गया था कि यहाँ रोशनआरा की आवाज़ बसती है। लेकिन विभाजन के बाद सब त्याग पाकिस्तान जाना पड़ा।

रोशनआरा बेग़म पाकिस्तान के एक छोटे कस्बे में बस गयीं, और हिन्दुस्तान को बहुत याद करतीं। पाकिस्तान में एक साक्षात्कार में उन्होंने कहा कि उनके जीवन की सबसे यादगार महफ़िल मद्रास की थी। वहाँ के श्रोतागण हिन्दी-उर्दू नहीं समझते, लेकिन संगीत पर गज़ब की पकड़ थी। जब रोशनआरा बेग़म ने गाना शुरू किया, सब शांत होकर सुनते रहे, और कुछ ही देर में सब कुर्सियों से उतर कर फ़र्श पर आ गए। ऐसी मदहोश महफ़िल न उन्होंने कलकत्ता में देखी, न मुंबई में, न लाहौर में। यहीं यह बात सिद्ध होती है कि संगीत की कोई ज़बान नहीं होती,

---

5. संभवतः तवायफ़ परिवार की। रोशनआरा बेगम ऐसा स्वयं ज़िक्र नहीं करतीं कि उनकी माँ तवायफ़ थीं।

और गर होती है तो बस सुर की ज़बान होती है।

आज के किराना घराना में मैं एक नाम पहले लूँगा, जिनको मैं नियमित सुनता हूँ और उनकी गायकी प्रभावी है। कैवल्य कुमार को मंच पर सुना जाना चाहिए। उनकी तान तो बेहतरीन है ही, माइक्रोफ़ोन के लिए उपयुक्त आवाज़ भी है। महिलाओं में पूरवी पारीख को मैंने सुना है, लेकिन फ़िलहाल बहुत अधिक इन लोगों को नहीं सुन पाया हूँ।

वंशावली

1. गोपाल नायक[6]

2. अजीम बख़्श, मौला बख़्श, अब्दुल गनी ख़ान (शाखा 1), बन्दे अली ख़ान, नन्हे ख़ान, अब्दुल करीम ख़ान (शाखा 2), गफ़ूर ख़ान, अब्दुल वाहिद ख़ान (शाखा 3), महबूब बख़्श, रहमान ख़ान (शाखा 4)

3. सवाई गंधर्व, रोशनआरा बेग़म, हीराबाई बरोदेकर, सुरेशबाऊ माने (अब्दुल करीम ख़ान के शिष्य)

4. भीमसेन जोशी, गंगूबाई हंगल, फ़िरोज़ दस्तूर, प्रभा अत्रे

5. माधवराव गुडी, अलका जोगलेकर, रामकृष्ण पटवर्द्धन इत्यादि

---

6. खुसरो को तराना की सीख देने वाले गोपाल नायक शायद इस्लाम क़बूल कर कैराना आ गए थे।

शाम चौरसिया घराना
जोड़ी कमाल की

1945 ई., दुर्गियाना मन्दिर, अमृतसर

हज़ारों लोग आज इस वार्षिकोत्सव में इकट्ठे हुए हैं। मन्दिर में तंबू गाड़े गए हैं और मंच सजा है। पहले दिन ग्वालियर के तीन महारथियों का आयोजन है। पं. ओंकारनाथ ठाकुर, कृष्णराव पंडित और उस्ताद भाई लाल अमृतसरी मंच पर एक-एक कर आ रहे हैं और दर्शकों में अलग ही उत्साह है। अगले दिन काली अचकन और सफ़ेद पाजामे में दो लड़के मंच पर आकर बैठते हैं। ताज्जुब की बात है कि उस्ताद भाई लाल अमृतसरी उनके लिए तानपुरा लेकर बैठे हैं। ज़ाहिर है ये लड़के भी किसी नामी घराने से ही होंगे। पर ये साँवले से दो लड़के हैं कौन?

उद्घोषक ने रहस्य पर से पर्दा हटाते हुए कहा, ''ये दोनों शाम चौरासी गाँव से आए युवक उस्ताद विलायत अली के बेटे हैं—सलामत और नज़ाकत अली ख़ान!''

यह सुनते ही तालियों की गड़गड़ाहट हुई कि पंजाब के दो शेर मंच पर आ गए। हालाँकि उन्हें यह शंका थी कि ये दोनों बारह-तेरह वर्ष के दिखने वाले बच्चे भला क्या गा पाएँगे?

अब उन दोनों ने मालकौंस में धुपदिया शैली में आलाप लेना शुरू किया। जैसे-जैसे वे द्रुत लय में पहुँचे और खूबसूरत साम्य बिठाकर लयकारी, तान और गमक लेने लगे; वहाँ बैठे श्रोताओं को लग गया कि आज तो कमाल हो रहा है। यह गायकी खत्म हुई और लोग क्रिकेट मैच की तरह दौड़ कर मंच पर गले लगने, शाबाशी देने लग गए। कोई फूल लेकर आ रहा है, कोई नज़राना लेकर।[1]

ये दोनों भाई पिछले दशहरे से चम्पानगर (बिहार) के श्यामानंद सिंह के दरबार

---

1. रेडियो पाकिस्तान के एम.ए. शेख़ के संस्मरण के आधार पर।

में रह रहे थे, और पंजाब लौट कर यह उनका पहला कार्यक्रम था। लेकिन उनकी किस्मत में शायद हिन्दुस्तान में रहना नहीं लिखा था। गायक तो गायक, पंजाब के पूरे घराने ही विभाजन के बाद पाकिस्तान चले गए। ध्रुपद का तलवंडी घराना हो, या ख़याल का शाम चौरसिया और पटियाला। सबको पाकिस्तान ही जाना पड़ा।

शाम चौरासी की कहानी एक सूफ़ी संत शामी साह[2] से शुरू होती है। उनको होशियारपुर (पंजाब) के चौरासी गाँव ईनाम मिले और तभी बना 'शाम चौरासी'। यह ईनाम किसने दिया, यह स्पष्ट नहीं है। अकबर के समय नायक सूरज-चाँद खाँ की जोड़ी थी और उन्हें तलवंडी गाँव ईनाम में मिला था, लेकिन कहीं-कहीं यह भी ज़िक्र है कि शाम चौरासी मिला था। कई संदर्भों को देखकर मेरा निष्कर्ष यही है कि ये गाँव बहुत बाद में मुहम्मद शाह रंगीला या रंजीत सिंह जी द्वारा इस घराने के लोगों को दिए गए। किंवदंती है कि बैजू बावरा इस गाँव में आए थे और इस घराने के लोगों ने उनसे सीखा। पड़ोस के बजवाड़ा गाँव को संगीत इतिहासकार बैजू बावरा से जोड़ते रहे हैं। उस समय ये ध्रुपद गाते थे। अब भी जो इनकी ख़याल गायकी है, उसमें ध्रुपद की छाप है। यह आगरा की गायकी से मिलता है, ख़ास कर भारी-भरकम गमक। ध्रुपद का तलवंडी घराना भी इनसे ही फूट कर अलग हुआ।

एक ख़ास बात शाम चौरसिया घराने की रही, जोड़ी (युगल) में गाने की। और यह शुरुआत अकबर के ज़माने के नायक चाँद ख़ान और सूरज ख़ान से ही हुई। पटियाला घराना की जड़ें भी शाम चौरसिया से ही हैं, और वहाँ भी लोग जोड़ियों में गाते रहे। मुझे यह भी लगता है कि पंजाब के गायक इतनी बुलंदी और दम-खम से गाते कि अकेले लंबा गाना कठिन था। या तो जोड़ी में गाओ, या छोटा गाओ। जैसे, बड़े गुलाम अली ख़ान अकेले ही गाते, तो अक्सर छोटा गाते।

सलामत अली ख़ान-नज़ाकत अली ख़ान की जोड़ी पाकिस्तानी शास्त्रीय गायकों में अद्वितीय है। सुनीता बुद्धिराजा जी की पुस्तक में पं. जसराज ने कहा है कि वे ऐसे गाते जैसे दो हॉकी खिलाड़ी एक-दूसरे को गेंद पास कर रहे हों। ऐसा संतुलन कि स्वर टूटने न पाए। लेकिन यह जोड़ी बाद में पारिवारिक कलहों से टूट गयी। नज़ाकत अली ख़ान (बड़े भाई) ने गाना ही छोड़ दिया और अलग गाकर सलामत अली की गायकी जैसे अपनी पहचान ही खो बैठी।

इस घराने का गाया पहाड़ी और मुल्तानी तो ख़ास है ही, विभाजन के बाद

इन्होंने ठुमरी और ग़ज़ल भी गाए। इसलिए यह घराना अब अपनी ध्रुपद ख्याति से काफ़ी दूर निकल चुका है और शायद ही कोई असल छाप बची होगी। इनका आलाप अब छोटा है, बंदिश में अच्छी तान छेड़ते हैं, और पंजाब की ट्रेडमार्क भारी गमक तो है ही। स्वरमंडल लिए सलामत अली को सहजता से तान लिए देखना चाहिए कि लगे संगीत कितना नाज़ुक होते हुए भी दमदार है।

वंशावली

1. सूरज ख़ान-चाँद ख़ान[3]
2. साईं करीम (गायक), बाबा इनायत ख़ान (बीनकार)
3. मीर बख़्श और खैरदीन, विलायत अली और हिदायत अली
4. सलामत अली-नज़ाकत अली (विलायत अली के बेटे), मास्टर रत्तन (शिष्य)
5. शराफ़त अली-शफ़ाकत अली (सलामत अली के बेटे); मोहम्मद अख़्तर ख़ान

---

3. सुधाकर-दिवाकर बाद में सूरज-चाँद ख़ान बने। तलवंडी वाले भी इनसे अपने घराने को जोड़ते हैं।

डागुर* घराना
ध्रुपद की बानी और घराने

''ज़ोर ज़ोर से खंडार गाए,
मधुर बोल से नौहर लेवे,
साँस बड़ी है गौहर की,
आलापचारी है डागुर की।''

ध्रुपद गायकी आयी तो ख़याल गायकी से पहले। लेकिन इसकी बात बाद में कर रहा हूँ, क्योंकि ख़याल के घराने अधिक हो गए। ध्रुपद के घट गए। गर यहाँ से शुरू करता, तो दुःख होता। इससे अंत करने पर खुशी हो रही है।

ध्रुपद गायकी की थीं चार बानी (घरानों से पहले थी बानी)—डागुर बानी, खंडार बानी, नौहार बानी और गोबरहार (गौहर) बानी। इसके बारे में प्रसिद्ध संगीत शोधी गजेंद्र नारायण सिंह का कहना है कि यह बानी लोक-संगीत से जन्मी। डांग क्षेत्र में जन्मा डागुर, नौहा क्षेत्र में नौहार, खंडार में खंडार, ब्रज में जन्मा गोबरहार। यह बात आम धारणाओं के विपरीत नज़र आती है कि लोकगीत शास्त्रीय संगीत को जन्म दे रहे हैं। लेकिन यह बात तो तार्किक है कि पहले लोकगीत आए और फिर वे शास्त्र-बद्ध हुए। अबुल फ़ज़ल की *आईन-ए-अकबरी* भी यही बात कहती है।

औरंगज़ेब के ख़ास-म-ख़ास फ़कीरूल्लाह सैफ़ ख़ान की किताब का ज़िक्र कई जगह मिलता है। हालाँकि मुझे यह किताब फ़ारसी में ही मिल सकी। लेकिन जिसने भी तर्जुमा किया हो, ज़िक्र आता है कि मानसिंह तोमर, नायक बख़्श, नायक भानु महान् ध्रुपद गायक हुआ करते थे। अकबर के दरबार में मियाँ तानसेन, हाजी सुजान ख़ान, बाज बहादुर (मालवा नरेश), चाँद ख़ान, सूरज ख़ान जैसे कई ध्रुपद गायक थे। हालाँकि सैफ़ ख़ान का इल्ज़ाम है कि मियाँ तानसेन ने ध्रुपद के मूल रूप को बिगाड़ दिया, और लोकप्रियता के पीछे भागते रहे।

---

*डागुर शब्द ही कालांतर में डागर कहलाया जाने लगा। हालाँकि प्रयोग में दोनों शब्द हैं।

धुपदियों और ख़यालियों में नोक-झोंक भी कभी-कभार होती ही। विलायत हुसैन ख़ान ने यह ज़िक्र ख़ूब किया है। अब एक बार डागरों के पूर्वज बहराम ख़ान ने कुछ मज़ाक किया, ''तुम ख़यालिए यह क्या गाते रहते हो ? ओय मेरी ये लागी, ओय मेरी वो लागी!''

अब वहाँ मुबारक अली ख़ान बैठे थे। भड़क उठे। उन्होंने ऐसा गमक गाया कि जिस खाट पर बहराम ख़ान बैठे थे, उसकी रस्सी टूट गयी और उनका शरीर खाट में धँस कर फँस गया। इस हास्यास्पद स्थिति से निकालते हुए मुबारक अली ख़ान ने कहा, ''ख़यालियों की तान और गमक में यह ताकत होती है कि धुपदिए धँस जाएँ!''

बहराम ख़ान को यूँ भी छेड़ने की आदत थी। एक बार जयपुर के सवाई राम सिंह से उन्होंने कहा, ''महाराज! ख़ुदा जब इल्म बाँट रहे थे, वहाँ कोई गवैया मौजूद न था। बस मैं मौजूद था।''

यह सुनकर अमीरबख़्श नौहर भड़क गए और कहा, ''हज़ूर! उस्ताद की बात ठीक है। इल्म के वक़्त तो यह अकेले थे। लेकिन जब असर बँटने लगा, तो हम सब मौजूद थे और बहराम ख़ान गायब था। इसलिए इनके पास इल्म तो आया, लेकिन असर बस हमारे हिस्से आया।''

यह सुनकर दोनों हँस पड़े। और ऐसी ही मिसाल धुपदिए भी ख़यालियों के लिए देते हैं।

धुपद बानियों में पहले दरभंगा लिए चलता हूँ। बिहार का यह शहर कभी संगीत का गढ़ हुआ करता। जैसे रामपुर के नवाब के दरबार में तमाम गायक-बीनकार बैठते, वैसे ही दरभंगा दरबार में।

किंवदंती है कि सोलहवीं-सत्रहवीं सदी में दरभंगा में भीषण सूखा पड़ा और लोग त्राहि-त्राहि कर रहे थे। उस वक़्त माना जाता था कि मियाँ तानसेन के राग में इतनी शक्ति है कि कहीं भी बारिश करा दे। तानसेन तो थे नहीं, सेनिया घराने के भूपत ख़ान[1] राजस्थान में कहीं संत का जीवन जीते थे। उनके दो शिष्यों राधाकृष्ण और कर्ताराम ने उनसे वर्षों तक धुपद[2] की शिक्षा ली थी। जब दरभंगा

---

1. भूपत ख़ान 'मनरंग' को कुछ संदर्भों में नियामत ख़ान 'सदारंग' का बेटा कहा गया है, लेकिन उनका समय काल अठारहवीं-उन्नीसवीं सदी का है।

2. संदर्भों के अनुसार भूपत ख़ान नौहर बानी के गायक थे, लेकिन आज के दरभंगा घराने में गौहर और खंडार बानी अधिक प्रभावी हैं।

महाराज ने संदेश भिजवाया, तो ये दो भाई दरभंगा आए और इनकी गायकी के बाद मूसलाधार वर्षा हुई। इनका वंश ही आगे जाकर दरभंगा घराना, अमता[3] घराना या मल्लिक घराना कहलाया।

दरभंगा शहर में आज भी नरगौना पैलेस और मनोकामना मन्दिर के मध्य गोल चबूतरा है, जहाँ अब गाय-भैंस चरती मिल सकती हैं। यहीं कभी खुली हवा में महफ़िल जमती। महाराज का एक पश्चिमी बैंड भी था। बिस्मिल्लाह ख़ान की शहनाई, और अब्दुल्लाह ख़ान के सरोद भी बजते। राजा बहादुर की शादी में तो के. एल. सहगल ने आकर 'बाबुल मेरा नैहर छूटो जाए' गाया था। मशहूर गौहर जान की शुरुआत भी दरभंगा दरबार में नाच-गा कर ही हुई थी। इसी तरह कजनी बाई ठुमरी गाती। हर विधा की क़द्र थी। लेकिन मैं फ़िलहाल ध्रुपद गायकी पर केंद्रित रहता हूँ।

दरभंगा का ध्रुपद खंडार और गौहर बानी का मिश्रण है। यानी बड़ी साँस और ज़ोर-ज़ोर से गायी जाने वाली। इसकी द्रुत लय की वजह से यह यूरोप में 'फ़ास्ट-पेस्ड' ध्रुपद भी कहा गया। दरभंगा के ध्रुपद सुनते हुए वाकई लगता है कि गर्जन हो रहा है। पूरी ताकत और ऊर्जा लगा कर गायी जा रही है। यही कारण है कि यूरोप में यह ख़ासी लोकप्रिय रही, और मुझे दरभंगा जन्मभूमि होते हुए भी कुछ रिकॉर्डिंग दरभंगा में नहीं मिली। जर्मनी से मँगवानी पड़ी। भारत में ध्रुपद गायकी में डागुर बानी का नाम अधिक रहा। इसकी वजह थी कि दरभंगा के लोग दरभंगा के गाँव में ही अधिक रहे, जो राज खत्म होने के बाद बिहार का एक अपेक्षाकृत गौण शहर रहा। वहीं डागुर बानी के लोग जयपुर, दिल्ली, पुणे जैसे बड़े शहरों में रहे। तो उनकी पहुँच अधिक रही। लेकिन जो लोग यूरोप से ढूँढते हुए आए, उन्हें दरभंगा मिल ही गया। जर्मनी के पीटर पान्के ने तो दरभंगा के गाँव तक यात्रा की, जिसे उन्होंने अपनी किताब *सिंगर्स डाई ट्वाइस* में वर्णित किया।

इस घराने के प्राचीन नामों में क्षितिपाल मल्लिक नाम आता है। उनके बेटे यदुवीर-महावीर मल्लिक की जोड़ी को सुनकर पं. वी.डी. पुलुस्कर भी चकित रह गए थे। इनके बाद दो पद्मश्री पुरस्कार सम्मानित गायक हुए पं. रामचतुर मल्लिक और सियाराम तिवारी। रामचतुर मल्लिक तो उस ज़माने में (1937 ई.) राजकुमार विश्वेश्वर सिंह के साथ यूरोप टूर पर गए थे। उनके बाद तो ख़ैर उनके शिष्य पं. अभयनारायण मल्लिक भी गए। पं. विदुर मल्लिक, पं. प्रेमकुमार मल्लिक, प्रशांत मल्लिक सभी विदेश जाते रहे हैं।

---

3. दरभंगा का एक गाँव जहाँ इस गायक वंश को ज़ामीन-संपत्ति मिली।

दरभंगा की एक ख़ासियत रही है कि उन्होंने ख़याल गायकी से बैर न रखा। यह उन्हें बहराम ख़ान की सोच से अलग करता है। दरभंगा के गायकों ने चारों पट गाए—ध्रुपद, ख़याल, ठुमरी/टप्पा और लोकगीत (विद्यापति गीत/भजन। तो उन्होंने ध्रुपद और ख़याल के मध्य की दीवार को बहुत हद तक तोड़ दिया, लेकिन ध्रुपद गायकी में कोई मिलावट नहीं की। जब ठुमरी गायी तो ठुमरी की तरह गायी। ख़ास कर गया के ठुमरी गायकों से इनके घने संबंध रहे।

यहाँ एक ज़िक्र मैं पं. रामचतुर मल्लिक के गुरु का करना चाहूँगा। वह इसलिए क्योंकि पं. रविशंकर ने भी अपनी जीवनी में उनका नाम लिया है। इस हद तक कि उन्होंने अपने गुरु बाबा अलाउद्दीन ख़ान के साथ उनका ज़िक्र किया है। यह व्यक्ति थे सुरबहार वादक पं. रामेश्वर पाठक। उनकी रिकॉर्डिंग अब नहीं मिलती, सिवाय यू-ट्यूब पर उपलब्ध एक बिहाग के। सुनी बात है कि बाबा अलाउद्दीन ख़ान चाहते थे कि वह पं. रविशंकर को गंडा बाँधें लेकिन पाठक जी ने मना कर दिया। उन्हीं के भाई रामगोविंद पाठक कासिमपुर (बंगाल) चले गए, जिनके पुत्र मशहूर सितारवादक बलराम पाठक हुए। बलराम पाठक के पुत्र अशोक पाठक अब एम्सटरडम (नीदरलैंड) में रहते हैं और उनके कई शिष्य सितार सीख रहे हैं।

जहाँ ध्रुपद एक हिन्दू गायकी परंपरा लगती है, इसके एक बड़े संरक्षक घरानों में मुस्लिम डागुर वंश भी हैं। वह भी कई उस्तादों की तरह स्वयं को ब्राह्मणों का वंशज ही मानते हैं। कहानी है कि बाबा गोपाल दास पांडे जी ने जब मुहम्मद शाह रंगीले को अपना ध्रुपद गायन सुनाया तो शहंशाह ने ख़ुश होकर पान आगे बढ़ाया। इधर उन्होंने पान खाया, और ब्राह्मणों ने उन्हें बहिष्कृत कर दिया। अब वह मुसलमां बन गए, और उनके बेटे हुए बहराम ख़ान। वहीं से डागुर घराने की नींव पड़ी। यह डागुर आज भी कहते हैं कि वो मूलतः पांडेय ब्राह्मण हैं। बल्कि अगर इतिहास में जाएँ, तो इसकी जड़ें डागुर गाँव के बृज चंद और बाद में नायक हरिदास डागुर तक मिलती हैं। और यह गजेंद्र बाबू की बात से भी मेल खाती है कि पहले ध्रुपद गाँवों के लोकगीत ही थे।

बहराम ख़ान बाबा कालीदास परमहंस के शिष्य बने, जिनसे संस्कृत भी सीखी और ध्रुपद भी। लोग कहते हैं कि वो 120 वर्ष जीए। यह पक्की बात नहीं, पर लंबी उम्र तो ज़रूर थी। उन्होंने जयपुर में गुरुकुल की स्थापना की, जिसमें चार-पाँच सौ शिष्य थे। जैसा पहले ज़िक्र किया है, मशहूर आलिया-फ़त्तू (अली बख्श और फ़तेह अली) भी उन्हीं के शिष्य थे। बहराम ख़ान के बेटे सद्दू ख़ान उदयपुर दरबार के राजगायक बने।

डागुर घराने की यह ख़ासियत रही कि वह इतना पसर गया कि घराने के रूप में यह एक स्थायी घराना बन गया। अलवर, उदयपुर, इंदौर, मुंबई, पुणे, दिल्ली, अमरीका। हर जगह डागुर घराने के लोग रहे। यह ज़रूर है कि अब की पीढ़ी में बस चार मुख्य नाम बच गए हैं, पर एक समय था जब इस घराने के लगभग दस लोग देश-विदेश में ध्रुपद का विस्तार कर रहे थे।

इनमें ख़ास कर सीनियर डागुर बंधु (अमीनुद्दीन और नसीर बंधु) ने डागुर बानी का देश-विदेश में ख़ूब प्रचार किया और ध्रुपद के सभी घरानों में यह शिखर पर रहा। वहीं जिया मोहिउद्दीन और अब उनके बेटे बहाउद्दीन ने रुद्रवीणा की अद्भुत नींव रखी। जूनियर डागुर बंधु (नसीर जहीरुद्दीन और फ़ैयाजुद्दीन) ने दिल्ली से डागुर बानी की कमान संभाली।

उदय भवलकर उन लोगों में हैं जिन्होंने ध्रुपद संगीत नए ज़माने की लोकतांत्रिक शिक्षा-पद्धति से सीखा। उन्होंने पर्चा भरा, जैसे लोग डॉक्टरी-इंजीनियरिंग इत्यादि का भरते हैं। ध्रुपद संस्थान, भोपाल के लिए चुने गए और प्रशिक्षण पाया। तो आज जब लोग कहते हैं कि संगीत साधना कठिन है, तो मैं पूछता हूँ कि कौन-सी साधना कठिन नहीं? अब संगीत का भी बाकायदा कोर्स है और हर प्रतिभा आगे बढ़ सकती है। अब यह घरानों में सिमटी नहीं। और यह कार्य डागुर घराने और मल्लिक घराने ने ज़रूर किया कि ज्ञान को बस अपने वंश तक समेट कर नहीं रखा, बल्कि सबके लिए दरवाज़े खोल दिए। तभी गुंडेचा बंधुओं से लेकर उदय भवलकर जैसे लोग ध्रुपद का झंडा बुलंद कर रहे हैं। उदय जी को सुनना चाहिए और अगर रुचि हो तो उनकी तरह कम उम्र में ध्रुपद संस्थानों में प्रवेश लेना चाहिए। उन्हें उस्ताद जिया फ़रीदुद्दीन और मोइनुद्दीन डागुर बंधु से सीखने का अवसर मिला।

यू-ट्यूब पर उदय भवलकर का राग यमन में 'केसर घोल के रंग बनो हैं, अब तुम लाल कहाँ जइयो भाग के' को सुनिए[4]। उदय भवलकर एक किताबी गायक (टेक्स्ट बुक सिंगर) हैं, जो ध्रुपद को नियम से गाते हैं। उनकी आवाज़ का स्वरूप ख़याल गायकी सा है, यानी उतना भारी-भरकम नहीं। महीन है कि गला ज़रूरत के हिसाब से खुले भी और सिकुड़े भी। उनके आलाप पारंपरिक 'री रे ना ना' इस प्रस्तुति में सुने (0:18:00) जा सकते हैं। आलाप धीरे-धीरे तेज़ (द्रुत) होता गया है (0:45:00), जब पखावज भी बजने लगा है। यानी यह आलाप से

---

4. डागुर बंधु ने भी यह होरी काफ़ी में गायी है।

बंदिश में जाने का द्वार है। आख़िर में बंदिश शुरू होती है (1:00:00)। यह घंटे भर का आलाप एक आदर्श प्रस्तुति है। और यह बंदिश होरी की बंदिश है, तो आख़िर में ताल कौन-सा होगा? चौदह मात्रा का ध्रुपद ताल-धमार!! अबीर गुलाल की धूम मची है, होरी खेलत ब्रजराज।

यूँ ही शोध के दौरान पता लगा कि रवींद्रनाथ टैगोर ने अपने संगीत में बेतिया के ध्रुपद का उपयोग किया। उनके घर एक ध्रुपदिया राधिका गोस्वामी का आना-जाना था। राधिका गोस्वामी ने ध्रुपद की शिक्षा बेतिया राज से आए गुरुप्रसाद और शिवनारायण मिश्र से ली थी। यह और बात है कि बेतिया के खानदानी वंशज अब कम जाने जाते हैं और दयनीय स्थिति में हैं। लेकिन यह ध्रुपद की सबसे पुरानी परंपराओं में एक है।

बेतिया राज के घराने और बिश्नुपुर के घराने की जड़ें एक ही हैं। एक संदर्भ यह है कि इस घराने की शुरुआत बनारस के कथाकारों से हुई, जो घूम-घूम कर कथा कहते थे। लेकिन अधिकतर स्रोतों के अनुसार इसकी जड़ें मुग़ल काल में हैं। शाहजहाँ के दरबार से पं. जसराज मलिक और उनके भाई जो रुद्रवीणा बजाते थे, उनको बेतिया महाराज द्वारा तोहफ़े के रूप में दिया गया। और उनसे ही खानदानी मल्लिक परिवार बेतिया में बना। एक बात यह भी कही जाती है कि तानसेन के प्रथम हिन्दू विवाह से जो वंश चला, वही इनका परिवार है।

एक और नाम जो इस घराने की नींव से जुड़ा है, वह है पं. शिवदयाल मिश्र। शिवदयाल जी नेपाल दरबार के सेनिया घराने के वंशज रहीमसेन और करीमसेन के शिष्य थे। उन्होंने ही बेतिया के राजकुमारों आनंद किशोर सिंह और नवल किशोर सिंह जी को शिक्षा दी। यह इकलौता ध्रुपद घराना था जिसने सभी बानी-गौहर, नाहर, खंडार और डागुर की शैलियों को अदल-बदल कर या मिश्रित कर अपनाया। अधिकतर बंदिशें राजकुमार आनंद और नवल किशोर सिंह की ही बनायी हैं, जिन्हें कई लोग सीखने आते थे। इन बंदिशों को अलग-अलग बानी पर सजाना मुश्किल कार्य है। यह 'आनंद सागर' नाम से घराने में उपलब्ध भी है, लेकिन प्रकाशित नहीं हुई।

शिवदयाल मिश्र के बाद जयकरण मिश्र लगभग दो हज़ार ध्रुपद बंदिशें लेकर बनारस आ गए। बंदिशों का इतना बड़ा खज़ाना शायद ही किसी एक संगीतकार के पास हो। उन्होंने इसमें से कई बंदिशें अपने शिष्य भोलानाथ पाठक जी को सिखाईं। उनके बाद उनके शिष्य शिब मित्रा और उनके पुत्र फाल्गुनी मित्रा ने यह परंपरा जारी रखी और सभी चार बानी में गाते रहे।

उधर बेतिया में खानदानी मिश्र (मल्लिक) परिवार भी रहा, जिनकी गायकी उतार-चढ़ाव में ही कही जा सकती है। तीन मुख्य परिवार थे श्यामा प्रसाद मलिक, कुंज बिहारी मलिक और गोपाल मलिक जी। श्यामा प्रसाद मल्लिक जी के बेटे महंत मलिक और अब पोते इंद्र किशोर मिश्र ने बेतिया घराने की टेक रखी हुई है। लेकिन उनकी आर्थिक स्थिति लोकप्रियता के अभाव में कमज़ोर ही रही। संदेह है कि यह घराना आख़िर अपना स्वरूप बचा पाएगा। यह उन घरानों में है जिसने लयकारी का कम प्रयोग किया और पारंपरिक रूप में ही रहा। इस वजह से भी शायद इसकी ग्राह्यता घटी हो।

आज अगर बेतिया घराने का झंडा कुछ अलग रूप में ही सही, किसी ने बुलंद कर रखा है, तो वह हैं—फाल्गुनी मित्रा। कई वर्षों तक चेन्नई की एक बहुराष्ट्रीय कंपनी में काम करने के बावजूद वह सब त्याग कर अब कोलकात्ता में संगीत शिक्षा से जुड़े हैं और बेतिया की चारों बानी वाली परंपरा को निभा रहे हैं।

वहीं खुद को तानसेन के वंशज कहने वाले इंद्रकिशोर मिश्र कहीं बेतिया के बानू छपरा गाँव में सँकरी गलियों में जैसे-तैसे रह रहे हैं। हालाँकि उनकी बेटी धुपद सीख रही हैं और क्या पता यह परंपरा अपने मूल हरिदासी तानसेन शैली धुपद में बच जाए। बिष्णुपुर घराना भी बेतिया से जुड़ा है और बंगाल में आज भी कायम है।

धुपद संगीत का एक हिस्सा विभाजन के बाद पाकिस्तान चला गया—तलवंडी घराना। गर दरभंगा घराने की शैली में कुछ ख़राज (खराश) ले आई जाए, कुछ मार्मिकता ले आई जाए, तो तलवंडी निकल कर आए। नहीं तो वही फ़ास्ट-पेस और वही दमदार आवाज़। और उनके आलाप में 'अल्लाह' हैं। उस्ताद मोहम्मद हाफ़िज ख़ान और मोहम्मद अफ़जल की राग मुल्तानी में धुपद सुनी जा सकती है।

इसे धुपद की 'खंडार बानी' कहते हैं। इसकी उत्पत्ति नायक खंडेरी से हुई, जो अमीर खुसरो से भी पहले थे। बाद में अकबर बादशाह ने इनके वंशजों को लुधियाना में एक तलवंडी (अब तलवंडी कलां) नामक गाँव दिया। इनकी यहीं ज़मींदारी रही और गायकी भी। विभाजन के बाद यहाँ के कलंदर बख़्श का खानदान पाकिस्तान (लाहौर) चला गया।

यह स्पष्ट नहीं कि इनके धुपद आलाप का इस्लामीकरण विभाजन के बाद हुआ, या पहले से था। पर ये आलाप को 'अल्लाह आप' से जोड़ते हैं। और इनके आलाप में शिव की जगह अल्लाह आ गए। जैसे 'नी ता तारा ना ता रा ना

अल्लाह तेरो नाम'। पर यह तो स्पष्ट है ही कि यहाँ भी ध्रुपद अपने आध्यात्मिक रूप में ही रहा।

इन घरानों से भिन्न भी ध्रुपद है। ध्रुपद की 'वन-वूमन-आर्मी''—असगरी!

असगरी बाई से परिचय पहली बार ब्रह्मानंद सिंह द्वारा बनाए वृत्तचित्र से ही हुआ। उससे पहले मेरा मानना था कि ध्रुपद संगीत ने स्त्रियों के साथ न्याय न किया। जहाँ ख़याल संगीत परिवारों में या तवायफ़ों में महिला गायिकाएँ हुईं, ध्रुपद में न हुईं। ऐसे में असगरी बाई वाकई एक उदाहरण हैं, जिन्हें किसी एक बानी में फ़िट करना मुश्किल है। वह नौहर की कोमलता और डागुर की आलापचारी लिए हैं। उनका कोई पुश्तैनी घराना नहीं, और न ही कोई जाने-माने उस्ताद ही रहे। लेकिन टीकमगढ़ की इस सुर मल्लिका की जगह डागुरों से कम न रही।

असगरी बाई की कहानी से यह पहलू भी नज़र आता है कि सामंतों और राजाओं के वक़्त इल्म की इज़्ज़त थी। ज़मींदारी खत्म होने के बाद समाजवादी व्यवस्थाएँ तो आईं लेकिन संगीत और कला का ह्रास हुआ। असगरी बाई सरीखी गायिकाएँ तो कहीं की नहीं रहीं। उनकी आँखों में पुराने सुनहरे दिन यूँ नज़र आते हैं जैसे इसी जन्म में उनके दो जन्म हो गए हों।

अब इतने दशक बाद भी ध्रुपद में महिलाओं का हस्तक्षेप कम ही है। मल्लिक घराने (दरभंगा) में प्रियंका मल्लिक पाण्डेय जी ख़याल गायकी की ओर बढ़ गयीं। बेतिया घराने में इंद्रकांत जी की बेटी तो अभी बहुत छोटी है। ध्रुपद संस्थान से गुंडेचा बंधुओं के द्वारा कुछ महिलाएँ सीख कर निकली हैं। हालाँकि उन्हें लंबा सफ़र करना है। इसमें पाकिस्तान की पहली नेत्रहीन और महिला ध्रुपद गायिका आलिया राशिद का नाम उल्लेखनीय है। उन्होंने गुंडेचा बंधु से ध्रुपद शिक्षा भारत आकर ली। मुझे उम्मीद है कि आने वाले समय में ध्रुपद गायकी में महिलाएँ भी अपना मुकाम बनाएँगी।

वंशावली

1. बाबा गोपाल दास पांडे
2. बहराम ख़ान और हैदर ख़ान
3. सद्दू ख़ान और अकबर ख़ान (बहराम ख़ान के बेटे), आलिया-फत्तू, गोहकी बाई, काले ख़ान, अबदुल्लाह ख़ान (शिष्य), मुहम्मद अली ख़ान और मुहम्मद जान ख़ान (भांजे)

4. इनायत ख़ान (सद्दू ख़ान के बेटे), ज़कीरूद्दीन ख़ान और अल्ला बंदे ख़ान (मु. जान खान के बेटे)

5. रियाजुद्दीन ख़ान (इनायत ख़ान के बेटे), जियाउद्दीन ख़ान (ज़कीरूद्दीन ख़ान के बेटे), नसीरूद्दीन, रहीमुद्दीन, इमामुद्दीन, हुसैनुद्दीन (अल्ला बंदे ख़ान के बेटे)

6. नसीर मोइनुद्दीन, नसीर अमीनुद्दीन, नसीर ज़हीरूद्दीन, नसीर फ़ैयाजुद्दीन (नसीरूद्दीन के बेटे), जिया मोहीउद्दीन और जिया फ़रीदुद्दीन (जियाउद्दीन के बेटे), फ़हीमुद्दीन (रहीमुद्दीन के बेटे), हुसैन सइदुद्दीन (हुसैनुद्दीन के बेटे), रमाकांत और उमाकांत गुंडेचा (शिष्य)

7. मोही बहाउद्दीन (जिया मोहीउद्दीन के बेटे), फ़ैयाज़ वसीफ़ुद्दीन (नसीर फ़ैयाजुद्दीन के बेटे), अनीसुद्दीन, नफ़ीसुद्दीन (हुसैन सईदुद्दीन के बेटे)

बनारस घराना
बनारस के मस्तमौला और ठुमरी

''बनारस, संगीत की खराद मशीन है, जहाँ .फ़नकार की घिसाई होती
है और वह सँवर कर, निखर कर निकलता है।''
—विलायत ख़ान, सितारवादक, इमदादख़ानी (इटावा घराना)

बनारस को किसी घराने से बाँधना मुमकिन नहीं। बनारस की तो मिट्टी में, हवा में, पानी में, मन्दिरों में, गलियों में संगीत ही संगीत है। कबीर चौरा में लोग खड़े होते तो लगता कहीं से शहनाई की आवाज़ आ रही है। तबला-हारमोनियम बज रहे हैं। दो लोग दूर बनारसी कुर्ते में पान खा रहे हैं, पास जाकर देखो तो राजन-साजन मिश्र नज़र आते हैं। किसी मन्दिर का भजन भी इन्हीं स्वरों में मिल गया है और शहर की चिल्ल-पों भी। और यह आज से नहीं है। मुग़ल दरबार के तानरस ख़ान का मुकाबला कभी पटियाला में बनारस के प्रसिद्ध मनोहर से हुआ और वह विजयमाला पहन कर आ गए। काशी में वह दबंगई है कि घराने वाले संगीतकारों के साथ बनारसी बैठें तो कोई यह न पूछे कि तुम किस घराने से हो ? बस कह दिया कि बनारस से हैं, यही काफ़ी है। और यह बात मैंने भी महसूस की है कि बनारस के कार्यक्रमों में आलोचना जम कर होती है। बड़े-बड़े उस्तादों को लोग कह देंगे कि आज जमा नहीं। एक बार राजन मिश्र को किसी ने टॉन्ट कसा कि आपके बनारस में लोग ताली नहीं बजाते। उन्होंने जवाब दिया, ''ताली क्यों बजाना ? ताली बजा कर तो लोग चिड़िया उड़ाते हैं!'' अब तो ख़ैर बनारस के संकटमोचन संगीतोत्सव में तालियाँ बजते देखता हूँ। लेकिन पुराने बनारस की बात मैं यूरोप में भी देखता हूँ। कार्यक्रम के मध्य ताली नहीं बजती कि कुछ खलल न हो।

बनारस की ख़ासियत है कि जितना ही यहाँ सात्विक धर्मनिष्ठ संगीत है, उतना ही यहाँ मन्दिरों में गांजा की सोंट मार कर तबला बजाने का माहौल बनता है। और जिस अदब से पान खाते हुए यहाँ के गले सँवर गए, उतनी ही यहाँ के

तवायफ़ घरों से नज़ाकत जन्मी।

आज भी भारत के दो गाँव हैं—एक है पंजाब का 'भैनी साहब' (लुधियाना), और दूसरा हरिहरपुर (आज़मगढ़, उ. प्र.)। इन दोनों गाँवों में बच्चा-बच्चा हिन्दुस्तानी संगीत की तालीम लेता है। हरिहरपुर में कुछ अब घट भी रहा है, भैनी साहब में तो आज तक बरकरार है। बनारस के आधे संगीतकार हरिहरपुर की ही पैदाइश हैं। छन्नूलाल मिश्र भी।

छन्नूलाल मिश्र जब गाते हैं तो मज़ाकिया अंदाज़ में कमेंट्री चला रहे होते हैं। उनसे अधिक दर्शकों से गप्प मारने वाला कोई संगीतकार नहीं। आपको अगर संगीत हल्के चुटकुलों और 'इंटरटेनमेंट' के साथ समझना है तो छन्नूलाल जी को सुनिए। मस्त माहौल बनाते हैं।

''पा नी, पा नी, पा नी...शास्त्रीय गायक गा रहे थे। एक कोई दर्शकों में से उठ के एक गिलास पानी ले आया। अब ठीक से नहीं गाएगा, तो यही होगा न?'' वह हँसते हुए चुटकुले सुनाएँगे और गाने लग जाएँगे।

छन्नूलाल जी जब आठ वर्ष के थे तो पिता मुजफ़्फ़रपुर (बिहार) आ गए और उन्हें उस्ताद अब्दुल ग़नी साहब (किराना घराना) के पास सीखने भेज दिया। अब्दुल ग़नी खान उन दिनों दरभंगा महाराज से जुड़े थे और कुमार साहेब[1] के गुरु थे। छन्नूलाल जी कहते हैं कि वह धूप में चलकर उनके घर जाते और उनके नौकर की तरह हर काम करते। शाम को उस्ताद सिखाने बैठते। छन्नूलाल जी ने पहली बार संभवत: चम्पानगर एस्टेट (बिहार) में ही गाया और वहाँ राज-गायक बनाने की पेशकश भी मिली। पारिवारिक कारणों से वह राज-गायक तो नहीं बने, पर मुजफ़्फ़रपुर लौट कर कई गायन-आयोजनों से प्रसिद्धि पाई।

अमिताभ बच्चन जी को छन्नूलाल जी से खास लगाव है। उन्हें खूब सुनते हैं। छन्नूलाल जी को सुनना ही आपको रसिक भी बना देता है, भक्त भी। छन्नूलाल जी की कई बंदिशें लोकप्रिय हैं लेकिन 'मसाने में होरी' से अधिक लोकप्रिय शायद कोई नहीं। उनमें मिट्टी की खुशबू है और गजब का अपनापन है। आप उनको सुनते हुए कब हाथ से तबला बजाने लगते हैं, पता ही नहीं लगता। और शायद यही वजह रही हो कि उनके भाई विश्वनाथ मिश्र मशहूर तबलावादक बन गए!

बनारस के पर्याय रहे उस्ताद बिस्मिल्लाह ख़ान। एक ऐसे फ़नकार जिन्होंने अपना जीवन ही बनारस को समर्पित कर दिया। वह पूरी दुनिया घूम कर आते,

---

1. राजकुमार विश्वेश्वर सिंह

और फिर कहते, ''अब मुझे बनारस लौटना है। बाकी दुनिया में रस बनाना पड़ता है। वहाँ तो रस बना ही हुआ है। बना रस!'' और जब आप उनका घर ढूँढने जाएँगे तो बनारस की मुस्लिम बस्ती सराय हड़हा के चीनी सामानों के बाज़ार से गुज़रते हुए एक तंग गली के मुहाने पर पुरानी सी कोठी मिलेगी। यह कहना मुश्किल है कि भारत का इतना मशहूर संगीतकार यहाँ आने के लिए तड़पता था। यही थी उनकी बनारस से मुहब्बत!

बिस्मिल्लाह ख़ान का बचपन भी बिहार में ही डुमराँव के बिहारी जी मन्दिर में गाते बीता। वह बिहारी जी मन्दिर में गाते, 'एहि मटिया में भुलाइल मोतिया हमार हे रामा'। जब वह बनारस आए तो उनके नाना अली बख़्श 'विलायतु' ख़ान विश्वनाथ मन्दिर में शहनाईवादक थे। बिस्मिल्लाह ख़ान भी उनके साथ ही मन्दिर प्रांगण में और गंगा किनारे शहनाई बजाते रहते। उनके ईश्वर से साक्षात् दर्शन की कई किंवदंतियाँ हैं। एक बार उन्होंने बचपन में शहनाई बजाते हुए भगवान् शिव के दर्शन कर लिए और डरे हुए अपने मामा के पास पहुँचे। इसे वह बाबा विश्वनाथ का आशीर्वाद ही जीवन भर मानते रहे कि उनकी शहनाई में शक्ति आई।

ऐसा ही एक और ज़िक्र है। जमशेदपुर से रेलगाड़ी (कोयले वाली) में बनारस आ रहे थे। फिर उन्हें कुम्भ मेले में शहनाई बजाने जाना था। यह थर्ड-क्लास का सफ़र था और अच्छी-ख़ासी भीड़ थी। तभी उन्होंने सुना कि कोई बाँसुरी बजा रहा है। पास जाकर देखा तो एक श्यामल लड़का अद्भुत बाँसुरी बजा रहा था। उन्होंने पहचानने की कोशिश की तो राग समझ ही न आए। उन्होंने एक सिक्का ईनाम देकर कहा कि फिर से बजाओ। वह सिक्का देते गए, लड़का बजाता गया। आख़िर उनके सारे पैसे ख़त्म हो गए।

अगले दिन कुम्भ-मेले में उन्होंने वही राग बजाया।

सबने पूछा, ''यह कौन सा राग है?''

उन्होंने कहा, ''राग कान्हारीरा।''

हरि प्रसाद चौरसिया भी थे तो उन्होंने पूछा, ''ऐसा तो कोई राग है ही नहीं। यह किसने सिखाया?''

बिस्मिल्लाह ख़ान साहब ने कहा, ''मुझे कल रेलगाड़ी में कान्हा मिले। वही सिखा गए।''

एक नमाज़ी शिया मुसलमान जो विश्वनाथ मन्दिर में बैठ शहनाई बजाएँ,

उनकी शिया मौलवियों से कभी ख़ास बनी नहीं। ऐसे मौलवियों से, जो कहते कि मौसिक़ी हराम है। वह जब इराक गए तो वहाँ भी सवाल उठे। उन्होंने राग भैरवी में 'अल्ला-हू' गाना प्रारंभ किया, तो सब शांत होकर सुनने लगे।

उन्होंने कहा, ''यही तो मौसिकी है। अगर मौसिकी हराम होती तो मस्जिद में सुर और तान के साथ अजान क्यों पढ़ते ?''

जब उस्ताद बिस्मिल्लाह ख़ान की मृत्यु (2016 ई.) हुई, यूँ लगा कि शहनाई खत्म हो गयी। मुझे याद है कि 2017 ई. में जब स्वतंत्रता दिवस पर उनकी रिकॉर्ड की हुई शहनाई धुन लालकिले पर बजाई जा रही थी, उस वक़्त बनारस में उनकी शहनाइयाँ पिघला कर उनके ही एक पौत्र द्वारा महज़ सत्रह हज़ार रुपए में बेची जा रही थी। उस समय मुझे धक्का लगा कि उस्ताद ने अधिक शाग़िर्द नहीं बनाए, और आज उनकी शहनाई की उनके घर में ही कोई कीमत नहीं रही।

बिस्मिल्लाह ख़ान के इकलौते शिष्य जगदीश प्रसाद कमर हुए पर उनकी शागिर्दगी भी अजीब थी। जब घर में सब सो जाते और उस्ताद ऊपरवाले कमरे में शहनाई की धुन बजाते। नीचे वाले कमरे में बैठे जगदीश जी को यह धुन दोहरानी होती। इस तरह उन्होंने गुरु से सीखा। बिस्मिल्लाह ख़ान की मंडली में विष्णु प्रसन्ना और मोहनलाल जी भी थे, लेकिन सभी उस्ताद के साये में ही रहे। जगदीश जी की पुत्री बागेश्वरी कमर भारत की अकेली महिला शहनाईवादक हैं।

वहीं दूसरी ओर, हिन्दुस्तान का शायद ही कोई मंगल कार्य हो, जिसमें शहनाई की धुन न बजती हो, और तभी यह साधारण-सा वाद्य 'मंगल वाद्य' कहलाता है। यह 'पीपही', 'तुरही' या 'दुंदुभी' जैसा ही यंत्र है, जिसमें 6 से 9 छिद्र हैं। शहनाई पर दूरदर्शन का वह 'सिग्नेचर ट्यून' भला कौन भूल सकता है ? शहनाई की वह धुन पं. रविशंकर ने बनायी थी और बजाया था उस्ताद अली अहमद हुसैन ख़ान ने। यह नाम इसलिए ले रहा हूँ क्योंकि लोग शहनाई के नाम पर बस बिस्मिल्लाह ख़ान को जानते हैं।

अब शहनाई के कारीगर भी खत्म हो रहे हैं। जो मोहम्मद सफ़ी बिस्मिल्लाह ख़ान की शहनाई बनाते थे, उन्होंने यह काम-धंधा छोड़ कोई बैंड-पार्टी का काम शुरू किया। बनारस से तो शहनाई उठ गयी, लेकिन मुझे ताज्जुब हुआ जब एक दिन किसी तमिल चैनल पर एस. बल्लेश और उनके पुत्र कृष्ण बल्लेश को शहनाई बजाते सुना। ये भी बिस्मिल्लाह ख़ान के कभी शिष्य रहे और चेन्नई में इस संगीत की बागडोर संभाले हैं। मुझे जब-जब लगता है कि शास्त्रीय संगीत खत्म हो जाएगा,

दक्खिन एक नयी रोशनी दिखा देता है। कभी बेतिया धु्रपद घराने की नींव संभाले फाल्गुनी मित्रा दिख जाते हैं, तो कभी यह बल्लेश।

दिल्ली में दो और नाम मिलते हैं—एक तो पंडित दया शंकर जो लंबे समय तक आकाशवाणी से जुड़े रहे और दूजे राजेंद्र प्रसन्ना। इन दोनों का वादन भी श्रेष्ठ है लेकिन बिस्मिल्लाह ख़ान के बाद जैसे संगीत समाज की ही शहनाई से विरक्ति हो गयी। हम अब भी उनकी ही पुरानी रिकॉर्डिंग सुनते रहते हैं और नए कलाकार को आने ही नहीं देते। ऐसे तो यह यंत्र ही लुप्त हो जाएगा। पंडित दया शंकर के बेटे संजीव और अश्विनी शंकर युवा हैं और क्या खूब शहनाई बजा रहे हैं, लेकिन कोई सुनने की चाहत रखे तब तो?

बनारस में संगीत का प्रश्रय जैसे घटने लगा, कई संगीतकार परिवार इधर-उधर नौकरी की तलाश में भटकने लगे। खानदानी संगीत सीखते लेकिन अपनी अलग नौकरी का जुगाड़ ज़रूर कर लेते। प्रतियोगी दौर में नौकरी के लिए भी पढ़ाई बहुत करनी होती है। ऐसे में दोनों संभव नहीं। लुधियाना के नामधारी गाँव भैनी साहब के सतगुरु जगजीत सिंह जी देश में अगर कोई भटकती प्रतिभा देखते तो उसे सीखने में मदद करते। दिल्ली में जब एक युवक को उन्होंने गाते सुना तो पूछा कि आप कहाँ रहते हैं, क्या काम करते हैं? उन्होंने जवाब दिया कि मैं दिल्ली कपड़ा मिल में प्रबंधन ट्रेनी हूँ। उन्होंने कहा कि अगर मैं आपके वेतन के बराबर धन देता रहूँ तो आप नौकरी छोड़ संगीत में पूरा वक़्त देंगे? नवयुवक का तो पहला प्रेम ही संगीत था। उन्होंने अगले ही दिन इस्तीफ़ा दे दिया। उन युवक को मैंने पहली बार 2002-2003 ई. में अमरीका में अपने भाई साहब के साथ गाते सुना। नाम पहले भी सुना था, लेकिन इतने करीब से तभी देखा। वे बनारस के दो रत्न राजन और साजन मिश्र जी थे! तो बनारस के संगीत को बचाने में पंजाब के इस गाँव का बहुत बड़ा हाथ है।

अब बनारस की तवायफ़ों और मुजरे वालियों की बात करता हूँ। सबा दीवान जी का एक वृत्तचित्र है, 'द अदर सॉन्ग'। उसमें बनारस में पल रही एक अलग उन्मुक्त क्रांति की बात है। बड़ी मोती बाई से रसूलन बाई तक। जब संगीत शुद्धिकरण की ओर मुड़ने लगा, तब भी बनारस में 'लागत जोबनवा में चोट' जैसी बंदिशें गायी जा रही थीं।

जब रसूलन बाई शोख़ अंदाज़ में मुजरा गातीं, 'मटुकिया मोरी छिन ले गयो साँवरिया', तो बनारस के रईस और सामंत घायल हो जाते। 'फूलगेंदवा न मारो, लागत जोबनवा में चोट' में 'जोबन' का अर्थ स्तन से है। यह अश्लील तो

है, लेकिन तवायफ़ी की यही ज़बान थी। बाद में हमने यही बंदिश मन्ना डे की आवाज़ में सुनी है, जब यह 'लागत करेजवा में चोट' बन गया। तो बंदिश वर्जित तो नहीं हुई, बल्कि दिग्विजय कर गयी। 'ठारे रहियो बाँके यार' भी रसूलन बाई का गाया दादरा है, जो फ़िल्मी गीत बनकर आ गया। लेकिन आज़ादी के बाद वक्त बदलने लगा। गांधी जी इस तवायफ़ संस्कृति के खिलाफ़ थे और इसे स्वतंत्रता आंदोलन में एक रोड़ा ही मानते थे। आज़ादी के बाद 'ऑल इंडिया रेडियो' ने नियम बनाया कि तवायफ़ तभी गा पाएँगी, जब वो विवाहित होंगी।

कोठे खाली होने लगे और तवायफ़ें अपने पसंदीदा सेठों से विवाह करने लगीं। रसूलन बाई ने भी एक बनारसी साड़ी व्यापारी से विवाह कर लिया और रेडियो-स्टेशन में काम मिलने लगा। रसूलन बाई के गुरु सारंगीवादक शम्मू ख़ान, आशिक ख़ान और नज्जू थे। इस वजह से वह सारंगी के साथ ही गातीं। हारमोनियम की आवाज़ उन्हें नहीं भाती। गाते वक़्त वह छोटी उँगली कान में डाल कर गातीं।

केसरबाई केरकर ने एक बार उन्हें बेइज्ज़त भी किया, ''तुम्हारी यह औकात कि मेरे साथ मंच पर बैठो?''

रसूलन बाई ने शरमा कर कहा, ''मेरी ऐसी कहाँ कुव्वत? आप ही गाएँ, मैं न गाऊँगी।''

केसरबाई ने टॉन्ट किया, ''क्या हुआ? मेरे आते ही तुम्हारी छिज्जी उँगली टूट गयी क्या?''

केसरबाई जितनी अय्याश, मुँहफट और बुलंद थीं, रसूलन बाई उतनी ही ज़मीनी थीं। तवायफ़ी दोनों के खून में थी लेकिन रसूलन बाई में अकड़ न थी। 1969 ई. के दंगों में जब रसूलन बाई का घर जला दिया गया, तो उन्होंने महमूरगंज रेडियो-स्टेशन के बाहर ही चाय की दुकान खोल ली। उसी रेडियो-स्टेशन के बाहर जहाँ कभी वह गातीं तो लोग रेडियो से कान लगाए बैठे रहते; उसके सामने उन्हें चाय बेचनी पड़ी। इस सदमे से हालाँकि तीन वर्ष बाद ही वह चल बसीं।

वहीं उन्हीं की उमर की सिद्धेश्वरी देवी का रुतबा बरकरार रहा। जब पं. जसराज अपने यौवन में उनके घर पहुँचे, तो उन्होंने घरजमाई बनने का न्यौता दे डाला था। उन्हें पैसे की कमी नहीं थी। जब दरभंगा महाराज रात-रात नौका विहार करते, सिद्धेश्वरी देवी गाती रहतीं। बात बस ज़मींदार-महाराजाओं की नहीं थी, सरकारी महकमों में भी सिद्धेश्वरी देवी की अलग इज्ज़त थी। उनकी

बेटी सविता देवी जी भी ठुमरी में शीर्ष गायिका रहीं और स्व. किशन महाराज (तबलावादक) उनके पति थे।

लेकिन सिद्धेश्वरी जी के बाद पहले नाम आएगा अप्पा जी (गिरिजा देवी) का। उनसे आकर्षक बनारसी स्त्रैण या मातृतुल्य छवि मिलनी कठिन है। गिरिजा देवी की शिक्षा पाँच-छह वर्ष की उम्र में गंगा किनारे गुड़ियों से नहाते-खेलते शुरू हुई। कबीर चौरा में संगीत की दीक्षा[2] ली और जीवन बनारस में ठुमरी की महारानी बन कर गुज़ारा। बनारस में जो कद उस्ताद बिस्मिल्लाह ख़ान का रहा, उसके समक्ष स्त्री छवि गिरिजा देवी जी की ही नज़र आती है।

लेकिन गिरिजा देवी और उनकी जैसी अन्य गायिकाओं का भविष्य उस वक़्त तभी मुकाम तक पहुँचा, जब इनके पिता और पति ने साथ दिया। जब घरेलू कामों की वजह से उनका संगीत प्रभावित हो रहा था, उनके पति ने एक वर्ष सारनाथ में एकांत दिया कि वह संगीत का रियाज़ कर सकें। और गिरिजा देवी जी ने इस साधना का सदुपयोग भी किया। ऐसे पति विरले ही मिलते हैं। गिरिजा देवी साक्षात्कार में बताती हैं कि उनके पति की बस यह शर्त थी कि राजा-महाराजा या निजी महफ़िलों से दूर रहें। रेडियो या सार्वजनिक अवसरों पर ही गाएँ।

गिरिजा देवी ने ठुमरी ही नहीं, दादरा, चैती, कजरी, टप्पा, होरी और छोटा ख़याल सभी रूप समय-समय पर गाए हैं। और वह उन ठुमरी गायिकाओं में हैं जिन्होंने संगीत के इस रूप को विदेशी धरती तक पहुँचाया। अप्पा जी की गायकी में बनारसी मरतगौलापन का पूरा पैकेज नज़र आता है। उनका स्वरूप जितना दैविक है, उतना ही ज़मीनी। जैसे छन्नूलाल मिश्र स्टेज पर हँसते-खेलते माहौल बनाते हैं, वैसे ही गिरिजा देवी जी बनातीं। और उसी अंदाज़ में तंबाकू खाना भी। यह खिलंदड़पन और मस्ती अब उनकी शिष्या मालिनी अवस्थी जी में भी दिखता है। गिरिजा देवी जी का एक टप्पा जो मुझे पसंद है, वह है, 'मियाँ नज़रें नहीं आन्दा'। बनारसी शैली में पंजाबी टप्पे का अलग ही आनंद है। यह यू-ट्यूब पर उपलब्ध है।

ठुमरी की शुरुआत की कई कहानियाँ हैं, लेकिन यह नवाबों के दरबार और कोठों में नाचते हुए गाई गयी और लोकप्रिय हुई। इस शब्द का उद्भव 'ठुमक री!' से ही माना जाए[3]। नवाब वाजिद अली शाह के उस्ताद सादिक अली ख़ान के समय की ठुमरी ही आज की ठुमरी के करीब है।

---

2. गिरिजा देवी के गुरु थे सरजू प्रसाद और श्रीचंद मिश्रा।

3. ठुमरी शब्द को कुछ संदर्भ राजा मान सिंह तोमर से 'तोमरी/तंवरी' या 'ठुंगरी' या उससे भी पहले 'चर्चरी' से भी जोड़ते हैं।

जब गायिका पहले गाती थी तो नृत्य करते वक़्त भाव भी देती थी और पैरों से ताल भी। 'खड़ी महफ़िल' में लगभग कथक करते हुए गाना आसान न था। इसलिए बोल ताल के साथ बाँट दिए जाते थे, जिसे 'बोल बाँट की ठुमरी' कहते थे। बोल-बाँट में एक ख़ास ज़िक्र 'अधर बंद' ठुमरी बंदिशों का है, जिसे लल्लन पिया ने लिखा। इसमें होंठों का प्रयोग न हो, इसलिए इन बंदिशों में 'प फ ब भ म' का प्रयोग ही नहीं हुआ!

बनारस की ठुमरी 'बोल बनाओ' ठुमरी है। यहाँ ख़याल गायकी की तरह बोल को विस्तार दिया जाता है। यह ठुमरी ख़याल गायकी की तरह धीमे आलाप से या विलंबित बंदिश की तरह शुरू होती है; और आख़िर में ज़ोरदार तबले के साथ तेज़ गति में गायी जाती है, जिसे 'लग्गी' कहते हैं।

ठुमरी के लखनऊ अंग से हुए गौहर जान, बेग़म अख़्तर, जरीना बेग़म और स्वयं नवाब वाजिद अली शाह! जब नवाब वाजिद अली शाह से अंग्रेज़ों ने नवाबी छीन ली और लखनऊ छूट गया तो उन्होंने मशहूर ठुमरी लिखी,

'बाबुल मोरा! नैहर छूटा जाए।'

गौहर जान की मशहूर ठुमरी 'रस के भरे तोरे नैन' कई लोगों ने गाई। प्रसून जोशी ने भी इसके शब्दों का प्रयोग कर 'सत्याग्रह' फ़िल्म का एक गीत लिखा। गौहर जान आर्मीनिया मूल की थीं, हालाँकि उनका जन्म आज़मगढ़ में हुआ। उनका असल नाम था एंजीलिना योवार्ड। बाद में उनकी माँ विक्टोरिया बनारस आकर मुसलमान बन गयीं और बड़ी मलिका कहलाईं। कालान्तर में वह नवाब वाजिद अली शाह के पास कलकत्ता आ गयीं। एंजीलिना को नया नाम मिला—गौहर जान। गौहर जान की वह शान थी कि एक बार बग्घी में कलकत्ता से जा रही थीं तो अंग्रेज़ लाट साहबों ने सलाम ठोका। उन्हें जब पता लगा कि वह नाचने वाली बाई है तो यह आदेश ही निकलवा दिया कि बस अफ़सर ही घोड़े की बग्घियों पर घूम सकते हैं।

गौहर जान का पहला नाच-गाना कार्यक्रम दरभंगा महाराज के दरबार में हुआ और वह महाराज लक्ष्मीश्वर सिंह की मृत्यु तक वहीं रहीं। फ्रेड गेसबर्ग के द्वारा भारत की पहली ग्रामोफ़ोन रिकॉर्डिंग में गौहर जान की गायी राग जोगिया शामिल हुई। बाद में जब जॉर्ज पंचम् भारत आए तो उनके स्वागत में भी गौहर जान ने गाया था। उस वक़्त ग्रामोफ़ोन कंपनी का यह भी नियम था कि रिकॉर्ड के अंत में गायक अपना नाम अंग्रेज़ी में कहें। गौहर जान तन कर अंत में कहतीं, ''माइ नेम इज़ गौहर जान।''

इंदुबाला देवी, गौहर जान की शिष्या थीं, जिनकी माँ वेश्या थी और वह उनके साथ ही रामबागान में रहती थी। ग्रामोफ़ोन कंपनी की लोकप्रिय गायिका बनने के बाद भी इंदुबाला देवी ने न अपनी पहचान छुपाई, न घर बदला। उनके भी रिकॉर्ड यू-ट्यूब पर मिल जाएँगे।

एक और तुमरी गायिका थीं इलाहाबाद की जानकीबाई छप्पनछुरी। किसी लफ़ंगे ने उनके ऊपर छप्पन बार छुरा मार कर उनकी सूरत बिगाड़ दी, लेकिन उनकी आवाज़ ऐसी थी कि शहर रुक जाता। उनके गुरु थे लखनऊ के हस्सू ख़ान[4]। एक बार रीवा के महाराज उनको सुन रहे थे और वह पर्दें के पीछे से गा रही थीं। उनकी मधुर आवाज़ सुन कर महाराज दीवाने हो गए और कहा, ''जानकीबाई को बेपर्द किया जाए। हम इस सुर की मल्लिका का दीदार करना चाहते हैं।''

जानकीबाई ने पर्दें के पीछे से ही कहा, ''महाराज! फ़नकार की सूरत नहीं, सीरत देखी जाती है।''

बेगम अख़्तर (अख़्तरी फ़ैज़ाबादी) ने तो ख़ैर अलग ही मुकाम बनाया। उन्होंने जब पंद्रह वर्ष की उम्र में पटना में गाया, तो सरोजिनी नायडू सम्मोहित हो गई थीं। फिर तो वो फ़िल्मों तक भी पहुँचीं। सुंदर महिला थीं तो कई अफ़वाहें भी हैं। ख़ास कर रामपुर नवाब उनकी गायकी और उनके भी दीवाने कहे जाते रहे। बेगम मल्लिका-ए-ग़ज़ल थीं लेकिन जब उनका विवाह लखनऊ के एक बैरिस्टर साहब से हुआ तो उन्हें गाना छोड़ना पड़ा। पाँच वर्ष में वह मरणासन्न हो गईं, साँस रुकने के अटैक आने लगे। आख़िर डॉक्टरों को कुछ समझ नहीं आया तो उन्हें गाने को कहा। रियाज़ शुरू किया और स्वस्थ हो गयीं। बेगम की आवाज़ में वाकई जादू था। जब पंडित जसराज ने अपने बाल्यकाल में 'दीवाना बनाना है तो दीवाना बना ले' सुना, उनकी शास्त्रीय-संगीत में ऐसी रुचि हुई कि वह स्कूल छोड़ कर यही सुनते रहते। यही हाल उनका भी हुआ जिन्होंने 'ऐ मुहब्बत तेरे अंजाम पर रोना आया' सुना।

1974 ई. में अहमदाबाद में गायन के दौरान उन्हें लगा कि वो सुर पकड़ नहीं पा रहीं। वह अपना स्वरमान (पिच) बढ़ाने लगीं और आख़िर ऐसा तनाव आया कि वह गिर पड़ीं। वह सुर से ही जीती थीं और सुर के टूटते ही मर गईं। ऐसा तपस्वियों के साथ होता है कि कर्म और साधना से आत्मा जुड़ जाती है। राष्ट्रपति कलाम सरीखे लोग ज्ञान बाँटते-बाँटते ही दिवंगत हुए।

---

4. यह ग्वालियर के हद्दू-हस्सू ख़ान से अलग थे।

गया (बिहार) के पंडों और ज़मींदारों के प्रश्रय में ठुमरी का एक और लाजवाब अंग पसरा—गया की ठुमरी। यह उस वक़्त की बात है जब नरगिस की माँ जद्दन बाई भी गया के रईस पंडों के लिए गाती थीं। इसमें मुनिश्वर दयाल सरीखे ठुमरी गायक हुए। इस अंग की ख़ासियत थी कि इसमें शास्त्रीय अंग बहुत सधा हुआ था। बल्कि बिहार के दरभंगा और बेतिया घराने के गायकों, पं. सियाराम तिवारी और जयराम तिवारी ने ठुमरी गायी। गया की ठुमरी चपल-चंचल नहीं, ठहराव की ठुमरी थी—ठाह की ठुमरी। उसमें एक मिट्टी की खुशबू थी।

गया की ही मशहूर ठुमरी बंदिश है—

'हेरा गइले मोतिया, राजा के पोखरिया/जाओ दीवनमा बुलाओ मलहवा, साथी ननदिया जाने न बतियाँ।'

एक बार मशहूर तबलावादक अहमद जान थिरकवा गया पहुँचे और मुनिश्वर दयाल जी से मज़ाक किया, ''आपके पास ख़याल गायकी नहीं है? खाली ठुमरी-उमरी गाते हैं।''

उन्होंने कहा, ''हमारी ठुमरी-उमरी भी ख़याल पर भारी है। हम गाएँगे तो आप बजा नहीं पाएँगे।''

अब वहाँ केसरबाई केरकर बैठी थीं तो कहा, ''बात सिद्ध कर के दिखाइए।''

मुन्नु बाबू ने गाना शुरू किया तो थिरकवा साहब ठेका लगाएँ, लगे ही नहीं। आख़िर जब मुनिश्वर जी ने ठेका दिखाया तभी वह बजा पाए।

बाद में तो कई शीर्ष ख़याल गायकों ने ठुमरी गायन प्रारंभ किया, जो पहले उस्ताद निम्न कोटि का मानते रहे। इसकी वजह चाहे जो भी रही हो, लेकिन इससे ठुमरी को इज़्ज़त मिली। यह कोठेवालियों का संगीत बन कर नहीं रह गया। जब किराना घराने के अब्दुल करीम ख़ान ने राग जोगिया में गाया तो यह 'ठुम-ख़याल' कहलाया। वह मशहूर ठुमरी थी, 'पिया के मिलन की आस'। उस्ताद फ़ैयाज़ ख़ान (आगरा) और बड़े गुलाम अली ख़ान (पटियाला) ने तो कई ठुमरियाँ गायीं। इस ठुमरी में पुरुष गायकों का भी प्रवेश था। तो अब यह मात्र 'ठुम री!' नहीं रही, 'ठुम रे!' भी हो गयी।

कुछ इज़्ज़तदार कहे जाने वाले घरानों ने ठुमरी से फिर भी परहेज़ रखा। उस्ताद अमीर ख़ान ठुमरी नहीं गाते। जयपुर-अतरौली और रामपुर सहसवान घराने के उस्ताद ठुमरी से दूर ही रहते। मुश्ताक हुसैन साहब को एक बारी ठुमरी

गाने के लिए दर्शक कहने लगे तो वह भड़क गए और चिल्लाकर कहा, ''मैं कोई रंडी नहीं हूँ!'' लेकिन उसी घराने से राशिद ख़ान तो खूब ठुमरी गाते हैं। यह परहेज़ अब पुरानी बात है। जयपुर-अतरौली घराने से भी भुर्जी ख़ान की एक शिष्या ने ठुमरी को अलग ही ऊँचाई दिलायी और अलग फ़्लेवर दिया—वह थीं शोभा गुर्टू जी!

ठुमरी के अलावा और भी उपशास्त्रीय गायन जन्मे।

दादरा कुछ गंवइ धुन है। शास्त्रीय गायन और ठुमरी से तेज़ लय में, लेकिन फिर भी तालबद्ध। ठुमरी जहाँ ठुमक कर (रुककर) चलती है, दादरा बिना रुके चलती है। यह भी कहा जाता है कि रुकी हुई खूबसूरत गीले वस्त्रों में नहाई युवती जब चलने लगती है तो दर्द उत्पन्न होता है और दादरा कहलाता है। *शब्दों का सफ़र* पुस्तक में अजित वडनेरकर दादरा शब्द की उत्पत्ति 'दादर' यानी पहाड़ से जोड़ कर बताते हैं। संभव है कि पहाड़ी घुमक्कड़/बटोही यह गाते हुए चलते जाते हों। यह भी ठुमरी की तरह दीपचंदी (या कहरवा ताल) में गाया जाता है।

चैती भी इसी कड़ी में है। एक तो यह चैत में गाया जाता है और इसमें 'हो रामा' की टेक दी जाती है। जैसे, 'हिया जरत रहत दिन रैन हो रामा!'

होरी तो रंगों के त्यौहार होली से ही जुड़ी है, जिसमें राधा-कृष्ण या राम-सीता केंद्र में हैं। होरी के दो प्रकार हैं—पक्की होरी और कच्ची होरी। जहाँ 'पक्की होरी' धमार शैली में गायी जाने वाली शास्त्रीय के अधिक करीब और कुछ उच्च कोटि की है, वहीं 'कच्ची होरी' तेज़-तर्रार तान में गायी जाती है अक्सर दीपचंदी ताल में।

सावन में कजरी का माहौल बनता है। कजरी है तो स्त्रियों का गीत, पर इसमें जो विरह और उल्लास का मिश्रण है, वो अद्भुत है। बारिश हो रही है, बाहर झूले लग गए हैं और युवतियाँ भीगती/नाचती गा रही हैं। यह ग्राम्य 'रेन-डान्स' लोकगीतों की रानी कही जा सकती है। जैसे चैत में चैती, होली में होरी, वैसे ही बरसात में कजरी। जब तक बरसात होगी, मेघ घिरे रहेंगे, कजरी गायी-खेली जाती रहेगी। कजरी में तो ननद-भाभी संवाद, सखियों का संवाद सभी मिलेंगे। यह नारी का मुक्त स्वर भी है और उसकी पीड़ा भी। इसमें मिट्टी की भी बात है और पलायित बिदेसियों से शिकायत भी है। जैसे एक कजरी गाते हैं, 'रेलिया बैरन पिया को लिए जाए रे'।

टप्पा दो रूपों में है। एक पंजाबी लोकगीत शैली है, और दूसरी उपशास्त्रीय।

जगजीत सिंह-चित्रा सिंह का गाया युगल गीत 'कोठे ते आ माहियाँ' और अब यही धुन 'लैम्बॉर्गिनी' गीत में है। जहाँ ठुमरी में विरह का दर्द है, टप्पे में रोमांस की उछाल है। कहते हैं कि यह उछाल पंजाब-सिंध-राजस्थान के ऊँट पर घूम रहे बंजारों से आया। टप्पा का अर्थ था ठहराव, यानी वह जगह जहाँ ये ऊँट पर सवार काफ़िला रुकता था और गेंद की तरह टप्पा खाकर अगले मुकाम पर जाता था। इन लोकगीतों को हुसैन शर्क़ी ने घूम-घूम कर संकलित किया।

लेकिन उपशास्त्रीय (सेमी-क्लासिकल) टप्पा पारंपरिक रूप से पसरा मुग़ल बादशाह मुहम्मद शाह रंगीला और अवध के नवाब असद-उल्लाह के दरबार के शोरी मियाँ से। शोरी मियाँ ने ही टप्पा की रागों पर आधारित संरचना तैयार की, और इसे एक गंभीर शैली बनाया।[5]

टप्पा का एक और रूप है बंगाली टप्पा। रामनिधि गुप्ता छपरा में क्लर्क थे, और कभी संगीत सीखा न था। लेकिन वहीं कुछ प्रशिक्षण लेना शुरू किया और शौकिया गीत गाते। धीरे-धीरे यह शौक इतना हावी हुआ कि वह नौकरी छोड़ कोलकाता आ गए। वहाँ आकर उन्होंने शराब के घूँटों के साथ गीत लिखने शुरू किए। जो बंगाल उस वक़्त भक्ति-काल में था, वहाँ उन्होंने प्रेम-गीतों का इंजेक्शन दिया। और यहीं से शुरू हुई बंगाल की पुरातनी टप्पा परंपरा। उनके लिखे 101 गीत *गीत रत्ना* नामक पुस्तक में संकलित हैं, जो बंगाली टप्पों का अद्भुत संग्रह है। एक प्रिय टप्पा है, 'अनुगतो जाने केनो कोरो एतो प्रबोन्चना'।

ख़याल घरानों में ग्वालियर घराने ने टप्पे पर ख़ास ध्यान दिया। 'तुम-ख़याल' की तर्ज़ पर इसे 'टप-ख़याल' कहा जा सकता है[6]। ख़याल गायकों के लिए टप्पा गाना कठिन है, क्योंकि इसकी तैयारी और बनावट अलग है। आलाप न के बराबर या ठुमरी का आलाप है, और गति के बदलाव इस तरह के हैं कि यह ताल के साथ बिठाना मुश्किल है। इसलिए भी शायद अधिकतर शास्त्रीय घरानों ने टप्पा से दूरी बना कर रखी, भले ही ठुमरी और तराना खूब गाए। अब भले ही गाए कम जाएँ, लेकिन ये सभी अंग अब एकरूपी हिन्दुस्तानी संगीत का हिस्सा हैं। अब कोई ऊँच-नीच नहीं अगर कोई ठुमरी गाए या ख़याल।

---

5. शोरी मियाँ का असल नाम ग़ुलाम नबी था, लेकिन उन्होंने अपनी पत्नी शोरी का नाम जोड़ लिया।

6. शरद भिड़े और सरला साठे (वारी जाती मैं तेरे/मियाँ जाने वाले/जावो जावो रे कन्हाई, दूरदर्शन, 1976, ताल-पश्तो और पंजाबी) यू-ट्यूब पर देखें। इस रिकॉर्डिंग में टप्पा, टप-ख़याल और टप-ठुमरी तीनों का परिचय तो है ही, तराना का भी परिचय है। तराना ग़ुलाम मुस्तफ़ा खान और वीणा सहस्त्रबुद्धे जी ने गाया है।

वंशावली

तबला घराना

1. राम सहाय, गौरी सहाय, ईश्वरी सहाय, जानकी सहाय
2. भगत जी (राम सहाय के पुत्र), भैरव सहाय (गौरी सहाय के पुत्र)
3. भैरव प्रसाद मिश्रा (भगत जी के पुत्र), बलदेव सहाय और कंठे महाराज (भैरव सहाय के पुत्र)
4. अनोखेलाल मिश्रा (भैरव मिश्रा के पुत्र), दुर्गा, लक्ष्मी, बिकु जी और भगवती सहाय (बलदेव के पुत्र), किशन महाराज (कंठे महाराज के पुत्र)
5. रामजी मिश्रा और महापुरुष मिश्रा (अनोखेलाल के पुत्र), सामता प्रसाद (बिकु जी के पुत्र), पूरण महाराज (किशन महाराज के पुत्र)

दिल्ली घराना
चल खुसरो घर आपने

''गोरी सोवे सेज पर, मुख पर डाले केस
चल ख़ुसरो घर आपणे, रैन भई चहु देस।''

दरियागंज के गोलचा सिनेमा हॉल के पीछे तंग गलियों में एक दो सौ वर्ष पुराना मकान मिलता है। इसका नाम है—मौसिक़ी मंज़िल। यह देख कर यूँ नहीं लगता कि अमीर ख़ुसरो के वंशज या उनका घराना यहीं रहता है। अगर यह वाकई ख़ुसरो के शिष्यों के वंशज हैं तो यह तानसेन से भी पुराने हो जाते हैं। कभी यहाँ कुंदनलाल सहगल, बड़े गुलाम ख़ान, अमीर ख़ान, सिद्धेश्वरी देवी जब दिल्ली में होते, तो ज़रूर आते थे। अब तो हालत यह है कि सफ़ाई देनी पड़ती है कि वाकई कोई दिल्ली घराना भी है।

अमीर ख़ुसरो एक ऐसे नाम हैं, जो संगीत में हर जगह हैं, और कहीं नहीं हैं। मेरा मानना तो यही है कि ख़ुसरो संगीतकार न होकर संगीत-अध्येता (म्यूज़िकोलॉजिस्ट) थे। वह 'टैलेंट-हन्ट' पर निकलते थे और सारी बातें नोट करते या कुछ चीज़ सीख (चुरा?) कर आ जाते। पहले तो उन्होंने बारह कव्वाल शिष्यों को तैयार किया, जो क़व्वाली गाते। इसका नाम पड़ा—कव्वाल बच्चों का घराना। नवाब वाजिद अली शाह ख़ान के उस्ताद सादिक अली ख़ान इसी घराने के थे।

गजेंद्र नारायण सिंह कव्वालों की बात ख़ुसरो से पहले भी करते हैं। वह लिखते हैं कि बूला और सावंत दो भाई थे, जिनमें एक गूँगा-बहरा और एक बहरा था। ख़्वाजा मोइनुद्दीन चिश्ती ने उनको आवाज़ दी और दोनों क़व्वाली गाने लगे। उन्हीं के बेटे हसन और बूला कलावंत बने। इस घराने में एक शादी ख़ान और मुराद ख़ान की कहानी सुनाता हूँ।

ये दोनों बाप-बेटे एक बार दतिया के महाराज भवानी सिंह के दरबार में गा रहे थे। उन्हें ईनाम के लिए महाराज ने सवा लाख रुपयों के सिक्कों पर दुशाला बिछा कर हाथी के हौदे पर लगा दिया। इस पर दोनों उस्तादों को बिठा कर, साथ

में सात घोड़े और ख़ूब आभूषण और कपड़े दिए। फिर महाराज ने कहा, ''इतना ईनाम तो आपको दिल्ली में भी न मिलता होगा ?''

यह सुनकर दोनों उस्ताद चिढ़ गए और सारी दौलत वहीं के गरीबों में लुटा दी। महाराज यह देख कर दंग रह गए और शर्मिंदा हुए। तो उस्तादों ने कहा, ''दिल्ली में तो इतनी दौलत हम यूँ ही उड़ा दिया करते हैं महाराज ! मिलती तो कहीं जियादह है।'' महाराज ने फिर से एक हाथी और पाँच घोड़े देकर उन्हें विदा किया।

न जाने कब यह घराना गायकी छोड़ सारंगी बजाने लग गया। इन्हीं की पीढ़ी में आगे एक दामाद हुए सारंगी ख़ान उर्फ़ संघी ख़ान। वह सारंगी बजा कर गायकों को संगत देते थे तो उनके दादा मीर आलिया बख़्श[1] ने एक दिन बुलाया, ''मियाँ! ज़िन्दगी भर सारंगी बजा कर गवैयों के नीचे ही रहोगे या कुछ नाम भी कमाओगे ?''

सारंगी ख़ान ने ठान लिया कि सारंगी को इज़्ज़त दिलाएँगे। उनके चार बेटे—उस्ताद काले ख़ान, मम्मन ख़ान, सम्मन ख़ान और सुगरा ख़ान घराने के चार स्तंभ बने। मम्मन ख़ान ने सुरसागर का आविष्कार किया। 'सुरसागर' सितार, सुरबहार और सारंगी का मिश्रित रूप है। उनके दामाद बंदू ख़ान ने भी एक अलग तरह की सारंगी ईजाद की, जो 'तोता' कहलाई। बंदू ख़ान इंदौर के राजघराने में सारंगी बजाते थे और विभाजन के बाद पाकिस्तान चले गए। धीरे-धीरे इस घराने के लोग सारंगी से गायकी में शिफ़्ट कर गए। कुछ लोग सितार भी बजाते रहे। लेकिन सारंगी छूटती ही गयी। गायकी में चाँद ख़ान का नाम मशहूर रहा है और उनकी रिकॉर्डिंग भी उपलब्ध है। चाँद ख़ान का 'शुद्ध सारंग' सुन कर लगा सारंगी घरानों का गाया यह राग ज़रूर सुनना चाहिए।

इस घराने की ख़ासियत है कि यह सुगम गायकी का घराना है। यहाँ फ़ैयाज़ ख़ान वाली ऊँची जबड़े की तान नहीं ली जाती। लेकिन उनके आगरा घराने की तरह ही ध्रुपद का 'नोम तोम' आलाप मिलता है। यहाँ की तान को 'मोटे दाने की तान' कहा जाता है।

दिल्ली का तबला घराना भी तबले का सबसे पुराना घराना ही है, जिसकी शुरुआत तबले की खोज से मानी जाती है। लेकिन अफ़सोस कि लतीफ़ अहमद ख़ान और इमान अली ख़ान के मरने के बाद यह घराना अब तकनीकी रूप से ख़त्म हो गया। मैंने यू-ट्यूब पर इमान अली ख़ान का एक 1971 ई. का एकल तबला वादन ज़रूर पाया लेकिन इस तबला घराने की ख़ास समझ मुझे नहीं।

---

1. यह आलिया बख़्श बल्लभगढ़ के राजगायक थे।

दिल्ली के बहाने क़व्वाली की बात भी कर दूँ।

इतिहासकार अमीर ख़ुसरो से क़व्वाली की शुरुआत मानते हैं, लेकिन संभवत: क़व्वाली उससे पहले भी बनती थी। *एज़ाज-ए-ख़ुसरो* में स्वयं ख़ुसरो ने ख़्वाजा लतीफ़ क़व्वाल और शबाना क़व्वाल का नाम लिया है, जो उनसे पहले थे। उस वक़्त की क़व्वाली से आज के साबरी बंधुओं तक का सफ़र सूफ़ियाना ही है। ईश्वर को जिन तरहों से याद किया गया, क़व्वाली रूप बदलती रही। पहले 'हम्द' गाया जाता था, जिसमें अल्लाह के अलावा किसी का नाम नहीं लेते थे। बाद में सूफ़ी संत मोइनुद्दीन चिश्ती के वक़्त 'महफ़िल-ए-समाँ' और 'मनकवत' गाए जाने लगे।

क़व्वाली में भी शास्त्रीय संगीत की तरह ही आलाप और तान लिए जाते हैं और ऊँची तान में गाने की वजह से गले में खरज भी उत्पन्न होता है। आलाप, क़व्वाली में वुजू के रूप में है जो क़व्वाल गायकी की शुरुआत में करते हैं। यह जोड़े या समूह में गाया जाता है, जैसे गाते वक़्त कोई संवाद हो रहा है। एक क़व्वाल ने बात शुरू की, दूजे ने उठा ली, तीजे ने नई बात छेड़ दी और फिर सब मिलकर साथ गाने लगे। यह जितना ही गंभीर है, उतना ही खिलंदड़ और झूमने वाला भी।

संगीतकार रोशन को फ़िल्मों में क़व्वाली को लोकप्रिय करने का ख़िताब मिलना चाहिए। 'न तो कारवाँ की तलाश है' हो या 'ये इश्क इश्क है'। फ़िल्मों में क़व्वाली एक ऐसी कड़ी बनी कि आज तक चल रही है। रोशन के निर्देशन की एक ख़ास क़व्वाली जो मुझे पसंद है, 'निगाहें मिलाने को जी चाहता है'।

क़व्वाली की ख़ासियत है—मुखड़ा बनाना। क़व्वाली शब्द ही 'कौल' से बना है, यानी बार-बार कहना। यह भजन में भी है कि एक वाक्य बारम्बार गाया जाता है। इसलिए जब शुरुआत मुख्य गायक से होती है, तो धीरे-धीरे पूरा जनसमूह साथ गाने लगता है। ऐसा संगीत की कम विधाओं में होता है। और शास्त्रीय अंगों में तो कठिन ही है। लेकिन क़व्वाली का 'कनेक्ट' गज़ब का है कि दर्शक भी गायकों की मंडली के साथ घुल-मिल कर झूमने-गाने लगते हैं।

एक और बात अलग है, क़व्वालों का लिबास और मंच। क़व्वाल टोपी, रेशमी कुर्ता और जैकेट। जो बड़ा क़व्वाल है, वह दायें बैठेगा। और बाकी क़व्वाल उनके बायें। साथ में हारमोनियम, तबला वाले भी संगत ही न देंगे, बल्कि दो बोल गाते भी रहेंगे।

यूँ तो ग़ज़ल और मर्सिया भी क़व्वाली का ही रूप हैं, लेकिन जो ऊपर मैंने कहा, उस क़व्वाली से सूफ़ियाना भक्ति मूड अधिक नज़र आता है। और यह कालजयी बन चुका है। अब 'मेरे रश्क-ए-क़मर' गाना किसी बुलंदशहरी बंदिशकार क़व्वाल ने दशकों पहले लिखा और आज तक लोग उस पर झूम रहे

हैं। आज साबरी बंधु, नूरा बहनें, और राहत फ़तेह अली ख़ान तो देश-विदेश में क़व्वाली को पहुँचा रहे हैं।

वंशावली

दिल्ली घराना

1. हसन और बुला (क़व्वाल)
2. हसन सावंत, बुला कलावंत
3. मियाँ अचपाल, ग़ुलाम हुसैन ख़ान
4. तानरस ख़ान (अचपाल के शिष्य), अब्दुल गनी उर्फ़ सारंगी ख़ान उर्फ़ संघी ख़ान (ग़ुलाम हुसैन के दामाद)
5. काले, मम्मन, सम्मन, सुगरा ख़ान
6. चाँद ख़ान (मम्मन के बेटे); बंदू ख़ान (मम्मन के दामाद)
7. नसीर अहमद ख़ान, ज़फ़र अहमद ख़ान (चाँद ख़ान के भतीजे), ज़हूर अहमद ख़ान (चाँद ख़ान के दामाद)
8. इकबाल अहमद ख़ान (चाँद ख़ान के नाती), सईद जफ़र ख़ान (ज़फ़र अहमद के बेटे)

दिल्ली तबला घराना

1. सुधर ख़ान धारी[2]
2. छोटे ख़ान और हुसैन ख़ान
3. बुगारा ख़ान, चाँद ख़ान और लल्ले मसीत ख़ान (छोटे ख़ान के बेटे); छज्जू ख़ान, बख़्शु ख़ान[3] (हुसैन ख़ान के बेटे)
4. शिताब अली ख़ान, गुलाब अली ख़ान (बुगारा ख़ान के बेटे); नन्हे ख़ान (लल्ले मसीत ख़ान के बेटे), मक्खू ख़ान (बुगारा ख़ान के दामाद)
5. मुहम्मद ख़ान, नज़र अली ख़ान (शिताब अली ख़ान के); बड़े काले ख़ान (मक्खू ख़ान के बेटे)
6. छोटे ख़ान (मुहम्मद ख़ान के); वली बख़्श ख़ान (बड़े काले ख़ान के)
7. गमे ख़ान और मुन्नु ख़ान (छोटे ख़ान के); नत्थू ख़ान (वली बख़्श के)
8. इनाम अली ख़ान (गमे ख़ान के बेटे)
9. लतीफ़ अहमद ख़ान (इनाम अली ख़ान के शिष्य)

---

2. तबले का आविष्कार संभव है इन्होंने ही किया। हालाँकि ख़ुसरो (मुहम्मद शाह रंगीला के समय के) को तबले का आविष्कारक कहा जाता है।

3. बख़्शु ख़ान ही लखनऊ तबला घराना के ख़लीफ़ा (संस्थापक) थे, लेकिन उनके पूर्वज पर संदेह है कि दिल्ली घराना से थे या नहीं।

साज़ों के घराने

''अल्ला रक्खा ही पिकासो हैं, आइंस्टाइन हैं। इस ग्रह पर तालबद्ध संगीत के शीर्ष वही हैं।''

—मिकी हार्ट

ताल धमाल

तबलावादक अगर न जमे तो गायकी बिखर जाती है। उस्ताद फ़ैयाज़ ख़ान तो अगर अहमद जान थिरकवा साथ न हो, तो उखड़ जाते। कोई संगत ठीक न दे तो कहते, ''थिरकवा न हुआ आज।'' थिरकवा, कंठे महाराज, अनोखेलाल जी, चतुरलाल जी, किशन महाराज, सामता प्रसाद (गुदई महाराज), करमतुल्लाह ख़ान, शंकर घोष, अल्लारक्खा ख़ान जैसे लोगों के साथ हर गायक बैठना चाहता।

थिरकवा साहब की ख़ासियत थी कि महफ़िल की नब्ज़ पकड़ लेते। एक दफ़े जद्दन बाई किसी सनकी नवाब की महफ़िल में गाने वाली थीं। थिरकवा साहब साथ तबले पर थे। उन्होंने पहले पूछ लिया कि बंदिश क्या है?

जद्दन बाई ने कहा, ''पापी नवाब तुमने जुल्म किए, नैहर मोरा छुड़ाय दियो रे।''

थिरकवा साहब ने कहा, ''यह नवाब सनकी है, नाराज़ हो जाएगा। आप इसे यूँ गाइए, 'मोरे अच्छे नवाब तोरी उमर बढ़े, नैहर मोरा छुड़ाइ दियो रे'।''

जद्दन बाई ने यही गाया और नवाब साहब ने खुश होकर ढेरों ईनाम दिए। तो तबला बजाने वाले गायक के दायें हाथ हैं।

वहीं कुछ ऐसे भी तबलावादक थे, जो तबला तो कमाल का बजाते लेकिन गायक-वादक उनसे भागे फिरते। इसकी वजह थी कि वह अपने करतब दिखाने के चक्कर में गायकों को गाने ही न देते। पं. शिवकुमार शर्मा अपनी जीवनी में उस्ताद हबीबुद्दीन ख़ान का ज़िक्र करते हैं। वह एक बार अली अकबर ख़ान के साथ बैठ गए और लगे करतब करने। अली अकबर ख़ान को सरोद बजाने का

मौका ही न मिले। लेकिन अली अकबर ख़ान ने भी मैहर का 'सवाल-जवाब' का पैंतरा लगाया और मुश्किल द्रुत झाला बजाने लगे कि हबीबुद्दीन ख़ान पकड़ ही न पाएँ। इस जंग में कौन जीता, यह तो कहने की ज़रूरत नहीं। लेकिन यह संबंध बड़ा नाज़ुक है कि संगत देने वाले गायक-वादक को मौका दें; और गायक-वादक भी मुखड़े को बार-बार गाकर बीच-बीच में तबलावादक को अपना हुनर दिखाने का मौका दें। इस फ़न में थिरकवा साहब का जवाब नहीं।

उनका नाम 'थिरकवा' काले ख़ान ने रखा था, क्योंकि वह थिरकते रहते थे। और उन्हीं के बेटे मुनीर ख़ान साहब अहमदजान थिरकवा के असल गुरु थे। इनके अलावा मुंबई के भिंडी बाज़ार घराने के अमान अली ख़ान के साथ भी ख़ासा वक़्त बीता। इनकी महफ़िल अक्सर मुन्नीबाई[1] के कोठे पर जमा करती। उनके कई किस्से हैं।

एक दफ़ा आकाशवाणी दिल्ली के कार्यक्रम से जब निकले तो चेक लेने के लिए एक ऑफ़िसर के पास गए। छह फुट लंबे, शेरवानी और चूड़ीदार पाजामा, छोटी चार्ली चैपलिन स्टाइल मूँछें, रामपुरी टोपी और हाथ में लाठी लिए उन्होंने जब अंगूठा लगाने का पैड माँगा, ऑफ़िसर हँसने लगे।

थिरकवा साहब को गुस्सा आ गया, और पूछा, ''मुझ पर क्यों हँस रहे हो? मैं अनपढ़ हूँ, इसलिए? तुम कितने पढ़े हो?''

ऑफ़िसर ने कहा, ''मैं ग्रैजुएट हूँ।''

थिरकवा साहब ने अपनी लाठी ज़मीन पर ठोकते हुए कहा, ''हिन्दुस्तान में लाखों ग्रैजुएट होंगे लेकिन अहमद जान थिरकवा इस देश में बस एक ही है।''

एक उर्दू सर्विस कार्यक्रम में माधुरी मट्टू जी को दिए साक्षात्कार की रिकॉर्डिंग सुन रहा था। वहाँ थिरकवा साहब की जो ईमानदारी दिखी, अब शायद ढूँढे न मिले। उस साक्षात्कार के वक़्त वह अस्सी वर्ष के थे। यह साक्षात्कार इसलिए भी ख़ास है कि इसमें थिरकवा साहब गाते भी हैं। अन्यथा थिरकवा साहब को तबला बजाते तो बहुतों ने देखा, गाते हुए बस करीबी लोगों ने ही देखा। हालाँकि उनके मुँह से निकले तबले के बोल इतने स्पष्ट होते कि वह भी गायन से कम न था। उस्ताद ज़ाकिर हुसैन काफ़ी कुछ थिरकवा साहब की कॉपी करते नज़र आते हैं। एक ज़िक्र मिलता है कि 'जॉन हेग' व्हिस्की पीने के बाद उस्ताद फ़ैयाज़ ख़ान साहब तबला बजाने

लगते और थिरकवा साहब गाने लगते। यह 'रोल रिवर्सल' भी क्या खूब होगा!

साक्षात्कार में उनसे पूछा, ''आप कभी मायूस हुए अपने तबला बजाने से?''

''हाँ! जब चालीस वर्ष का था, तो मुंबई में एक बार हुआ।''

''आपकी क्या तबीयत नासाज़ थी?''

''नहीं-नहीं। वह ग़ुरूर का कलमा था। अपने ग़ुरूर की वजह से मात खा गया।''

यह कितनी बड़ी बात है कि भारत के शीर्षस्थ तबलावादक यह स्वीकार करें कि अपने अहम् की वजह से मात खा गए।

अहमद जान थिरकवा की एक और बात थी जो उस्ताद बिस्मिल्लाह ख़ान से मिलती है। दोनों हवाई यात्रा से डरते थे, और इसलिए विदेश यात्रा पर नहीं जाते थे। थिरकवा साहब को नेहरू जी एक कार्यक्रम में विदेश भेजना चाहते थे लेकिन उन्होंने मना कर दिया कि हवाई जहाज़ से न जा पाएँगे।

जब थिरकवा साहब की मृत्यु हुई और उनके घर से उनका तबला हटाया गया, तो वहाँ फ़र्श पर गड्ढे बन गए थे। इसी से अंदाज़ा लगाया जा सकता है कि कितने रियाज़ हुए होंगे कि फ़र्श में गड्ढे पड़ गए।

थिरकवा साहब की बात उनके बाद किसमें आई यह कहना कठिन है, लेकिन एक दफ़ा एक आठ साल के बच्चे को मुंबई में बजाते सुनकर उनके मुँह से निकला, ''वाह! काश यह मेरा बेटा होता।'' वह बच्चा ही आगे जाकर लच्छू महाराज (बनारस) के नाम से मशहूर हुआ।

तबला तो बनारस का यूँ भी अलग ही स्तर पर है। अनोखेलाल जी से तेज़ तबलावादक इतिहास में शायद ही कोई हुआ। तबला घराने की शुरुआत कैसे हुई, इसकी कई कहानियाँ हैं। पर राम सहाय जी का नाम बनारस बाज घराने के संस्थापक के रूप में सर्वमान्य है। राम सहाय जी ने तबला बजाना तो यूँ ही घर पर ही सीखा, पर उनकी असल तालीम लखनऊ जाकर हुई। उन दिनों उस्ताद मोदू खान लखनऊ के नवाब के मुख्य तबलची थे। उनको लोग 'परकटा कबूतर' कह कर चिढ़ाते। पर जब से राम सहाय उनके शिष्य बने, मोदू खान के 'पर' लौट आए। एक लोककथा तो यह भी है कि राम सहाय जी सात रातों तक लगातार तबला बजाते रहे और नवाब यह देख अचंभित रह गए।

बनारस के तबले की कई ख़ासियत हैं। एक तो यह कि इसकी कई ध्वनियाँ पखावज से ली गई हैं। दूसरी कि बजाते वक्त अनामिका[2] थोड़ी मुड़ी हुई होती है, जिससे ध्वनि में एक अलग अदा आ जाती है। तीसरी कि 'बायां' का महत्त्व बनारस के घराने में बढ़ गया, जो बाकी घराने में गौण है।

कंठे महाराज, किशन महाराज, गुदई महाराज। सब एक से एक। गिरिजा देवी जी कहती थीं कि लच्छू महाराज से बेहतर तबला कोई नहीं बजा सकता। और यहाँ एकल तबले की बात हो रही है, जिसके बोलों का खज़ाना था लच्छू महाराज के पास। उनको कभी यू-ट्यूब पर जवानी के दिनों में सुनिए कि कैसे सोंट मार कर, अगरबत्ती-धूप जला कर तबले का रंग जमाते हैं। तबले की दुनिया के फक्कड़ और अक्खड़ लच्छू महाराज ही थे। यह गुण उनमें अपने पिता वसुदेव नारायण सिंह से ही आया, जिन्होंने तवायफ़ों की हवेली दाल मंडी में रिश्ता कर बनारस के तबला घरानों से बैर कर लिया था। इसी हवेली में उन्होंने अपने भांजे गोविंद आहूजा (जो बाद में फ़िल्म स्टार गोविंदा कहलाए) को भी छुटपन में तबला सिखाया था।

प्रधानमंत्री चंद्रशेखर ने अपने मित्र लच्छू महाराज जी को पद्मश्री से नवाज़ने के लिए अधिकारी भेजे। वे उनकी बनारस की हवेली 11 बजे पहुँचने वाले थे लेकिन किसी कारणवश तीन घंटे विलंब से पहुँचे। लच्छू महाराज अपने शिष्यों को तबले की तालीम दे रहे थे, तो अधिकारी को सीढ़ियों से ही वापस भेज दिया। आज जब पुरस्कार के पीछे भागते लोग नज़र आते हैं, लच्छू महाराज का यूँ घर आया पद्मश्री लौटा देना अचंभित करता है।

लच्छू महाराज के अक्खड़पन का ज़िक्र कई दफ़े आता है कि कभी तबला टूट गया तो कार्यक्रम से उठ गए, कभी ज़रा-सा भी विलंब हुआ तो नाराज़ हो गये। लेकिन बनारस में अनोखे लाल मिश्र के बाद 'ना धिं धिं ना' के उस्ताद लच्छू महाराज ही हुए। बाग़ी स्वभाव तो कुछ इस हद तक था कि इमरजेंसी के वक्त जेल में जॉर्ज फ़र्नांडीस को तबला सुनाने पहुँच गए। सभी राजनैतिक कैदी इमरजेंसी के विद्रोही वातावरण में बैठे हैं और लच्छू महाराज तबला बजा रहे हैं। क्या आलम होगा! और तो और, अपने अंतिम समय में उनके चेले अस्पताल ले जाने लगे और वह अड़ गए कि अस्पताल न जाएँगे। आख़िर अपने घर में ही उन्होंने दम तोड़ा।

तबला जो कभी बस संगत के लिए ही प्रयोग होता और नेपथ्य में रहता, उसे मंच पर मुख्य रूप से एकल बजाने का श्रेय 'अब्बा' अल्लारक्खा ख़ान को

---

2. ring finger

ही जाता है। उन्होंने पहली बार ऑल इंडिया रेडियो पर एकल तबला बजाया। यह कहा जा सकता है कि उनके बाद तबलावादक को 'तबलची' कहना बंद हो गया। मैं यह नहीं कहूँगा कि वह सदी के सर्वश्रेष्ठ तबलावादक थे, लेकिन उनमें वही करिश्मा था जो पं. रविशंकर में। और एक गुरु के रूप में जो अल्लारक्खा ख़ान की पहचान है, वह तो है ही।

पं. भीमसेन जोशी की तरह घर से भाग कर संगीत सीखने वाले ख़ान साहब भी थे, जिन्होंने पहले तो ध्रुपद गायन सीखा, लेकिन किसी नौटंकी में तबला बजते देखा तो बस ठान लिया कि तबला ही बजाएँगे। यह कहानी पंजाब से शुरू होकर कैसे हिप्पियों के बीच पं. रविशंकर के साथ यादग़ार जुगलबंदी में बदली, यह इतिहास है। उस जुगलबंदी में अल्लारक्खा का तबला सितार पर कुछ भारी ही पड़ गया, ख़ास कर हिप्पियों की नज़र में।

रविशंकर ने बाद में जब अल्लारक्खा ख़ान के साथ जुगलबंदी छोड़ दी, तो उसकी वजह शायद यह थी कि उन्हें अब किसी युवा का साथ ज़रूरी था। इसकी वजह बड़ी मामूली सी है कि सितारवादक और तबलावादक का रिश्ता एक सर्जन-एनस्थेसिस्ट सा भी है। तबलावादक अक्सर उनके भारी-भरकम सितार को उठाने में मदद करते हैं। और यह अब अल्लारक्खा ख़ान के कंधों के लिए भारी होता जा रहा था, तभी एक कम उम्र नौजवान की ज़रूरत थी।

अल्ला रक्खा ख़ान के बेटों में उस्ताद ज़ाकिर हुसैन तो अलहदा हैं ही, जो अपने पिता का करिश्मा साथ ही लेकर जन्मे और तीन वर्ष की उम्र से ही तबला बजाने लगे। ज़ाकिर हुसैन का पाश्चात्य संगीत से फ़्यूज़न और तबले को व्यावसायिक बनाने की बात पर मैं बस यही कहूँगा कि उस्ताद ज़ाकिर के पास अवसर और प्रतिभा थी, तो खुलकर उस ऊँचाई तक ले जा सके। इनकी तुलना अगर बनारस के तबलावादकों से करें तो किशन महाराज ज़रूर शीर्ष पर गए, लेकिन कई बनारस के आला तबलावादक तबलिए ही कहलाते रह गए।

कश्मीर की धुन

मेरी सुबह जब भी संतूर के साथ होती है, एक अलग ताज़गी होती है। यह सौ तारों वाला यंत्र जैसे शरीर के सभी चक्र जागृत कर देता है। यह 'हन्ड्रेड प्वाइंट मसाज थैरेपी' है[2]। यह कभी वैदिककाल में शत-तंत्री वीणा थी, जो बाद में फ़ारसी प्रभाव से संतूर कहलाई। कुछ ऐसे ही यंत्र को लेकर कई घराने (ख़ास कर पटियाला और

---

2. मुंबई के एक चिकित्सक डॉ. रमाकांत केनी, और जर्मनी के रिचर्ड विलिस इसे अपने मरीज़ों पर आज़माते रहे हैं, और सौ तारों के प्रभाव पर सकारात्मक निष्कर्ष भी निकले।

रामपुर सहसवान) के गायक लेकर बैठते हैं, जिसे स्वरमंडल (सुरमंडल) कहा जाता है। बड़े ग़ुलाम अली ख़ान तो सदा स्वरमंडल साथ ही रखते। पं. जसराज, सलामत अली ख़ान, किशोरी अमोनकर, राशिद ख़ान, अजय चक्रवर्ती, पं. राजन मिश्र भी स्वरमंडल लेकर ही गाते रहे।

मेरे मन में यह भी प्रश्न कौंधा कि पहले हार्प आया या संतूर? क्या यह संभव है कि यह यंत्र भारत से ही अन्य देशों में गए हों? हार्प का तो नहीं पता, लेकिन यूरोप (विशेषत: हंगरी) का 'सिम्बालोम' ज़रूर इस यंत्र से मिलता है। जर्मनी में एक 'हैकब्रेट' भी प्रयोग में है, जो संतूर जैसा है। मध्य एशिया (ईरान-इराक) में तो संतूर ख़ैर मौजूद है ही, चीन में यह 'यांग-चिन' कहलाता है। लेकिन इनमें किसी में सौ तार नहीं। तो शत-तंत्री मात्र भारतीय संतूर है।

संतूर में सौ तारों के ऊपर 25 पुल (ब्रिज) लगे होते हैं। यानी हर चार तार के ऊपर एक पुल। जब इन तारों पर मध्यमा और तर्जनी के बीच फँसे दो कलम (छोटे हथौड़े) टकराते हैं तो संगीत बजता है। कमाल की बात है कि कश्मीर की घाटियों में संतूर सदियों से बजता रहा, लेकिन किसी ने कभी कश्मीर के बाहर पचास के दशक तक सुना ही नहीं। संतूर कश्मीर के सूफ़ी या ऋषि परंपरा से जुड़ा है, लेकिन उससे भी पहले शायद रहा हो। हालाँकि कश्मीर पर लिखी *राजतरंगिणी* से लेकर *कश्मीरनामा* पुस्तक तक इसका ख़ास ज़िक्र नहीं करती। इतिहास में कई बार संगीत गौण रह जाता है। संगीत तो यूँ ही प्रकृति का हिस्सा है, नेपथ्य है, उसका ज़िक्र क्या करना? 1940-50 के दशक में मोहम्मद अब्दुल्लाह तिब्बत बक़्क़ाल और मोहम्मद क़लीन बाफ़ संतूर बजाया करते थे, पर उन्हें सुनने वाला कौन था? उनकी रिकॉर्डिंग नहीं मिलती। और ऐसा भी नहीं कि कश्मीर के महाराज को संगीत से कोई अरुचि थी। बल्कि मोतीराम जी (पं. जसराज के पिता), सलामत-नज़ाकत अली ख़ान के पिता बड़े ग़ुलाम अली ख़ान के पिता, मल्लिका पुखराज और कुछ दिन बेगम अख़्तर; सभी कश्मीर महाराज के दरबार में थे। उस्ताद फ़ैयाज़ ख़ान अक्सर जाते रहते थे। लेकिन संतूर किसी वजह से शास्त्रीय संगीत से दूर रहा।

यह तो रेडियो श्रीनगर के मुखिया पं. उमादत्त शर्मा ने संतूर पर शोध करना प्रारंभ किया और अपने पुत्र पं. शिवकुमार शर्मा को एक दिन खिलौने की तरह रेशमी कपड़ों में लपेटकर यह चौकोर यंत्र पकड़ा दिया, ''आज से तुम यही बजाओगे और एक दिन इस यंत्र का दूसरा नाम शिवकुमार शर्मा होगा।'' उस वक़्त शिवकुमार शर्मा कश्मीर के लोकप्रिय तबलावादक बन रहे थे और पं. रविशंकर से सिद्धेश्वरी देवी तक के साथ तबला बजा रहे थे। और यह यंत्र तो बिलकुल ही हिन्दुस्तानी

संगीत के लिए अनसुना था। तबले से याद आया कि यही कहानी पं. जसराज की भी थी और दोनों जीवन भर मुंबई में घनिष्ठ मित्र भी रहे। एक बार रेडियो में शिवकुमार शर्मा का संतूर प्रोग्राम था और उसके बाद पं. जसराज की गायकी। लेकिन शिवकुमार शर्मा के तबलावादक नहीं आए, तो पं. जसराज ने ही तबला पकड़ लिया। ऐसे ही वर्षों बाद एक सम्मेलन में पं. जसराज के साथ तबलावादक निज़ामुद्दीन ख़ान नहीं आ सके, तो शिवकुमार शर्मा तबले पर बैठ गए। मैं ऐसे संगीत के सहृदय मित्रों को मन-ही-मन 'तबला-बदल' दोस्त कहता हूँ। फ़िल्म 'गाइड' के गीत 'पिया तोसे नैना लागे रे' में भी तबले पर शिवकुमार शर्मा ही हैं।

पंडित जी को संतूर में कई बदलाव करने पड़े क्योंकि इसको कोई शास्त्रीय वाद्य-यंत्र मानने को तैयार ही नहीं था। पहले इसमें सात ही स्वर थे; बस राग यमन, भूपाली बजते थे। आलाप और मींड में कठिनाई थी। तो इसे शास्त्रीय रूप और सभी स्वर के साथ चिकारी के तार वगैरा बदलने में उन्हें लगभग एक वैज्ञानिक ही बनना पड़ा।

पं. शिवकुमार शर्मा और हरिप्रसाद चौरसिया को साथ बैठे-बजाते देखना दूरदर्शन के दिनों में आम था। इस शिव-हरि जोड़ी की एक कैसेट आई थी—'कॉल ऑफ़ द वैली', जिसमें एक पहाड़ी गड़रिए के जीवन को रागों से दिखाया है। इन दोनों ने प्रकृति के संगीत को जागृत किया है। जैसे नदी कलकल बह रही हो, चिड़िया चहचहा रही हो, हल्की-सी पुरबैया, और सूर्य उग रहा हो। सुबह हो रही हो। यह शिव-हरि जोड़ी तो ख़ैर यश चोपड़ा की फ़िल्मों में भी मशहूर रही और 'सिलसिला' जैसी फ़िल्म का संगीत इसी जोड़ी ने दिया।

शिवकुमार शर्मा के बाद पं. भजन सोपोरी ने अपनी अलग शैली बनाई है तो यह मुमकिन है कि संतूर के भी कुछ घराने बन जाएँ। शर्मा घराना (शैली) और सोपोरी घराना। और यह संगीत के नवीनतम् घराने होंगे।

सिंगिंग वायलिन और सारंगी

उत्तर भारत में वायलिन से मिलता-जुलता यंत्र सारंगी है। सारंगी, इसराज (दिलरुबा) और सारिन्दा। वायलिन से अलग बात यह है कि सारंगी की आवाज़ का 'पिच' गायन के अधिक करीब है। सारंगी के साथ गाया जा सकता है, बल्कि गाया ही जाता रहा है। सारंगी के आविष्कार की एक परीकथा भी है। हाकिम जाली नूस जंगल से गुज़र रहे थे, तो एक बंदर मरा पड़ा था और उसकी आंतें बाहर थीं। उन्होंने उसे किनारे करने के लिए आंतों को खींचा तो एक ध्वनि निकली, और

तभी सारंगी की खोज हुई। आज भी सारंगी में बकरी की आंतों का प्रयोग होता है।

सारंगी में एक नाम है, जिन्हें शायद लोग पहचानते ही होंगे। उन्होंने ही गाया था एक एल्बम गीत 'पिया बसंती रे'। उस्ताद सुल्तान ख़ान का परिवार (उनके बेटे साबिर ख़ान) सारंगी के भविष्य हैं। इनके अलावा राम नारायण जी और रमेश मिश्रा जी ने विदेशों में ख़ूब नाम कमाया। उस्ताद साबरी ख़ान ने तो यहूदी मेनुहिन के साथ जुगलबंदी भी की।

असल वायलिन पश्चिम में अलग अंदाज़ में बजाते हैं और भारत में अलग। पश्चिम में खड़े होकर बाँहें तान कर बजाते हैं। भारत में पालथी मार कर बहुत ही सहज मुद्रा में शिशु की तरह गोद में रखकर मातृ-स्नेह की तरह डंडी फेरी जाती है। भारतीय वायलिन कर्नाटक संगीत की रीढ़ है। वायलिन यूरोप से उठ कर नहीं आया, यह 'बेला' रूप में भारत में पहले से बजता रहा है।

हिन्दुस्तानी संगीत में वायलिन को लाने वाले उस्ताद अलाउद्दीन ख़ान और पं. वी. जी. जोग (मैहर घराना) थे। एक दक्षिण के यंत्र को उत्तर में लोकप्रिय करना आसान नहीं रहा होगा। पटना में दुर्गा पूजा में उस्ताद बिस्मिल्लाह ख़ान साहब की शहनाई के साथ वी. जी. जोग के वायलिन जुगलबंदी की चर्चा आज भी होती है। क्या ख़ूबसूरत धुनें जन्म लेती हैं! शहनाई और वायलिन का स्वरमान (पिच) भी एक-सा है, इसलिए यह जोड़ी जमती है। पं. ओंकारनाथ ठाकुर की शिष्या एन. राजम जी के भी बिस्मिल्लाह ख़ान के साथ या एकल लाजवाब प्रस्तुतियाँ हैं। एन. राजम जी का शास्त्रीय अंग अधिक सधा नज़र आता है। पं. जोग को अलाउद्दीन ख़ान के पास सीखने का लंबा अवसर न मिल सका। जबकि एन. राजम ने पारंपरिक रूप से शिक्षा ली और लंबे समय तक संगीत फ़ैकल्टी से जुड़ी रहीं।

इसी कड़ी में पं. जसराज की शिष्या कला रामनाथ आकर्षक हैं। बल्कि जिसने कभी वायलिन न सुना हो, वह कला रामनाथ जी से ही शुरुआत करे। उनका संगीत मनभावन, सुगम और मोहक है। यूँ लगेगा कि कोई आपके लिए ही वायलिन बजा रहा है। जैसे सितार का 'गायकी अंग' विलायत ख़ान लाए, सरोद में अमजद अली ख़ान लाए, वायलिन में एन. राजम और कला रामनाथ लेकर आईं। अब एन. राजम की बेटी संगीता शंकर और नातिन रागिनी और नंदिनी शंकर के बाद यह वायलिन के एक महिला घराने का रूप ले चुका है। 'सिंगिंग वायलिन' का घराना!

घरानों की अंतर्यात्रा
देश से विदेश तक

''भले ही तुम्हारी उम्र पाँच वर्ष हो, और तुम बड़े-बड़े उस्तादों के बीच बैठे हो; एक बार तुम्हारे हाथ सितार आ गया, तुम उस्ताद बन गए। एक पाँच वर्ष के बच्चे को भी हम उसी गंभीरता से सुनेंगे जैसे अपने गुरु को। क्या पता वह कुछ नयी सीख दे जाए?''

—विलायत ख़ान अपने शिष्य हुमायूँ ख़ान से

गुरु शिष्य परंपरा और संगीत की चोरी!

आप गुरु कैसे चुनते हैं और गुरु शागिर्द या 'चेला' या शिष्य कैसे चुनते हैं? संगीत में यह चुनाव बड़ा महत्त्वपूर्ण है कि चेला अपना सही गुरु चुने और गुरु अपना सही चेला। यह संगीत की एक रस्म है। आप सीख किसी गुरु से लें, ज़रूरी नहीं कि गुरु आपको शागिर्द मानें ही। यह तभी होगा, जब गुरु गंडा बाँधेंगे।

'गंडा' एक धागा ही है। अनंत पूजा के अनंत की तरह, रक्षाबंधन के धागे की तरह या यज्ञोपवीत की तरह। मौली का धागा जो कलाई में बाँधा जाए। यह एक संगीतकार की दीक्षा का सबसे महत्त्वपूर्ण पल है जब गुरु गंडा बाँधने को तैयार हो जाएँ। यह सबके हाथ नहीं आता। पं. रविशंकर तक को गंडा बाँधने से किसी ने मना कर दिया था।

गुरु भी तरह-तरह की अग्नि-परीक्षा लेते हैं। ओंकारनाथ ठाकुर एक रेलवे-स्टेशन पर बैठे थे तो एक नेत्रहीन युवक उनके पास आए और कहा, ''पंडित जी! मैं आपसे संगीत सीखना चाहता हूँ।''

पंडित जी अपना तानपुरा अपने पास ही रखते। उन्होंने कहा, ''मेरी एक शर्त है। मेरा यह तानपुरा पकड़ो और चलती ट्रेन पर चढ़ कर दिखा दो।''

यह अजीब शर्त थी, लेकिन उस युवक ने तानपुरा उठाया और ट्रेन की तरफ़ दौड़ना शुरू किया। ट्रेन की आवाज़ से उन्होंने गति का अंदाज़ा लगाया और ट्रेन पकड़ ली।

ओंकारनाथ जी से जब पूछा गया तो उन्होंने कहा, ''मैं देखना चाहता था कि इसकी श्रुति कैसी है, क्योंकि इसे तो सुन कर ही संगीत सीखना है। जब इसने ट्रेन का सुर पकड़ लिया, तो संगीत भी साध लेगा।''

यह नेत्रहीन युवक बलवंतराय भट्ट थे, जो बनारस हिन्दू विश्वविद्यालय के संगीत-शिक्षक रहे; कई बंदिशें लिखीं और 'भावरंग' कहलाए।

गंडा बाँधते वक़्त गुरु अपने गुरुओं की तस्वीर के साथ बैठते हैं। कुछ यूँ भी बाँध देते हैं। ख़ानदानी घरानों में पिता या चाचा अक्सर बाँधते हैं। गंडा बाँधते वक़्त गुरु यही मनाते हैं कि शागिर्द नालायक न निकले। गंडा-बंधन में अक्सर मखाना, कुछ चना, एक पान का पत्ता, और गुड़ एक दोने में डालकर गुरु को भेंट करते हैं। यह रिवाज़ आज के पाकिस्तान में भी हू-ब-हू है। यह भी रिवाज़ है कि चेले ने अब तक जो कमाया, वो नजराना गुरु के चरणों में रख दे। ये हुई 'वन-टाइम' फ़ीस। अगर पिता गुरु हों तो भी बेटे पिता को अपना धन सौंप देते हैं। गुरुआइन (गुरु की पत्नी) को बनारसी साड़ी, गुरु को कपड़ा। फिर 'शकर' गाने का रिवाज था, पर अब बंद हो गया। अब किसी ने 'गुरु ब्रह्मा...' मंत्र पढ़ लिया या कुछ घरानों का अपना मंतर। लेकिन इस पूरी प्रक्रिया का उद्देश्य है जीवनपर्यंत गुरु-शिष्य का बंधन।

गंडा-बंधन यूँ तो पवित्र बंधन है, लेकिन कभी-कभार कुछ अप्रत्याशित भी हो जाता। उस्ताद रज़ब अली ख़ान (देवास) का एक किस्सा पढ़ा कि उनके एक शागिर्द ने मुकदमा कर दिया कि गंडा-बंधाई के समय दी गयी रकम वापस की जाए। रज़ब अली ख़ान वैसे भी जो धन हाथ आता, अपनी रईसी-मेहमानबाज़ी में उड़ा डालते। शिष्य की रकम तो हवा हुई। अब वह क्या लौटाते और क्या मुकदमा लड़ते। वह संगीत-अध्येता पं. भातखंडे के पास गए कि वही कुछ हल निकालें। ऐसा प्रकरण तो पहले कभी न हुआ कि चेला गुरु से अपनी फ़ीस वापस माँग ले। भातखंडे रज़ब अली की ओर से मुकदमा लड़े और जीते भी। फ़ैसला यही हुआ कि गुरु को गंडा-बंधाई के लिए दी गयी रकम गुरु की संपत्ति है। उस पर शिष्य का कोई अधिकार नहीं।

पुराने ज़माने में एक कठिन व्रत भी हुआ करता—'चिल्ला'। इसमें बालक को एक ही कमरे में रख दिया जाता, जहाँ दिन-रात चालीस दिनों तक लगातार रियाज़ करना होता। उसी कमरे में खाना-पीना, वहीं सोना, और मात्र संगीत।

उस्ताद इमदाद ख़ान (इटावा) और फ़ैयाज़ ख़ान (आगरा) की परवरिश कुछ ऐसे ही हुई थी[1]। यह कठिन विद्या है। जियाउद्दीन डागर कहते हैं कि उन्हें एक 1100 मनकों की माला पकड़ा दी जाती, और 11 बार एक ही स्वर-समूह की माला जपनी होती। यानी 12100 बार एक ही स्वर समूह गाना—'नि रे ग म प ध नि सा'। इस तरह से रागों को छुटपन में कंठस्थ करा दिया जाता।

विलायत ख़ान का एक किस्सा है। वह जब स्कूल में फ़ेल होते तो कलम से ग़लत नंबर चढ़ा कर पिता को दिखाते। उन्होंने एक बार पकड़ लिया और कहा, ''मियाँ! तुम्हें स्कूल आगे भी जाना है या मौसिकी सीखनी है? यह जान लें कि स्कूल में फिर भी पास कर जाएँगे, मौसिकी में तो लोहे के चने चबाने पड़ेंगे।''

यह और बात है कि विलायत ख़ान ने लोहे के चने चबाना ही चुना। हालाँकि कुछ गुरु ऐसे भी थे जो इस घंटों के रियाज़ के विपरीत भी सोचते।

उस्ताद अमीर ख़ान के पिता शाहमीर ख़ान ने कहा, ''रियाज़ तो दो-तीन घंटे काफ़ी है कि गाना सीख जाओ, लेकिन यह आधा सफ़र ही है। बचा हुआ आधा रास्ता अब गाना नहीं है, सोच बनानी है कि हम गा क्या रहे हैं। और वह तभी मुमकिन है जब हम गले को आराम दें, और दिमाग खोलना शुरू करें।''

गुरु-शिष्य परंपरा में ख़ास कर महिला गायकों के लिए जीवन अत्यधिक कठिन था। उन दिनों दक्षिण भारत और महाराष्ट्र में विवाह के लिए एक गुण यह भी देखा जाता कि स्त्री को गायन या नृत्य भी आए। वहीं दूसरी ओर, उनका मंच पर गाना अच्छा नहीं माना जाता। इस विषय पर नमिता देवीदयाल ने कई बातें लिखी हैं। केसरबाई केरकर कभी गाने वाली बाई थीं और उनके कई पुरुषों से संबंध की अफ़वाह रही। जब उनको अलादिया ख़ान साहब ने कहा कि संगीत पर ध्यान दें तो उन्होंने उसी वक़्त सेठ गोपालदास से अपने शारीरिक संबंध तोड़ लिए। वह दिन-रात अलादिया ख़ान से सीखती रहीं। यहाँ तक कि उनके रियाज़ से मुहल्ले के बच्चों की पढ़ाई में विघ्न होने लगा। केसरबाई ने दूर कस्बे में खेत के मध्य एक घर ले लिया, जहाँ उन्होंने संगीत की तालीम जारी रखी और कठिन रागों पर ऐसी पकड़ पायी कि वह सबसे ऊँचे कद की महिला गायिका बन कर उभरीं।

गुरुआइन या गुरु माँ की भी भूमिका महत्त्वपूर्ण है। वे गायन तो नहीं करतीं, लेकिन इस साधना में उनके बारे में सोच कर मुझे संत मार्था का स्मरण होता है जो यीशु की भोजन-व्यवस्था में ही व्यस्त रहीं जब संत मैरी यीशु से ज्ञान लेती

---

1. ज़ाकिर हुसैन ने सत्रह वर्ष की अवस्था में ऐसा ही चिल्ला-व्रत चालीस दिनों तक बंद होकर तबला बजा कर लिया।

रहीं। इन तमाम शिष्यों और संगीत साधना के नैपथ्य में गुरुआइन (गुरु-माँ) एक ऐसी ही अदृश्य धुरी हैं। गुरु जितने ही सख़्त होते, उतनी ही उनकी पत्नी कोमल। और कमाल की बात यह कि उन्हें हर राग की समझ सुन-सुन कर ही हो जाती। तो कहीं-न-कहीं इस पुस्तक का उद्देश्य उनके स्तर तक पहुँचना ही है कि हम भी सुन कर समझने लगें। अक्सर गुरु रियाज़ के वक़्त यह नहीं बताते कि कौन-सा राग गा रहे हैं और आलाप के बाद चेलों को कहते कि आगे गाएँ। अब उन्हें राग तो पता होता नहीं, वे बहाना बना कर बीच आलाप में ही भाग कर रसोई जाते और राग पूछ कर आते। अक्सर गुरु माँ का बताया राग सही निकलता और गुरु से डाँट खाने से बच जाते। यह भी होता कि गुरु अगर कहीं लंबी यात्रा पर किसी और रियासत गए तो उनकी अनुपस्थिति में गुरु-माँ ने सिखाना शुरू कर दिया। इसका एक उदाहरण जो मैंने पढ़ा है, वह है भास्करबुवा गोखले का। उन्होंने अपने गुरु नत्थन ख़ान की पत्नी जसिया बेग़म[2] से भी गायकी सीखी। यहाँ तक कि पटियाला घराने के प्रवर्तक मशहूर अली बख़्श-फ़तेह अली (आलिया फत्तू) ने अपनी माँ गोरखी बाई से शिक्षा ली थी। यह और बात है कि बाद में उन्होंने बहराम ख़ान (डागुर घराना) से यूँ ही गंडा बँधवा लिया था कि लोग यह न कहें कि बाई के चेले हैं।[3] उस्ताद विलायत ख़ान के पिता इनायत ख़ान की मृत्यु जब हुई, विलायत ख़ान मात्र दस वर्ष के थे। तो उनकी भी तालीम में उनकी माँ बशीरन बेग़म का बड़ा योगदान है।

यह गुरु-चेला रिश्ता जीवन भर का ही नहीं, जन्म-जन्म का रिश्ता बन जाता। अपने गुरु की हर बरसी मनाना, उनकी तस्वीर की पूजा प्रतिदिन करना इत्यादि। अब इसमें कई मित्रवत मौज भी करते। अब नत्थन ख़ान की ही बात करें। एक बार नत्थन ख़ान अपने चेले भास्करबुवा गोखले के धारवाड़ गाँव से गुज़र रहे थे तो चेले से मिलना ही था। उस वक़्त भास्करबुवा अपने कर्मकांडी चाचा के साथ रहते थे, जो दलित और मुसलमानों का गलती से भी स्पर्श होते ही शरीर पर गंगाजल छिड़क लेते। नत्थन ख़ान आए तो कहा कि माँस का इंतज़ाम करो, और हुक्के का भी। गुरु की आज्ञा भला चेला कैसे ठुकराए? माँस और तंबाकू का इंतज़ाम किया गया। नत्थन ख़ान ने खूब छक कर खाया-पीया और वहीं ज़मीन पर सो गए। जब सुबह हुई तो भास्करबुवा ने उन्हें झटके से उठाया, ''उस्ताद उठिए! चाचाजी बाहर आ गए, आप निकल लीजिए।''

---

2. जसिया बेग़म दरअसल महबूब ख़ान (दरस पिया) की बहन भी थीं। तो उन्होंने छुटपन से संगीत देखा-सुना।

3. यह संदर्भ एक दूसरे रूप में पटियाला के फ़तेह अली ख़ान कहते हैं।

नत्थन ख़ान ने आधी नींद में अपना अंडकोष खुजाते कहा, ''लाओ तानपुरा!'' और फिर शिव-भक्ति में ऐसा राग भैरव गाया कि चाचाजी सीधे पैरों पर आ पड़े। उन्होंने हाथ जोड़ कर कहा, ''यह सुन कर तो मुझे जैसे शिव से साक्षात्कार हो गया!''

भास्करबुवा गोखले बाद में अलादिया ख़ान के शिष्य बने। जब भास्करबुवा की अल्पायु मृत्यु हुई तो सेठ विट्ठलदास के घर पर अलादिया ख़ान गा रहे थे। मिराज और देवास के राज परिवार के लोग बैठे थे। लेकिन अलादिया ख़ान बीच में ही गाना बंद कर रोने लगे, ''मेरा प्रिय भास्कर चला गया! अब मेरे सुर कैसे बँधेंगे?'' तो गुरु भी शिष्य के बिना निर्बल महसूस करने लगते।

वहीं दूसरी ओर शिष्यों की बदसलूकी के बदले श्राप भी दिया जाता। लखनऊ के मक्खन ख़ान और शक्कर ख़ान के गुरु हुआ करते थे जानी और ग़ुलाम रसूल। कुछ तालीम के बाद इन दोनों भाइयों को गुरूर हो गया और बादशाह नसीरुद्दीन हैदर से कहा कि हम उस्ताद रसूल भाइयों के बराबर बैठ गाएँगे। लेकिन जब उस्ताद सामने आकर बैठे तो दोनों काँपने लगे। आखिर गुरु थे। बादशाह ने दोनों भाइयों को सज़ा के तौर पर धूप में पत्थर पर नंगे पाँव खड़ा कर दिया और रसूल भाइयों ने श्राप दिया, ''अब तुम दोनों को कोढ़ हो और तुम्हारी संतानों को भी।'' इस बद्दुआ से वाकई कोढ़ हुआ भी, लेकिन बाद में उस्तादों ने माफ़ कर दिया और दोनों ने आगे जाकर खूब नाम किया। बल्कि इनकी संतानों ने ही ग्वालियर की नींव रखी।

गुरु-चेले के रिश्ते में कई एकलव्य भी होते जो गुरु से बिना गण्डा बँधाए ही उन्हें गुरु मानते। और कुछ चोरी-छुपे भी सीखते। इसे संगीत की चोरी कहना ठीक नहीं, लेकिन चीज़ या बंदिश चुराना, एक-दूसरे की नकल उतारना तो अक्सर होता ही। यह चोरी तभी कही जाती जब यह अनुमति के बिना किया जाता। रजब अली ख़ान ने चुपके से अलादिया ख़ान के पड़ोस में घर ले लिया और उनकी नकल उतार कर गाने लगे। अब वह जहाँ भी गाते, अलादिया ख़ान की नकल ही गाते। आखिर अलादिया ख़ान के अनुरोध पर शाहूजी महाराज ने उन्हें कोल्हापुर से निकाल कर देवास भिजवा दिया।

इस चोरी से बचने के लिए घराने अपनी चीज़ छुपाते फिरते। अपना ज्ञान छुपाने में केसरबाई केरकर अपने गुरु अलादिया ख़ान से एक कदम आगे ही थीं। वह जानबूझकर अपने गायन में कुछ गलत गा देतीं कि कोई चुराए तो गलत गाए और पकड़ा जाए। उन्हें एक सेठ चुपके से रिकॉर्ड कर लेते। वह उनके घर आती-

जाती रहतीं। अगर सुनते पकड़ लिया होता तो कैसेट ज़ब्त कर लेतीं। लेकिन वह भी चालाक थे। जैसे ही केसरबाई आतीं, वह कैसेट छुपा लेते। अब वे छुपे हुए कैसेट न जाने कहाँ होंगे?

लेकिन सीखने की धुन में एक विवादित वाकये का ज़िक्र कुमार प्रसाद मुखर्जी की पुस्तक से उद्धृत करता हूँ। उस्ताद अमीर ख़ान ने अब्दुल वाहिद ख़ान से गण्डा-बंधन नहीं कराया, लेकिन छुप कर सीखा ज़रूर। अब्दुल वाहिद ख़ान के दिल्ली की तवायफ़ जगमगी बाई से संबंध थे। और उस्ताद अमीर ख़ान के संबंध जगमगी बाई की बेटी मुन्नीबाई से। तो अमीर ख़ान बाथरूम में छुप कर अब्दुल वाहिद ख़ान को सुनते थे। उनकी गायी कई बंदिशें और ख़ास कर मेरुखण्ड अब्दुल वाहिद ख़ान की ही विरासत है। वह पारंपरिक गण्डाबंधन भी करवाते, लेकिन मुन्नीबाई ने यह होने न दिया। तब तक अब्दुल वाहिद ख़ान भी चल बसे। इसमें एक बात और रोचक है। अब्दुल वाहिद ख़ान को यह शुबहा हो गया कि कोई उनको छुपकर सुन रहा है। उन्होंने अंतरे गाए ही नहीं। तभी उस्ताद अमीर ख़ान की उन बंदिशों से अंतरा गायब रहा। वह कभी उन्हें मिले ही नहीं। संगीत की दुनिया में न जाने कितने ऐसे एकलव्य रह गए।

गुरु-शिष्य परंपरा की एक और बात थी कि यह खानदानी परंपरा थी। एक बार मुश्ताक हुसैन ख़ान (रामपुर सहसवान) कोलकाता में अता हुसैन ख़ान (आगरा) के घर रुके। वहाँ एक ही खाट थी, जो उन्होंने अपने से बड़े और मेहमान बन कर आए मुश्ताक साहब को दे दी। उन्होंने खाट पर सोने से मना कर दिया, क्योंकि आखिर यह उनके गुरु महबूब ख़ान के बेटे की खाट थी। गुरु के खानदान की खाट पर भला चेला कैसे पहले जगह ले? आखिर एक खाट पड़ोस से उधार ली गयी। गुरु का पूरा परिवार ही जीवन भर आदर योग्य रहता, चाहे उस घर का एक बच्चा ही क्यों न हो।

अधिकतर शिष्य तो गुरु के नौकर बनकर ही शुरुआत करते। गुरु के घर की सफ़ाई, बर्तन धोना, बाज़ार के काम करना। यह आला दर्जे के उस्तादों जैसे पं. भीमसेन जोशी और उस्ताद बिस्मिल्लाह ख़ान ने भी किया। ग्वालियर के बालकृष्णबुवा तो कई वर्ष तक नौकर बन कर फटेहाल ही रहे। आखिर गुरु का दिल पसीजता, और फिर सिखाना शुरू केरते।

उस्ताद विलायत ख़ान तो इंदौर के एक गुरु से कुछ सीखने गए। पहले उनका पैर दबाया, फिर अफ़ीम खिलायी। लेकिन गुरु का दिल न पसीजा। आखिर विलायत

ख़ान ने अपनी जेब से पिस्तौल निकाल ली और गुरु की कनपट्टी पर लगा दी!

उड़ गया हंस बिदेस

मोन्टेरो पॉप फ़ेस्टिवल, 16-18 जून, 1967

हिप्पियों का युग चरम पर था और अमरीका का कैलिफ़ोर्निया इनका केंद्र। यहाँ जो कुछ भी होने जा रहा था, वह ऐतिहासिक था। 'द हू' (The who) और जिमी हेन्ड्रिक्स के मध्य रॉक की जंग, तो हिप्पियों की पोस्टर-गर्ल जैनिस जॉप्लिन का पहला बड़ा परफ़ारमेंस। खुले आसमान के नीचे गांजा मारते, कंधों तक बाल बढ़ाए नंग-धड़ंग हिप्पी घूम रहे थे। और ऐसे में भारत से एक सितारवादक और तबलावादक न जाने क्यों बुलाए गए थे? रॉक के शोर-हंगामे में इस शांत प्रवृत्ति के संगीत का भला क्या काम? स्टेज पर पागलपन भरे उत्पात हो रहे थे। 'द हू' ने गाते-बजाते हुए ही एक-एक कर सारे यंत्र और कुर्सियाँ तोड़नी शुरू कर दीं, बम फोड़ने लगे। बड़ी मुश्किल से माइक वगैरा बचाए गए। फिर जिमी हेन्ड्रिक्स आए तो उन्होंने अपने गिटार में आग लगा कर उसके टुकड़े-टुकड़े कर दिये और भीड़ में उछाल दिया। यह सब देख दोनों भारतीय काँप उठे और कहा कि वह ऐसे स्टेज पर नहीं बजाएँगे। फिर उन्हें मना कर लाया गया कि उनका कार्यक्रम इतवार की दोपहर आखिरी प्रोग्राम होगा और ऐसी कोई हरकत नहीं होगी। वह इतवार आखिर आया, और तब तक सभी थके-हारे मैदान में तितर-बितर थे। जिमी हेन्ड्रिक्स और जैनिस जॉप्लिन भी कुर्सियाँ लगा कर देखने बैठ गए थे कि आखिर ये दोनों भारतीय क्या करने आए हैं? आकर्षक मुस्कान वाले रविशंकर, और उतने ही बुलंद अल्ला रक्खा ख़ान मंच पर पालथी मार बैठ चुके थे।

उस दोपहर रविशंकर ने राग भीमपलासी में धीरे-धीरे आलाप लेना शुरू किया। सितार की भीनी धुन से थके-मांदे लोगों की नींद कुछ खुलने लगी और वे मंच से दूर ही टहलने, सिगरेट पीने लगे। जैसे-जैसे आलाप से ज़ोर तक आए, कौतूहल बढ़ने लगा। टहलते लोग रुकने लगे; जो खड़े थे, वे बैठने लगे; मंच के पास लोग जुटने लगे। जिमी हेन्ड्रिक्स मोहित हो चुके थे, जैसे कुछ वर्ष पूर्व 'बीटल्स' के जॉर्ज हैरीसन हुए थे। यह वीडियो यू-ट्यूब पर है, जिसमें उस दिन का माहौल बड़ी खूबसूरती से कैद है। जब गत शुरू हुआ तो अल्ला रक्खा के तबले की थाप ने उन सबको झूमने को मजबूर कर दिया। प्रेमी युगल एक-दूसरे से गले लगने लगे। बच्चे उछल कर गोल-गोल घूमने लगे। हिप्पी अपने बाल धीरे-धीरे हिलाते झूम रहे थे। झाला के समय तो पूरा मैदान सम्मोहित होकर झूमने लगा, जैसे वर्षों से तलाशा जा रहा निर्वाण मिल गया हो। उन्हें जीवन का मूल्य मिल गया हो। उन्हें

तो जो मिला सो मिला, भारत में फ़िल्मी संगीत के सामने घुटने टेकते हिन्दुस्तानी संगीत को भी उस देश में स्थायी घोंसला मिल गया। उसके बाद एक-एक कर सब उड़ कर आते गए। कुछ आते-जाते रहे, कुछ वहीं बस गये।

रविशंकर पहले व्यक्ति नहीं थे। एक सूफ़ी संत हजरत इनायत ख़ान तो 1910 ई. में ही वीणा बजाते आ गए थे। लेकिन उस वक़्त न रेडियो था, न ग्रामोफ़ोन, न इतने आयोजन होते। वह कहाँ आए, कहाँ गए, क्या बजाया, यह सब अब भुलाया जा चुका। आज़ादी से पहले यूरोप जाने वालों में तो ओंकारनाथ ठाकुर, रामचतुर मलिक, अलाउद्दीन ख़ान और भी कई लोग थे। लेकिन अमरीका की धरती हिन्दुस्तानी संगीत से अनजान थी। यह नींव रविशंकर को ही डालनी थी। 1954 ई. में रविशंकर और किशन महाराज रूस में एक ट्रेन यात्रा पर गए। वे मास्को, लेनिनग्राद, जॉर्जिया, आर्मीनिया, कीव, उज़्बेकिस्तान हर जगह बजाते गए। उसी मध्य भारत में मशहूर वायलिनवादक यहूदी मेनुहीन से रविशंकर की मुलाकात हुई, जिन्हें इस पूरे पलायन की धुरी कहा जा सकता है। यहूदी मेनुहीन ने अगले वर्ष ही रविशंकर को अमरीका आने का न्यौता दे दिया, लेकिन उस वक़्त अन्नपूर्णा देवी से पारिवारिक कलह चल रही थी। तो उन्होंने अपने साले साहब अली अकबर ख़ान को भेज दिया।

1955 ई. में जब अलाउद्दीन ख़ान अपना सरोद और उनके साथ चतुर लाल जी तबला लेकर पहुँचे तो समस्या यह थी कि अमरीकी लोग आखिर क्या समझेंगे यह संगीत? उन्हें तो गिटार, की-बोर्ड और बड़े-बड़े ड्रम सुनने की आदत थी। आखिर यहूदी मेनुहीन ने माइक सँभाला और धीरे-धीरे कहना शुरू किया, ''हमें बहुत खुशी हो रही है कि आज हमारे साथ मिस्टर अली अकबर ख़ान हैं, जो एक प्राचीन वाद्य-यंत्र सरोद के माहिर फ़नकार हैं। यह सुबह का वक़्त है, तो उन्होंने उस वक़्त का राग सिंधु भैरवी चुना है...तबले पर चतुर लाल हैं, जो आपको पहले तीन ताल के सोलह बीट्स बजाकर सुनाएँगे। यह हमारे ड्रम से मिलता-जुलता है...उसके बाद अली अकबर सरोद पर आरोह-अवरोह बजाएँगे जो हमारे सरगम की तरह है...और पीछे तानपुरा शिरीष गौर बजा रहे हैं जो इन्हें स्वर का 'बेस' दे रहा है...'

इस तरह से खोल-खोल कर समझाना शुरू किया। इस रिकॉर्डिंग की दूसरी ओर राग पीलू था। पहले रुपक ताल, फिर तीनताल, झाला बजने लगा, और दोनों ने बिलकुल साथ तीन बार बजाते हुए 'तिहाई' और ज़ोरदार 'धा' पर सम से अंत किया। यह सुनते ही खलबली मच गयी। लोग पूछने लगे कि आपने कहा बस तीन लोग हैं। फिर इतनी आवाज़ें कहाँ से निकल रही हैं? ड्रम कितने बड़े हैं, स्टिक

कैसे हैं, बजाने वाले कितने तगड़े हैं? जब बताया गया कि ये दो छोटे-छोटे तबले हैं—दायाँ और बायाँ, और बजाने वाले बस उँगली से बजा रहे हैं, और वह भी दुबले-पतले चतुर लाल जी; तो सब सन्न रह गए। यह तो जादू हो रहा है। इस काली बिंदी वाले बचकाने ड्रम में तो 'मैजिक' है!

उसी वर्ष अली अकबर ख़ान ने पहली बार अमरीकी टेलीविज़न पर भी बजाया, और एक नैतिक बिखराव की ओर अग्रसर देश को तो जैसे आध्यात्मिक सूत्र मिल गया। अभी कुछ ही वर्षों में वियतनाम युद्ध और तमाम हलचल होनी थी और ऐसे ही समय भारत से इस्कॉन के प्रभुपाद और महर्षि महेश योगी जैसे लोग भी इनको निर्वाण के रास्ते सुझाने वाले थे। यह हिन्दुस्तानी संगीत के पश्चिमी विस्तार के लिए स्वर्णयुग था।

14 अप्रैल को अली अकबर ख़ान का जन्मदिन था और 22 अप्रैल को यहूदी मेनुहीन का। तो 18 अप्रैल 1955 को एक बड़ा 'बर्थडे-केक' काटा गया, जिसमें एक तरफ़ भारत का झंडा था और दूसरी तरफ़ अमरीका का। यह केक ही पूरब और पश्चिम का विवाह था, जिसके दहेज़ में न जाने कितने संगीतकार पश्चिम चले गए और हम जश्न मनाते रहे कि हमारा संगीत दिग्विजय कर गया। यह दिग्विजय नहीं, भारत में शास्त्रीय संगीत से उदासीनता की वजह से पलायन था।

1955 ई. में जो बीज पड़ा, बारह वर्ष बाद 1967 ई. में वह फल-फूल से लदे वृक्ष रूप में स्थापित हो गया। अली अकबर ख़ान अपने एक दार्शनिक मित्र एलन वाट्स के साथ उनके हाउस-बोट में बैठे थे तो यूँ ही कहा, ''दोस्त! मेरी इच्छा है कि यहाँ एक मैहर बसा लूँ। संगीत का एक स्कूल खोलूँ।''

एलन ने कहा, ''यह तो गज़ब का विचार है। मैं अभी सब इंतज़ाम किए देता हूँ।''

और वहीं बैठे-बैठे एक सेठ डॉन मेकॉय को फ़ोन मिलाया, जो उसी वक़्त बीस हज़ार डॉलर का चेक लिए हाज़िर हो गए। और इस तरह कैलिफ़ोर्निया में 'अली अकबर कॉलेज ऑफ़ म्यूज़िक' तैयार हो गया, जो अब तक चल रहा है। सैकड़ों अमरीकी यहाँ से सीख कर अब सितार-सरोद बजा रहे हैं। मैहर सूना पड़ा है, क्योंकि मैहर तो कैलिफ़ोर्निया चला गया।

उसी वर्ष पं. रविशंकर और यहूदी मेनुहीन के रिकॉर्ड 'वेस्ट मीट्स ईस्ट' ने ग्रैमी जीता। उसी साल वह मॉन्टेरो का कालजयी पॉप फ़ेस्टिवल हुआ, जिसमें रविशंकर-अल्लार क्खा की जोड़ी ने धूम मचायी और उसी वर्ष दिसंबर में पूरे

विश्व में रविशंकर और अल्ला रक्खा ख़ान के बजाए राग मिश्र पीलू का 'लाइव' प्रसारण हुआ। बीटल्स के जॉर्ज हैरीसन अब रविशंकर के शिष्य बन चुके थे। हिन्दुस्तानी संगीत का डंका भारत से बाहर बज चुका था। 1971 ई. में बांग्लादेश के लिए अमरीका में विशाल संगीत सम्मेलन हुआ, जिसमें जॉर्ज हैरीसन, रविशंकर और अल्ला रक्खा का संगीत 'ग्रैमी ऑफ़ द ईयर' चुना गया।

फिर तो एक-एक कर इमरत ख़ान (और उनके बेटे), पं. प्राणनाथ, ज़ाकिर हुसैन, स्वपन चौधरी, आशीष ख़ान, अशोक पाठक, उस्ताद विलायत ख़ान, सभी विदेश में बसते चले गए। कई ऐसे भी हैं जो अधिकतर वक़्त विदेश में बिताते रहे। रविशंकर ने पाश्चात्य दर्शकों के लिए इसे सुलभ बनाया। वह अपने वादन से पहले और बीच-बीच में संगीत समझाते रहते। यह बताते रहते कि वह बजा क्या रहे हैं? यह आवश्यक था, और इससे लोग जुड़ते गए। वे हिन्दुस्तानी संगीत समझने लगे। सीखने लगे। इसी की ज़रूरत अब भारत में है।

रागों के प्रहर

ब्रह्मकाल : 3-6 बजे—हिंदोल, हिंदोल बहार, ललित, बसंत, भटियार, जयंत, कलिंगड़ा

प्रातःकाल : 6-9 बजे—भैरव (सभी रूप), भैरवी, बिलावल, तोड़ी (लगभग सभी रूप), बिभास, अहीरी, आनंदलीला, अरज, भैरव बहार, गिरिजा

9-12 बजे—देसी, चारूकेशी, जौनपुरी, मालगुंजी, आसावरी, बरवा

दोपहर : 12-3 बजे—सारंग (गौड़, शुद्ध, वृंदावनी)।

3-6 बजे—भीम पलासी, पुरिया कल्याण, पुरिया, श्री, लतिका, मारवा, मारू बिहाग, मुल्तानी, पीलू, पूर्वी।

रात के राग पूर्वांग प्रधान होते हैं, यानी 'सा', 'रे', 'ग' अथवा 'म' वादी स्वर होते हैं। इसका अर्थ है कि गायक/वादक निचले स्वरों का अधिक प्रयोग करते हैं। इसके कुछ अपवाद हैं। जैसे राग काफी, शिवरंजिनी, कलावती और छायानट का वादी स्वर पंचम (प) है। राग हमीर का वादी स्वर धैवत (ध) है।

सायं : 6-9 बजे—कल्याण (पुरिया कल्याण के अलावा सभी रूप), यमन, जयजयवंती, तिलक कामोद, धनश्री, हंसध्वनि, सुहा, सुघरइ, पहाड़ी, तिलंग, गौरी, अमृतवर्षिणी, केदार बहार, भूप, चंपक, काफी, मनोहर, रेवा

रात्रि : 9-12 बजे—दुर्गा, झिंझोटी, कनड़ा (लगभग सभी रूप), केदार, बिहाग, हमीर, हेमंत, चंद्रकौस, छायानट, कलावती, आसा, बागेश्री बहार, कनड़ा बहार, दीपक, नंद, नारायणी, रागेश्री, शंकरा, शिवरंजिनी

देर रात : 12-3 बजे—मालकौस, देस, अदाना, जोग, बहार, बसंतबहार, भवानी

मॉनसून : मेघ, मल्हार, किरवानी, सिंदूरा

बंदिश बनाने वालों के नाम

1. सदारंग-नियामत ख़ान; प्रसिद्ध बंदिशें—जा जा रे अपने मन्दिरवा (भीमपलासी)
2. अदारंग-फ़िरोज़ ख़ान
3. सरसरंग-दयाम ख़ान (आगरा)
4. शोख़रंग-बहादुर शाह ज़ाफ़र
5. श्यामरंग-क़याम ख़ान (आगरा)
6. रसरंग- अनवर हुसैन ख़ान (आगरा)
7. रामरंग-रामाश्रय झा
8. मनरंग-महावत ख़ान (जयपुर)
9. प्रेमपिया-फ़ैयाज़ ख़ान (आगरा)
10. प्राणपिया-विलायत हुसैन ख़ान (आगरा)
11. मनहरपिया-अब्दुल्लाह ख़ान (आगरा); प्रसिद्ध बंदिशें—ए री आली पिया बिन।
12. दरसपिया-महबूब ख़ान (आगरा)
13. सरसपिया-काले ख़ान (आगरा)
14. विनोदपिया-तसद्दुक हुसैन ख़ान (आगरा)
15. अख़्तरपिया-नवाब वाजिद अली शाह
16. सुघड़पिया-भैया साहब गणपत राव
17. अहमद दास-उस्ताद अलादिया ख़ान
18. इनायत पिया-इनायत हुसैन ख़ान; 'झनन झनन' (छायानट), 'पापी दादुरवा' (गौड़ मल्हार), 'तड़पत रैन दिन (मारू बिहाग)
19. रंगीले-रमजान ख़ान (आगरा)

संगीत संबंधी शब्द

1. पकड़—राग को पहचानने का वह जादुई हिस्सा (कैच फ्रेज़) जो बारंबार आता है, जो सुनते ही हम राग पकड़ लें। पकड़ को ही संगीतकार कई बार तान भी कहते हैं, लेकिन तान पकड़ तो गाने की शैली है। हर राग की एक ख़ास तान उठाई जाती है, और यह भिन्न घरानों में भिन्न भी होती है।

2. चलन—हर राग की एक चाल-ढाल है, जिससे राग खुलता है। या यूँ कहिए कि राग उस चलन की ओर ही चलता है। यह स्वरों का एक गुच्छा है, आरोह-अवरोह में, जिसे राग पकड़ता है। पकड़ और चलन एक सी चीज़ें हैं।

3. वादी स्वर—राग का स्वर जो सबसे अधिक प्रयोग में आए। जो मुख्य स्वर हो।

4. सम्वादी स्वर-वादी स्वर के बाद सबसे अधिक प्रयोग में आने वाला स्वर।

5. मींड/मीड/मींढ—एक स्वर से दूसरे स्वर अगर कोई यूँ जाए कि हवा ही न लगे, यानी बिना किसी घर्षण (फ़्रिक्शन) के। एक उँगली चुपके से हटे और दूसरी दब जाए। यह मैं वादन के समय कह रहा हूँ, जैसे सितार पर।

6. घसीट—यह मींड का उल्टा कहा जा सकता है, जहाँ उँगलियाँ घसीट कर ('ग्लाइड' कर) दूसरे स्वर पर लाई गई हों। यह वायलिन पर सुंदर और सितार पर भद्दा लग सकता है गर सलीके से नहीं किया गया। एक में डंडी है, तो दूजे में बस मिज़राब (प्लेक्ट्रम)। तो यह अंतर वाजिब लगता है।

7. मुर्की/खटका—यह भी घसीट की तरह ही एक स्वर से दूसरे स्वर में घसीट कर जाना है, लेकिन घसीट में स्वर टूटते नहीं। मुर्की या खटके में दो स्वर इतने साथ-साथ बजते हैं कि अंतर करना मुश्किल हो जाता है कि हम अभी किस स्वर पर हैं? यानी एक स्वर का कुछ हिस्सा अभी लटका ही है कि दूसरा स्वर भी साथ हो लिया।

8. आंदोलन—यह एक ही स्वर को प्रेम से झटका देकर हिलाने की क्रिया जैसे कोई नींद में हो, और उसके पैरों को हिलाकर जगाया जा रहा हो। आंदोलित करना खूबसूरत भी हो सकता है, और गर ढंग से न किया जाए तो स्वर को

बेसुरा भी बना सकता है। सितारवादक अक्सर तार को पर्दे से चिपकाए ही खींच कर प्रेम से हिलाते हैं। विलायत ख़ान और शाहिद परवेज़ सरीखे लोग क्या कमाल आंदोलित करते हैं!

9. गमक—जहाँ आंदोलन एक स्वर को प्रेम से हिलाना है, गमक कई स्वरों को तेज़ी से कंपन कर हिलाना है। यह मुर्की/खटके का ही बृहत रूप भी है। जैसे एक को ही नहीं, पूरी मंडली को नींद से उठाया जा रहा हो। यह आजकल जिसे भी अपना शास्त्रीय गायन दिखाना होता है, जबड़ा हिला कर गा देता है। पर यह फ़नकारों का महीन काम है। कभी पं. भीमसेन जोशी या मल्लिकार्जुन मंसूर की गायकी सुनिए कि गमक दरअसल होती क्या है?

10. लयकारी—यह गायन/वादन के साथ ताल का ऐसा समन्वय है कि गति (लय) बदलती जाए। जैसे आप एक ही मात्रा में एक स्वर भी गा सकते हैं, आधा भी (अधगुण), दो स्वर भी (दोगुण), चार स्वर (चौगुण), आठ स्वर (अठगुण) या उससे भी कठिन तीन (तिगुण), सवा स्वर (कुआड़/सवगुण), डेढ़ स्वर (आड़/डेढ़गुण)। यह बाद के प्रयोग हैं। पहले लोग मात्रा (beat) के साथ स्वर गाते-बजाते थे। बाद में लयकारी ऐसी शुरू हुई कि तबले—पखावज के साथ लय बिठाना कठिन हो गया, पर यही तो करिश्मा है!

11. बोल—विस्तार—बोल को तरह-तरह से लेकिन धीरे-धीरे गाना। जैसे ग़ज़ल गायक जगजीत सिंह वगैरा एक ही मुखड़े को तरह-तरह से गाकर माहौल बनाते हैं। यह बोल-विस्तार है।

12. तान बनाना—बोल को अगर तेज़ गति से अलग-अलग तरह से गाया जाए। जैसे 'पग घुँघरू बाँध मीरा नाची थी' में गाते किशोर कुमार। इसके दो तरीके हैं—एक है 'सरगम तान' जिसमें सा नि ध प...' स्वरों को बोल कर तान बनायी जाती है। दूसरा है 'आकार तान' जिसमें स्वर कहने के बदले आऽ आऽ कहा जाता है।

13. न्यास—इसे पश्चिम में 'रेस्टिंग नोट' कहते हैं। यानी ऐसा स्वर जहाँ संगीतकार विराम लेता है, सुस्ताता है। यह अक्सर 'वादी' स्वर या सम्वादी स्वर होता है। कई बार अन्य स्वर भी। जैसे मालकौस के हर स्वर पर ही न्यास लेना मुमकिन है।

14. तिहाई—अक्सर प्रस्तुति के अंत में वादक (सितार, सरोद इत्यादि) और तबला एक साथ तीन बार साथ-साथ एक अंश की जुगलबंदी कर समाप्त करते हैं।

संदर्भ-ग्रंथ सूची

1. ओंकारनाथ ठाकुर, संगीतांजलि, पं. ओंकारनाथ ठाकुर एस्टेट, मुंबई।

2. एस. रतण्जन्कर, अभिनव संगीत शिक्षा, पॉपुलर बुक डिपो, मुंबई।

3. विष्णु नारायण भातखंडे, हिन्दुस्तानी संगीत पद्धति।

4. कुमार प्रसाद मुखर्जी, द लॉस्ट वर्ल्ड ऑफ़ हिन्दुस्तानी म्यूज़िक, पेंगुइन बुक्स।

5. बी. आर. देवधर, पिलर्स ऑफ़ हिन्दुस्तानी म्यूज़िक, पॉपुलर प्रकाशन, बॉम्बे।

6. विलायत हुसैन ख़ान, संगीतज्ञों के संस्मरण, संगीत नाटक अकादमी, 1959, नई दिल्ली।

7. रामाश्रय झा 'रामरंग', अभिनव गीतांजलि, संगीत सदन प्रकाशन, प्रयागराज।

8. बॉनी सी. वेड. ख़याल : क्रियेटिविटी विदिन नॉर्थ इंडियाज़ क्लासिकल म्यूज़िक ट्रेडिशन, कैम्ब्रिज स्टडीज़ इन एथ्नोम्यूज़िकोलॉजी, कैम्ब्रिज यूनिवर्सिटी प्रेस, यू.के.।

9. जी. एन. जोशी, डाउन मेलोडी लेन, ओरिएन्ट लॉन्गमैन।

10. आर. के. दास, बेसिक्स ऑफ़ हिन्दुस्तानी म्यूज़िक।

11. एस.के.चौबे, संगीत के घरानों की चर्चा, उ.प्र. हिन्दी ग्रंथ अकादेमी, लखनऊ।

12. डॉ. मनोरमा शर्मा, ट्रेडिशन ऑफ़ हिन्दुस्तानी म्यूज़िक, ए. पी. सी. पब्लिशर, नई दिल्ली।

13. अंजू मुण्जाल, संगीत मंजूषा, सरस्वती हाउस प्रा. लि.।

14. के. विष्णुदास श्रीमाली, सरगम, अभिनव पब्लिकेशन।

15. बिमल मुखर्जी, इंडियन क्लासिकल म्यूज़िक: चेन्जिंग प्रोफ़ाइल्स, वेस्ट बंगाल स्टेट म्यूज़िक अकादेमी।

16. आचार्य बृहस्पति, संगीत रत्नाकर, संगीत कार्यालय, हाथरस।

17. अनीश प्रधान, हिन्दुस्तानी म्यूज़िक : वेज़ ऑफ़ लिसनिंग, बुकबेबी पब्लिशर।

18. पं. रविशंकर, माई म्यूज़िक, माई लाइफ़।

19. स्वपन कुमार बंद्योपाध्याय, अन्नपूर्णा देवी : ऐन अनहर्ड मेलोडी, रोली बुक्स।

20. नमिता देवीदयाल, द म्यूज़िक रूम, रैन्डम हाउस इंडिया।

21. नमिता देवीदयाल, द सिक्स्थ स्ट्रिंग ऑफ़ विलायत ख़ान, कन्टेक्स्ट पब्लिशर।

22. विलायत ख़ान (शंकरलाल भट्टाचार्य संकलित), कोमल गांधार, साहित्यम।

23. सुनीता बुद्धिराजा, रसराज : पंडित जसराज, वाणी प्रकाशन।

24. शिव कुमार शर्मा और इना पुरी, जर्नी विद हन्ड्रेड स्ट्रिंग्स, पेंगुइन रैंडम हाउस।

25. इना पुरी, शिव कुमार शर्मा : मैन एण्ड द म्यूज़िक, नियोगी बुक्स।

26. जतिन भट्टाचार्य, उस्ताद अलाउद्दीन ख़ान एण्ड हिज़ म्यूज़िक, बी. एस. शाह प्रकाशन।

27. पीटर लवेज्जोली, द डॉन ऑफ़ इंडियन म्यूज़िक इन द वेस्ट : भैरवी, कन्टिनुअम इंटरनैशनल पब्लिशिंग, न्यूयॉर्क।

28. अलिन मीनर, सितार एण्ड सरोद इन एटींथ एन्ड नाइनटीन्थ सेंचुरी, मोतीलाल बनारसीदास पब्लिशर्स।

29. सबा दीवान, 'द अदर सॉन्ग' डॉक्यूमेंट्री।

30. रसूलन बाई का नैना देवी से साक्षात्कार (यू-ट्यूब पर उपलब्ध)।

31. गिरिजा देवी पर डॉक्यूमेंट्री, फ़िल्म्स डिवीज़न।

32. गिरिजा देवी का साक्षात्कार, तेजस्विनी, दूरदर्शन।

33. गिरिजा देवी बायोग्राफ़ी, गिरिजा देवी डॉट कॉम वेबसाइट।

34. मंजरी सिन्हा, ट्रेसिंग द इवॉल्यूशन ऑफ़ ठुमरी, द हिन्दू, 16 फरवरी, 2018।

35. द अर्ली ठुमरी ऑफ़ गया-अ लॉस्ट ट्रैडिशन, क्लासिकल क्लैप्स (इंटरनेट स्रोत)।

36. बैठक-म्यूज़िकल सीरीज़: ग्वालियर घराना, दूरदर्शन।

37. बैठक-ठुमरी, दूरदर्शन।

38. बुधादित्य मुखर्जी की वेबसाइट।

39. शाहिद परवेज़ की वेबसाइट।

40. दीपक राजा द्वारा इंद्रकिशोर मिश्र (बेतिया) का लिया साक्षात्कार। यू-ट्यूब पर उपलब्ध

41. ITC संगीत रिसर्च अकादेमी के घरानों पर लेख।

42. 'सॉन्ग ऑफ़ लाइफ़' वृत्तचित्र (गंगूबाई हंगल पर आधारित)।

43. कृष्ण मोहन मिश्र, रेडियो प्लेबैक इंडिया ब्लॉग।

44. राजन पर्रिकर के ब्लॉग।

45. अनीस प्रधान के स्क्रॉल पर लिखे लेख।

46. यतींद्र मिश्र. लता सुर गाथा, वाणी प्रकाशन।

47. अजित वडनेरकर, शब्दों का सफ़र, राजकमल प्रकाशन।

48. कबाड़खाना ब्लॉग पर उस्ताद अमीर ख़ान से संबंधित लेख।

49. म्यूज़िक इन द टाइम्स ऑफ़ मुहम्मद शाह रंगीला, ओल्ड देल्ही हेरिटेज वेबसाइट।

50. गजेंद्र नारायण सिंह, मुस्लिम शासकों का रागरंग और फ़नकार शहंशाह औरंगजेब आलमगीर, वाणी प्रकाशन।

51. सुअंशु खुराना, 'अ डाइंग फ़ॉल : इज़ द शहनाई ऑन इट्स वे आउट', *इंडियन एक्सप्रेस*।

52. जानकी बाखले, टू मेन एंड द म्यूज़िक : नैशनेलिज़्म इन द मेकिंग ऑफ़ इंडियन क्लासिकल ट्रैडिशन, ऑक्सफ़ोर्ड यूनिवर्सिटी प्रेस।

53. द बिश्नुपुर घराना, सैक्सोनियन फ़ोकवेज़ ब्लॉग।

54. अबुल फ़ज़ल. आईन-ए-अकबरी।

55. अब्राहम एरली, द मुगल थ्रोन, फ़ीनिक्स।

56. ऑगस्टस विलार्ड, अ ट्रीटाइज़ ऑन द म्यूज़िक ऑफ़ हिन्दुस्तान।

57. वी.एच. देशपांडे, ऐन आर्टिकल ऑन बालकृष्णबुवा इचलकरंजीकर।

58. मीता पंडित जी की वेबसाइट।

59. एस. नटराज, राग किरवानी : कोमलता फ्रॉम कोमल स्वर, इंटरनेट स्रोत।

60. जेम्स किप्पेन, गुरुदेव्स ड्रमिंग लिगेसी : म्यूज़िक, थ्योरी एण्ड नैशनेलिज़्म इन द मृदंग और तबला वादन पद्धति ऑफ़ गुरुदेव पटवर्द्धन, टेलर एण्ड फ्रांसिस।

61. बी. के. वी. शास्त्री, ओंकारनाथ ठाकुर एण्ड बेनिटो मुसोलिनी, श्रुति 163, अप्रैल 1998।

62. कुदरत रंगी-बिरंगी (बंगाली), पं. कुमार प्रसाद मुखोपाध्याय, आनंद पब्लिशर्स।

63. ग्रामोफ़ोन सेलिब्रिटीज़, जर्नल ऑफ़ सोसाइटी ऑफ़ इंडियन कलेक्टर्स, मुंबई।

64. नैना देवी की प्रस्तुति, हाफ़िज अली ख़ान का साक्षात्कार, 1972।

65. मल्लिकार्जुन मंसूर पर आधारित वृत्तचित्र 'रसयात्रा'

66. अमज़द अली ख़ान पर गुलज़ार निर्देशित वृत्तचित्र, फ़िल्म्स डिवीज़न।

67. सदारंग डॉट कॉम वेबसाइट

68. आनंदा के. कुमारास्वामी, एशेज़ इन नैशनल आइडलिज़्म।

□□□